ON NORMATIVE INFERENTIALISM
THE PERSPECTIVE OF BRANDOM'S
PHILOSOPHY OF LANGUAGE

规范推理主义研究
布兰顿语言哲学的视野

武庆荣 著

图书在版编目(CIP)数据

规范推理主义研究：布兰顿语言哲学的视野 / 武庆荣著 .— 上海：上海社会科学院出版社，2024
ISBN 978－7－5520－4373－0

Ⅰ.①规… Ⅱ.①武… Ⅲ.①语言哲学 Ⅳ.①H0

中国国家版本馆 CIP 数据核字(2024)第 080725 号

规范推理主义研究：布兰顿语言哲学的视野

著　　者：武庆荣
责任编辑：董汉玲
封面设计：裘幼华
出版发行：上海社会科学院出版社
　　　　　上海顺昌路 622 号　邮编 200025
　　　　　电话总机 021－63315947　销售热线 021－53063735
　　　　　https://cbs.sass.org.cn　E-mail:sassp@sassp.cn
排　　版：南京展望文化发展有限公司
印　　刷：上海龙腾印务有限公司
开　　本：710 毫米×1010 毫米　1/16
印　　张：13.5
字　　数：241 千
版　　次：2024 年 5 月第 1 版　2024 年 5 月第 1 次印刷

ISBN 978－7－5520－4373－0/H·078　　　　定价：88.00 元

版权所有　翻印必究

国家社科基金后期资助项目
出版说明

　　后期资助项目是国家社科基金设立的一类重要项目,旨在鼓励广大社科研究者潜心治学,支持基础研究多出优秀成果。它是经过严格评审,从接近完成的科研成果中遴选立项的。为扩大后期资助项目的影响,更好地推动学术发展,促进成果转化,全国哲学社会科学工作办公室按照"统一设计、统一标识、统一版式、形成系列"的总体要求,组织出版国家社科基金后期资助项目成果。

全国哲学社会科学工作办公室

前　　言

　　推理主义(inferentialism)的基本观点是：语言表达式的意义是其在推理中所起的作用。J. 佩雷格林(J. Peregrin)认为,历史地看,最早对概念内容①进行推理主义解释的可能是 G. 弗雷格(G. Frege),因为在《概念文字》中,弗雷格指出,如果两个语句具有相同的推理后果,那么它们具有相同的概念内容。② 而第一位明确将推理概念置于意义理论中心的哲学家是 W. 塞拉斯(W. Sellars)——他也因此被认为是意义推理理论的创建者。在其之后,R. 布兰顿(R. Brandom)、佩雷格林等对推理主义进行了广泛而深入的研究。③

　　推理主义至少有两种不同的形式：规范推理主义(normative inferentialism)和因果推理主义(causal inferentialism)。规范推理主义主张,语言表达式的意义是由规则或规范建构的。当代规范推理主义的一个重要灵感来源是证明论语义学(proof-theoretic semantics),该语义学主张,逻辑联结词的意义是由引入和消去它们的规则决定的,这种诠释逻辑联结词意义的语义学也被称为逻辑推理主义(logical inferentialism),或一种局部的推理主义(local inferentialism);④但当代的规范推理主义并不局限于解释逻辑语汇,其旨趣是解释语言的意义,并在广义上使用"推理"这个概念,即推理不仅包括从语句到语句的推理,也包括从情境到语句,以及从语句到行动的推理,在此意义上,规范推理主义是一种广义上社会的和规范的推理主义(a broadly social and normative inferentialism)。因果推理主义也即自然主义的推理主

---

① "意义"一般应用于表达式等语言实体,"内容"一般应用于信念、态度等心灵实体,为引用、阐述等方便,本书对此不做严格区别。
② Peregrin J. *Inferentialism: Why Rules Matter*. Palgrave Macmillan, 2014, pp.3-4.
③ Kaluziński B. "Inferentialism, Context-Shifting and Background Assumptions", *Erkenntnis*, 2022, 87(6), p.2976.
④ Murzi J, Steinberger F. "Inferentialism", In *A Companion to the Philosophy of Language* (second edition). Hale B, Wright C, and Miller A (eds.). Wiley Blackwell, 2017, pp.204-209.

义,通常被称为概念作用语义学(conceptual role semantics),①概念作用语义学主张,心理状态或者符号的内容是由它们在思维中的作用决定或解释的。②

与传统意义理论如指称论、观念论、使用论、真值条件语义学等相比,规范推理主义以推理为切入点彰显了对意义根本问题的不同理解,实现了意义理论上的范式转换。

当代规范推理主义研究的集大成者是布兰顿。布兰顿是当代美国杰出的哲学家之一,他的研究兴趣广泛,在语言哲学、逻辑哲学、心灵哲学、逻辑学、语义学以及哲学史等领域均有建树,其相关著述和观点常被誉为理论哲学中的里程碑、当代语言哲学中的哥白尼式转折。他的规范推理主义既与因果推理主义相区别,也与表征主义(representationalism)相竞争,它主张理性主义(rationalism)而反对经验主义(empiricism)和自然主义(naturalism),主张语义整体论(semantic holism)而反对语义原子论(semantic atomism),主张关于逻辑的表达主义(expressivism)而反对关于逻辑的形式主义(formalism)等;它的研究对象是概念的内容和使用,基本主张是概念的内容来自概念的使用或推理。本书以他的语言哲学为背景视域,从推理语义学、规范语用学、语言实践论、整体论、认识论、本体论等维度系统建构并阐明规范推理主义,既深入探讨语言哲学、逻辑哲学等学科领域中的一些相关争议问题,也尝试评析规范推理主义的哲学意蕴和理论限度。

本书除绪论外,共八章内容。从逻辑联系上看,本书共分为四个部分。

第一部分是绪论,包括三个方面的内容,即本书的选题背景和选题意义、国内外研究现状、研究方法和创新之处。它既能独成一体,又起着统领全书的作用。

第二部分(第一章)是本书的铺垫部分。布兰顿深受分析哲学和欧陆哲学等影响,其思想语境相当复杂,康德的批判哲学、弗雷格的分析哲学、维特根斯坦的语言游戏理论、塞拉斯的心灵哲学等都构成了他的思想要素和对话者,以至他的立场异于那些推动和塑造20世纪英美哲学的许多观点。因此,要理解和阐明他的规范推理主义,必然要对他的思想渊源以及他规范推理主义的论证策略等有所了解。本部分即对以上内容的追述和阐明。

---

① 对概念作用语义学外延的界定存在一定的分歧,例如,布兰顿就称其推理主义是一种新的概念作用语义学(参见:Brandom R. *Making It Explicit: Reasoning, Representing, and Discursive Commitment*. Harvard University Press, 1994, p.xiii.)。
② Murzi J, Steinberger F. "Inferentialism", In *A Companion to the Philosophy of Language* (second edition). Hale B, Wright C, and Miller A (eds.). Wiley Blackwell, 2017, pp.197-198.

第三部分(第二章至第七章)是本书的主体部分。本部分的主要目的:一是建构并阐明规范推理主义;二是在规范推理主义的背景视域下,探解语言哲学、逻辑哲学等学科领域中的一些重要问题和难题,这些问题和论域既独成一体,又是规范推理主义的有机组成部分。其中,第二章和第三章是对规范推理主义的基础性建构,第四章至第七章是对规范推理主义相关内容的充实。具体而言:

第二章,规范推理主义的语义基础。布兰顿的规范推理主义是一种将推理语义学奠基于规范语用学之上的理论学说,本章通过对意义推理进路的分析以及对实质推理及其恰当性[①]、概念应用的非推理环境与后果等的考察,一方面清晰呈现推理语义学的理论形态及其独特之处,另一方面为规范推理主义奠定语义基础——推理语义学。

第三章,规范推理主义的语用根基。本章旨在探讨规范语用学的建构过程及其对推理语义学的奠基作用。首先,分析规范语用学建构的缘起;其次,通过回应"规范来自哪儿"这个问题,依次从"从显性规范到隐性规范""从规范地位到规范态度""从评价到规范的社会建构"等方面,分析建构规范语用学的基本进路、呈现规范语用学的一般框架;再次,阐明规范语用学对推理语义学的奠基作用;最后,探究建构规范语用学的哲学意蕴。

第四章,规范推理主义的语言实践论。本章主要对语言实践提供一种规范推理主义的说明,以诠释断言等言语行为在语言实践中如何获得语用意涵以及如何被赋予概念内容。首先,分析断言和推理在语言实践中的地位和作用,论证道义地位和道义态度之于语言实践的必要性;其次,通过对语言实践推理阐明的三个维度的梳理,说明语言实践能够赋予意向状态、态度、行为等以命题性的内容,语言实践的基本模式必须根据广义推理阐明的三个维度之间的相互作用来理解;再次,借助计分隐喻的思想阐明语言实践的道义计分模式,分析断言等言语行为如何在语言实践中获得语用意涵以及如何被赋予概念内容;最后,将知觉和行动也纳入语言实践考量,以呈现语言实践的经验维度和实践维度。

第五章,规范推理主义的整体论。本章主要论证规范推理主义整体论取向的必要性和可能性,并在此基础上依次探解单称词项之类的次语句问题,推理主义、整体论和组合性原则的方法论地位问题,由规范推理主义整体论取向而引发的"交流何以可能"问题,规范推理主义整体论取向的意义和限度问题。

---

① 布兰顿有时亦将"恰当性"表述为"好"或"正确性"。

第六章,规范推理主义的认识论。本章目的是建构规范推理主义的认识论,其基本理路和主要内容是:通过考察传统和当代知识理论的发展演变,从两种主要的知识流派及其不足的分析中引出布兰顿所提出的知识确证的中间进路,并在展示这种模式的基本结构和主要内容的基础上,说明其在重建可靠主义、沟通内在主义和外在主义两大知识传统,以及在反驳怀疑论方面所具有的重要学理意义。尽管有学者对此知识确证的中间进路及布兰顿内在主义者之身份等提出异议,但规范推理主义的认识论仍具有深远的意义和影响,以及对新实用主义的启示意义。

第七章,规范推理主义的本体论。本章集中探讨的是概念的表征维度。首先,分别从表征语义理论、规范推理主义和布兰顿的学术立场三个角度论证概念表征维度之规范推理主义说明的必要性;其次,依次从次语句、命题这两个层级对概念的表征维度提供规范推理主义的说明,并在此基础上对概念表征的客观性进行分析;再次,分析福多等人有关规范推理主义丧失"世界"的批评;最后,从逻辑行动主义方法论的视角给予概念表征维度的规范推理主义说明以某种程度的辩护。

第四部分(第八章)是本书的结尾部分。本部分综括并评述了规范推理主义的哲学意蕴和理论限度。主要对规范推理主义在融合两大哲学传统、超越传统表征语义理论、建构知识确证之中间进路、将分析哲学推向黑格尔阶段等方面做出的贡献进行了综括;对规范推理主义拒斥表征语义理论、反驳意义组合性原则、说明形式推理之地位等方面的不足给予了评析。

目 录

前 言 ………………………………………………………………… 1

绪 论 ………………………………………………………………… 1
 第一节 选题背景和选题意义 …………………………………… 2
  一、规范推理主义研究对把握布兰顿整个思想具有路标性意义 …… 3
  二、规范推理主义研究对索解布兰顿的实用主义立场具有根基性
   意义 …………………………………………………………… 6
  三、规范推理主义研究对呈现语义理论之歧见具有视角性意义 …… 7
 第二节 国内外研究现状 ………………………………………… 9
  一、国外相关研究 ……………………………………………… 10
  二、国内相关研究 ……………………………………………… 18
 第三节 研究方法和创新之处 …………………………………… 22
  一、研究方法 …………………………………………………… 22
  二、可能的创新之处 …………………………………………… 23

第一章 布兰顿的思想渊源、研究旨趣与主要策略选择 ………… 25
 第一节 布兰顿的思想渊源 ……………………………………… 25
  一、康德批判哲学的规范性影响 ……………………………… 25
  二、弗雷格分析哲学的方法论影响 …………………………… 28
  三、维特根斯坦语言游戏理论的路向性影响 ………………… 30
  四、塞拉斯"理由空间"的规范推理主义思想影响 …………… 32
 第二节 研究旨趣与主要策略选择 ……………………………… 34
  一、理性主义 …………………………………………………… 34
  二、实用主义 …………………………………………………… 36
  三、表达主义 …………………………………………………… 38

第二章　规范推理主义的语义基础：推理语义学 …… 42
第一节　推理语义学的形成路径：意义来自推理 …… 42
第二节　推理语义学的推理选择：实质推理 …… 46
一、从形式推理到实质推理 …… 46
二、从推理的形式有效性到推理的实质恰当性 …… 49
三、表达之理性与平衡 …… 51
四、各种典型语汇的表达作用 …… 54
第三节　概念应用的非推理环境与后果 …… 62
一、达米特模式 …… 63
二、非推理的环境与后果 …… 64

第三章　规范推理主义的语用根基：规范语用学 …… 68
第一节　规范语用学建构的缘起 …… 68
一、人的智识本性 …… 68
二、概念性活动的规范性 …… 70
第二节　规范语用学的基本进路和理论建构 …… 72
一、从显性规范到隐性规范 …… 72
二、从规范地位到规范态度 …… 77
三、从评价到规范的社会建构 …… 83
四、规范现象主义策略及其受到的诘难 …… 85
第三节　规范语用学对推理语义学的奠基作用 …… 89
第四节　规范语用学建构的哲学意蕴 …… 90

第四章　规范推理主义的语言实践论 …… 93
第一节　语言实践概述 …… 93
一、断言和推理 …… 93
二、道义地位与道义态度 …… 95
第二节　语言实践推理阐明的三个维度 …… 99
一、广义推理阐明的第一个维度涉及三种推理关系 …… 99
二、广义推理阐明的第二个维度涉及道义地位的伴随性继承
(concomitant inheritance)和交流性继承(communicative inheritance)之间的区分 …… 100
三、广义推理阐明的第三个维度是，推论权威与相应的责任相联系，并且前者依赖后者 …… 101

第三节　语言实践的道义计分模式 …………………………… 102
　　　　一、刘易斯的语言游戏计分模式 ……………………………… 102
　　　　二、道义计分与言语行为的语用意涵 ………………………… 103
　　　　三、概念内容的推理阐明 ……………………………………… 107
　　　　四、概念内容的社会视角性 …………………………………… 109
　　第四节　语言实践的输入口和输出口 …………………………… 111
　　　　一、观察报告与非推理的权威 ………………………………… 112
　　　　二、实践承诺与实践推理 ……………………………………… 115

第五章　规范推理主义的整体论 …………………………………… 121
　　第一节　规范推理主义的整体论取向 …………………………… 121
　　第二节　规范推理主义整体论取向的完善之道 ………………… 124
　　第三节　对规范推理主义及其整体论的诘难 …………………… 129
　　　　一、关于组合性 ………………………………………………… 129
　　　　二、关于交流的可能性 ………………………………………… 134

第六章　规范推理主义的认识论 …………………………………… 139
　　第一节　知识的三元定义及其盖梯尔反例 ……………………… 139
　　第二节　知识论的主要理论及其难题 …………………………… 142
　　　　一、内在主义及其难题 ………………………………………… 142
　　　　二、外在主义及其难题 ………………………………………… 144
　　第三节　知识确证的一条中间进路 ……………………………… 146
　　　　一、可靠主义的洞见与盲区 …………………………………… 147
　　　　二、知识确证的一条中间进路 ………………………………… 153
　　　　三、知识确证之中间进路的学理意义 ………………………… 154
　　　　四、对知识确证之中间进路的理论诘难 ……………………… 158
　　　　五、知识确证之中间进路的新实用主义取向 ………………… 160

第七章　规范推理主义的本体论 …………………………………… 167
　　第一节　概念表征维度说明的必要性 …………………………… 167
　　第二节　概念表征维度的说明 …………………………………… 169
　　　　一、对次语句表征维度的说明 ………………………………… 169
　　　　二、对命题表征维度的说明 …………………………………… 171
　　　　三、概念表征的客观性 ………………………………………… 176

第三节　对概念表征维度说明的理论诘难 …………………… 178
　　第四节　概念表征维度说明的逻辑行动主义方法论的辩护 …… 179

第八章　规范推理主义的哲学意蕴及理论限度 ………………… 183
　　第一节　规范推理主义的哲学意蕴 ………………………………… 183
　　第二节　规范推理主义的理论限度 ………………………………… 187

参考文献 ……………………………………………………………… 195

绪　　论

狭义地看，规范推理主义是一种语言哲学，它主张语言表达式或意向状态具有意义或内容，是因为它们被嵌入了以语言为中介的、由推理规则或规范支配的社会实践中；广义地看，规范推理主义是一种哲学学说，它将"推理"视为解释人类知识及其与事实世界之关系的钥匙。[1] 第一位明确将推理的概念置于意义理论中心的哲学家是 W. 塞拉斯（W. Sellars），[2]在其之后，R. 布兰顿（R. Brandom）、[3]J. 佩雷格林（J. Peregrin）[4]对规范推理主义进行了广泛而深入的研究；除此之外，D. 怀廷（D. Whiting）、[5]L. 夏皮罗（L. Shapiro）、[6]M. 德罗布纳克（M. Drobňák）、[7]B. 卡卢津斯基（B. Kaluziński）[8]等也对规范推理主义进行了或多或少的理论研究或应用研究，但其中，最负盛名的是布兰顿及其相关研究。本书主要以布兰顿的语言哲学为背景视域，对规范推理主义进行系统研究。

布兰顿是美国当代著名的分析哲学家、新实用主义的领军人物，目前执教于美国匹兹堡大学哲学系。他在当今美国哲学界特别是分析哲学界享有盛誉，是当今美国哲学界颇具体系性、原创性的思想家之一。他的思维独

---

[1] Beran O, Kolman V and Koreň L (eds.). *From Rules to Meanings: New Essays on Inferentialism*. Routledge, 2018, p.1.

[2] Sellars W. *In the Space of Reasons: Selected Essays of Wilfrid Sellars*. Scharp K and Brandom R (eds.). Harvard University Press, 2007.

[3] Brandom R. *Making It Explicit: Reasoning, Representing, and Discursive Commitment*. Harvard University Press, 1994; Brandom R. *Articulating Reasons: An Introduction to Inferentialism*. Harvard University Press, 2000.

[4] Peregrin J. *Inferentialism: Why Rules Matter*. Palgrave Macmillan, 2014.

[5] Whiting D. "The Normativity of Meaning Defended", *Analysis*, 2007, 67(2), pp.133–140.

[6] Shapiro L. "Brandom on the Normativity of Meaning", *Philosophy and Phenomenological Research*, 2004, 68(1), pp.141–160.

[7] Drobňák M. "Normative Inferentialism on Linguistic Understanding", *Mind & Language*, 2021, pp.1–22, https://doi.org/10.1111/mila.12337.

[8] Kaluziński B. "Inferentialism, Context-Shifting and Background Assumptions", *Erkenntnis*, 2022, 87(6), pp.2973–2992.

特、视野雄阔、著述丰富。他力图通过其规范推理主义将不同哲学传统、立场综合在一起,重塑对概念之本性的理解。其关于规范推理主义的相关著作和观点分别被誉为理论哲学中的一个里程碑、①差不多当代语言哲学中的一个哥白尼式的转折。②

规范推理主义是布兰顿理论体系的核心。正是在规范推理主义的背景下,布兰顿展开了对语言哲学、逻辑哲学、逻辑学、语义学、心灵哲学、认识论等一些哲学领域中的重要问题和难题的讨论,而所有这些讨论都以规范推理主义为核心形成一个体系,使原本零散的话题条分缕析地紧密结合在一起。因此,基于规范推理主义重审布兰顿的主体哲学思想,并提炼出内嵌于布兰顿哲学思想中的规范推理主义,这种研究既为在各个核心论题背景下推进对规范推理主义思想的研究提供了丰富的理论支撑,又为深化研究布兰顿哲学的各个相关论题开辟了一条新的进路。

第一节 选题背景和选题意义

毋庸置疑,研究一位哲学家的理论不仅需要熟悉其思想及其著述,还要对其理论背景、学术研究旨趣了如指掌。同样地,对布兰顿的理论进行研究也是如此。而要理解布兰顿的思想意图及其学术研究路向,也有必要选取一个维度,从而将他思想演进的诸相关主题贯通起来,这个维度就是他的规范推理主义。

布兰顿规范推理主义是有关概念使用和概念内容的学说。它的主导思想是:理解语言表达式的意义和意向状态的内容,首先应该根据它们在推理中所发挥的一种独特的作用。这是一种关于意义或内容的推理观。它意味着:在心灵哲学方面,它强调智识(sapience)意义上的意识(awareness),而不仅仅是感知觉(sentience)意义上的意识;在语义学方面,它强调特定的概念性内容而不关心其他种类的内容;在语用学方面,它强调从各种熟练的做(doing)的背景中挑选出的推论实践(discursive practice)或者使用概念的实践(concept-using practice)。③ 这种专注于概念本性的研究,其旨趣在于

---

① Habermas J. "From Kant to Hegel: On Robert Brandom's Pragmatic Philosophy of Language", *European Journal of Philosophy*, 2000, 8(3), p.322.
② Andjelković M. "Articulating Reasons", *Analytic Philosophy*, 2004, 45(2), p.140.
③ Brandom R. *Articulating Reasons: An Introduction to Inferentialism*. Harvard University Press, 2000, pp.1-2.根据布兰顿的注释,推论实践即使用概念的实践。

说明语言表达式的意义或意向状态的内容与推理的阐明具有内在的关联。

概括而言,研究布兰顿的规范推理主义其背景和意义主要体现在以下三个方面:其一,在20世纪,西方哲学发生了所谓的"语言转向",在此之后,许多哲学家将语言哲学看作哲学本身或者是"第一哲学",语言和语言哲学的地位因此凸显,许多哲学问题被转换成语言哲学的问题或者被切入语言哲学中去研究。布兰顿也不例外。布兰顿的规范推理主义是其理论体系的核心,他对逻辑哲学、心灵哲学、认识论等学科领域问题的研究,都以其规范推理主义作为基石,因此,对规范推理主义进行研究,可以更好地理解布兰顿的学术研究旨趣以及思想演进路向。其二,在当今的西方哲学界,实用主义的复兴已经成为不争的事实,由于实用主义的重新崛起,英美哲学已经从分析哲学转向了"分析的实用主义"(analytic pragmatism)。这种分析哲学和实用主义交互生成的局面是研究当代英美哲学所无法回避的,因此,对布兰顿的规范推理主义进行研究,也可以更好地理解其实用主义立场。其三,意义问题是分析哲学和语言哲学中的核心问题,在当代分析哲学和语言哲学中存在着不少相互竞争的语义理论。布兰顿的规范推理主义既是在传统语义理论的土壤中孕育发展起来的,又是在与它们相互竞争的基础上形成的。因此,对规范推理主义进行研究,可以更清晰地呈现语义理论之歧见,展现规范推理主义的独特之处。

一、规范推理主义研究对把握布兰顿整个思想具有路标性意义

布兰顿的规范推理主义思想深受塞拉斯思想的影响。塞拉斯主张理由空间具有推理的意蕴,诚如布兰顿所述:"让一种反应具有概念内容,也就是使它在做出断言和予求理由的推理游戏中发挥一种作用。把握或理解这样一个概念就是对它所涉其中的推理具有实践的掌握——在能够辨别(一种知道如何)的实践意义上,知道从一个概念的应用推出什么以及这个概念是从什么推出的。"[①]受这种推理思想的影响,布兰顿将推理置于其规范推理主义的核心。

根据规范推理主义,概念之间存在着本质的推理地阐明(inferentially articulated)。这正如塞拉斯所述:"将一个片段或一个状态描述为知道的片段和状态,我们并不是在经验地描述那个片段和状态;我们是将它放置在确

[①] Brandom R. *Articulating Reasons: An Introduction to Inferentialism*. Harvard University Press, 2000, p.48.

证和能够确证我们言辞的理由的逻辑空间中。"①例如,当一个红色事物出现的时候,虽然一只训练有素的鹦鹉可以和人一样发出"这是红色的"声音,但鹦鹉并不知道"红色"这个概念与其他概念之间的推理关联,它不能从"这是红色的"衍推出"这是有颜色的",也不会认为"这是红色的"与"这是绿色的"两者不相容。② 而人发出的"这是红色的"声音,不仅是对环境刺激所做出的反应,还处于理由空间之中,和其他概念构成推理的联系。所以,根据规范推理主义,一旦我们熟练掌握概念之间的推理联系,掌握概念恰当应用的环境和后果以及与之不相容的断言,我们便拥有了概念。

规范推理主义的一个基本主张是:"概念内容是推理作用。"③换言之,概念内容来自推理。推理有形式推理和实质推理,前者是指其有效性由其逻辑形式决定的推理,后者是指其恰当性本质上涉及其前提和结论的非逻辑概念内容的推理。④ 例如,从"成都在上海的西边"衍推出"上海在成都的东边",这个推理的恰当性依赖于概念"西边""东边"等的内容。在两者关系方面,人们通常将"推理的阐明等同于逻辑的阐明,实质推理因而被看作是一种派生的范畴"。⑤ 与之不同,布兰顿强调实质推理,他认为,认可实质推理是理解和掌握概念的一部分,而完全不必考虑任何特定的逻辑能力,⑥并强调,在推论实践中,实质推理和形式推理是一枚硬币的两面,形式推理的意义在于使隐含于实践中的实质推理清晰。

布兰顿的规范推理主义是一种实用主义的意义使用论。作为一位实用主义者,布兰顿坚持实践优先的原则,认为语言并不是一种抽象的理论系统,而是社会相互作用的一种手段,语言表达式的概念内容来自它在语言中的使用:"表达式通过它们在实践中的使用来意味它们所意味的。"⑦正如他指出的:"命题性知识(knowing-that)是建立在技能性知识(knowing-how)基

---

① Sellars W. *Empiricism and the Philosophy of Mind*. Harvard University Press, 1997, p.76.
② Brandom R. *Making It Explicit: Reasoning, Representing, and Discursive Commitment*. Harvard University Press, 1994, p.89.
③ Brandom R. *Articulating Reasons: An Introduction to Inferentialism*. Harvard University Press, 2000, p.56.
④ Brandom R. *Making It Explicit: Reasoning, Representing, and Discursive Commitment*. Harvard University Press, 1994, p.102.
⑤ Brandom R. *Articulating Reasons: An Introduction to Inferentialism*. Harvard University Press, 2000, p.52.
⑥ Brandom R. *Articulating Reasons: An Introduction to Inferentialism*. Harvard University Press, 2000, p.52.
⑦ Brandom R. *Making It Explicit: Reasoning, Representing, and Discursive Commitment*. Harvard University Press, 1994, p.134.

础上的";①"语义学必须回应语用学"。②

规范推理主义最基本的洞见是规范性(normativity)。规范在规范推理主义中占据着独特而重要的地位,它使规范推理主义迥异于其他类似的语义理论。在布兰顿看来,"人类实践主要是语言实践,而在运用语言的过程中,规范是一种基本的制约"。③ 最基本的规范概念是承诺(commitment)和资格(entitlement)。承诺是指当一断言受到挑战时为其提供理由之义务,资格是指从一断言进一步进行推理之权利。承诺和资格是道义计分(deontic scorekeeping)的两种规范地位(status)。计分的表现是两种态度:归属(attribution)和承担(undertaking),归属是将上述两种规范地位给予他人之态度,承担是将上述两种规范地位归派给自己之态度。而构成规范推理主义规范性意蕴的是概念之间的推理阐明,参与者既要自己承担或归属他人资格,又要自己承担或归属他人承诺,因此形成互动,二者的互动外化为有规范性的社会实践。

规范推理主义以语义整体论(holism)为取向,而不是以语义原子论(atomism)为进路。首先,根据推论实践中命题的语用优先性,布兰顿赋予命题内容以说明的优先性。正因如此,规范推理主义的语义解释顺序与实用主义的"从上而下"(top-down)的语义解释顺序紧密相关,而与传统的"从下而上"(bottom-up)的语义解释顺序截然不同。其次,布兰顿认为:"如果把每一个语句或语词所表达的概念内容理解为本质上存在于它的推理关系中或者由它的推理关系来阐明,那么一个人为了掌握任何一个内容,他必须掌握许多这样的内容。"④由此可见,规范推理主义是一种语义整体论。

总的说来,"布兰顿的思想语境相当复杂:康德的批判哲学、黑格尔的历史主义概念论、维特根斯坦的语言游戏理论、塞拉斯的心灵哲学,甚至哈贝马斯的交往行动理论都构成了布兰顿的思想要素和对话者"。⑤ 他的立场也异于那些推动和塑造20世纪英美哲学的许多观点,他反对经验主义和自然主义而主张理性主义,反对表征主义而主张推理主义,反对语义原子论而主张语义整体论,反对关于逻辑的形式主义而主张关于逻辑的表达主义,

---

① Brandom R. *Tales of the Mighty Dead: Historical Essays in the Metaphysics of Intentionality*. Harvard University Press, 2002, p.327.
② Brandom R. *Making It Explicit: Reasoning, Representing, and Discursive Commitment*. Harvard University Press, 1994, p.83.
③ 陈亚军:《布兰顿与〈使之清晰〉(四)》,《中国社会科学报》2012年2月6日。
④ Brandom R. *Articulating Reasons: An Introduction to Inferentialism*. Harvard University Press, 2000, p.29.
⑤ 李红:《布兰顿:语言哲学中的哥白尼式转折》,《世界哲学》2005年第6期。

而位于其思想核心的乃是规范推理主义。①

综上可见，规范推理主义是布兰顿思想体系的基石。从规范推理主义出发，我们才能理解他为什么会选取康德、弗雷格、后期的维特根斯坦、M. 达米特（M. Dummett）、塞拉斯等人的思想作为其重要的思想来源。把规范推理主义作为切入点，我们才能理解布兰顿是如何"以一种精确的方式，将原本在人们眼里完全对立的不同哲学传统、立场综合在一起"。② 从规范推理主义着眼，我们才能看到分析哲学和实用主义这两种趣味迥异的哲学传统是如何融会而贯通的。长久以来，分析哲学和实用主义一直处于既对峙又相互联系之中，而布兰顿试图以一种系统的方式将它们结合在一起。布兰顿的规范推理主义"既使人们看到了实用主义为分析哲学在细节方面改进所提供的资源，看到了实用主义对分析哲学的进一步发展所做的贡献，又使人们看到了分析哲学对实用主义的进一步完善所能起到的作用"。③一言以蔽之，布兰顿的规范推理主义是索解他思想意图、理解其哲学主张、厘清其学术独创性的根基所在。

二、规范推理主义研究对索解布兰顿的实用主义立场具有根基性意义

实用主义是在美国土生土长的一个哲学流派，它于 19 世纪 70 年代在美国崭露头角，至 20 世纪 40 年代以前一直在美国哲学中占据着主导地位。20 世纪 20 年代，随着以逻辑实证主义为代表的分析哲学的兴起，实用主义开始急剧衰败。然而，这并不意味着实用主义已经销声匿迹，事实上，从某种意义上说，分析哲学自传入美国起，就逐渐开始了它实用主义化的过程。④ 而在美国当今哲学界，布兰顿无疑是颇负盛名的新实用主义者。

布兰顿主张一种分析的实用主义，⑤他的规范推理主义从多个侧面彰显了他不同于传统实用主义者的这种新实用主义的立场。首先，虽然在大多数人看来，实用主义和经验主义密不可分，但他既反对经验主义，同时又

---

① 李红：《布兰顿：语言哲学中的哥白尼式转折》，《世界哲学》2005 年第 6 期。
② 陈亚军：《布兰顿与〈使之清晰〉（一）》，《中国社会科学报》2011 年 12 月 13 日。
③ 陈亚军：《将分析哲学奠定在实用主义的基础上》，《哲学研究》2012 年第 1 期。
④ 陈亚军：《哲学的改造：从实用主义到新实用主义》，中国社会科学出版社 1998 年版，第 42 页。
⑤ 布兰顿通常将自己的实用主义称为"分析的实用主义"，但有时也称为"语言的实用主义""理性主义的实用主义"或者"推理主义的实用主义"。参见：Brandom R. *Between Saying and Doing: Towards an Analytic Pragmatism*. Oxford University Press, 2008, p.xii; Brandom R. *Articulating Reasons: An Introduction to Inferentialism*. Harvard University Press, 2000, p.6, p.11, p.18。

坚持实用主义立场。之所以如此,是因为他认为他所认可的实用主义比传统美国实用主义的意义要宽泛一些,它不仅包括美国传统的实用主义,还包括塞拉斯等人批判经验主义的实用主义,他称这种实用主义为基本的实用主义(fundamental pragmatism)。基本的实用主义是对一种解释顺序的承诺,即命题性知识是建立在技能性知识基础上的。对于基本的实用主义,尽管人们可以如传统实用主义那样顺着一种宽泛的经验主义方向阐释它,也可以沿着理性主义的方向建构一种理性主义的实用主义,但由于布兰顿一直坚持理性主义的哲学立场,①因而他主张理性主义的实用主义,并且他认为理性主义的实用主义恰是对传统经验主义的实用主义的一种可行的替代。② 因此,在是否保留"经验"这一概念问题上,布兰顿和传统实用主义者的观点截然不同。

其次,虽然同受语言转向的影响,但布兰顿并不像他的老师、早期的新实用主义者 R. 罗蒂(R. Rorty)那样,强调人和世界之间非表征的存在关系、以放弃世界为代价来保证哲学的自洽性。布兰顿同罗蒂一样坚持推理语义学,但与之不同,他并不放弃对客观性的追求。在规范推理主义背景下,他一方面解释了表征维度的内涵和必要性,另一方面对语言和世界的关系也做出了实质性的说明。因而在他的理论框架内,传统实用主义的现象学世界观和分析哲学传统不仅不相互抵牾,反而相辅相成,构成一个有机的整体。③

最后,虽然布兰顿和实用主义者都将"实践"放在突出的位置,强调实践的优先性,但布兰顿的"实践"和传统实用主义者的实践大不相同:在传统实用主义者那里,实践是一种以语言为主要工具和环境进行交互作用的活动;而布兰顿所谓的"实践"主要是一种使用概念的实践,即指如何在规范指导下使用语言的实践,它和环境及世界没有直接的关联。④

三、规范推理主义研究对呈现语义理论之歧见具有视角性意义

概言之,在语言哲学中,意义理论关涉两大问题:其一,什么是意义?其二,语句或命题在什么条件下才具有意义?其中对第一个问题的回答形成了指称论、观念论和使用论等各种不同的语义理论。⑤ 传统的语义理论

---

① Brandom R. *Articulating Reasons: An Introduction to Inferentialism*. Harvard University Press, 2000, pp.25 – 26.
② 陈亚军:《德国古典哲学、美国实用主义及推论主义语义学——罗伯特·布兰顿教授访谈(上)》,《哲学分析》2010 年第 1 期。
③ 陈亚军:《布兰顿与〈使之清晰〉(四)》,《中国社会科学报》2012 年 2 月 6 日。
④ 陈亚军:《将分析哲学奠定在实用主义的基础上》,《哲学研究》2012 年第 1 期。
⑤ 涂纪亮:《英美语言哲学概论》,人民出版社 1988 年版,第 126 页。

如指称论、观念论、使用论等,对意义问题进行了深入探讨,它们都含有或多或少合理的因素,但也各自存在不少片面性。布兰顿深受分析哲学的影响,因而他十分关注语义学问题。语言表达式的意义或意向状态的内容来自哪里?对此,布兰顿提出的规范推理主义与指称论、观念论大异其趣,也与使用论等截然不同。①

在语义理论中,指称论是一种历史悠久、影响较大的理论。指称论的基本思想是:"名称是通过指示或指称外部世界中的事物或事实而具有意义,一个名称的意义就是它所指示或指称的对象,也就是说,名称和对象之间存在着相应的关系,一个名称代表、指示或指称它的对象。"②指称论亦称为"实体论",在这种理论下,意义等同于个体事物或事实;当然,这里的实体不仅包含物质实体,还包含精神实体。如果把意义看作精神上的东西,一种被称为观念论的语义理论即随之产生。J. 洛克(J. Locke)及其追随者通常被认为是观念论的主张者和支持者。观念论的基本主张是:"一个语词的意义就在于与这个语词相联系的观念,语词是作为这种观念的标记出现于思想交流之中,语词通过被用作这样的标记而获得它的意义,因此语词所代表的观念正是语词所固有的和直接的意义。"③使用论的主要创始人是后期的维特根斯坦。使用论者认为语言是一种特殊的社会实践活动,语言表达式的意义在于它们的使用。

指称论、观念论等语义理论主要是从语言和世界关系的角度说明语言的语义内容,它们是一种表征语义理论。布兰顿反对表征语义理论,他认为:"塞拉斯的'所与神话'批判使这种表象④主义路线受到致命打击:它使人们意识到,语言处于规范空间,表象则只涉及自然领域,二者性质不同,因而表象无法说明语言的意义。布兰顿于是将目光转向实用主义,坚持'实践优先'原则,认为语言意义只能从语言使用那里得到说明。"⑤

虽然规范推理主义也可归为广义的意义使用论,但规范推理主义的"使用"与传统使用论的"使用"不同。在维特根斯坦那里,"使用"是在语言游戏中得到界定的,与其他的游戏一样,语言游戏的进行要遵循一定的规则,因而"使用"一定是和规则联系在一起的,规则决定语言表达式的使用,进而

---

① 武庆荣:《对布兰顿推理语义学的哲学审视》,《中国社会科学院研究生院学报》2015 年第 2 期。
② 涂纪亮:《英美语言哲学概论》,人民出版社 1988 年版,第 126 页。
③ 涂纪亮:《英美语言哲学概论》,人民出版社 1988 年版,第 142 页。
④ 因翻译不同,"表象"即本书的"表征"。
⑤ 陈亚军:《将分析哲学奠定在实用主义的基础上》,《哲学研究》2012 年第 1 期。

决定语言表达式的意义。这种和规则联系在一起的使用因而也是一种规范的行为,它有正确和错误之分。①

布兰顿所谓的"使用"是指使用概念形成一种推理的联系。在他看来,一个概念有其语义内容,不是来自它与概念之外的实在之间的对应关系,而是来自它与其他概念之间的推理的联系,来自它在使用概念的实践中所发挥的作用,即直接的或间接的推理的前提和结论的作用。比如,当一样红色的东西出现在我们面前的时候,我们可以说"这是红色的",可以由"这是红色的"推出"这是有颜色的""这不是绿色的"等;并且,如果我们将这种推理关系推进得越远、越复杂,那么我们对"红色"这个概念的理解和把握也就越深刻。所以,布兰顿指出:"一个人要掌握任何一个概念,他就必须掌握许多概念。"②

由此可见,对规范推理主义进行研究,有助于厘清传统语义理论与规范推理主义的不同,展现规范推理主义的独特性,进而在较整全的视域下给予它们恰当的评述。此外,规范推理主义关涉一些重大的理论问题,如意义问题,概念的使用问题,单称词项和谓项在推理中的地位问题,知觉、观察报告③和行动问题,语言实践中的社会要素问题等;对规范推理主义进行研究,也可以从此视角推进对这些重大理论问题的了解和理解。

综上,规范推理主义研究是打开布兰顿整个哲学思想迷宫的钥匙,是理解布兰顿推论实践、规范性概念、知觉、观察报告等论题的前提和基础。同时,规范推理主义为意义问题这一语言哲学和分析哲学中的核心问题提供了一条有益的理解路径,它对我们重审语义学中若干重大理论问题,如语言使用问题、语言实践中的社会要素等具有借鉴意义。最后,规范推理主义研究对理解布兰顿的实用主义立场,拓展我国实用主义研究的广度和深度,了解当代西方哲学的最新动向,把握当代语言哲学和分析哲学的发展态势,参与国际学术对话,都具有重要意义。

第二节　国内外研究现状

布兰顿的规范推理主义是其哲学思想的出发点和重要基石。正是在规范推理主义的背景视域下,布兰顿对语言哲学、逻辑哲学、心灵哲学、认识论

---

① 陈亚军:《将分析哲学奠定在实用主义的基础上》,《哲学研究》2012 年第 1 期。
② Brandom R. *Articulating Reasons: An Introduction to Inferentialism*. Harvard University Press, 2000, p.49.
③ 观察报告是我们的知觉对非推理环境的一种反应。

等学科领域中的问题进行了广泛而深入的探讨。规范推理主义研究对理解布兰顿的整个思想具有路标性意义,规范推理主义也体现了当今美国学界融合分析哲学和实用主义、重审意义问题的最新动向。

一、国外相关研究

(一) 布兰顿本人的著述

1994 年,布兰顿发表了长达 741 页的代表作《使之清晰:推理、表征和推论承诺》。① 这部书共分两部分。第一部分主要阐述推理主义的方案,在这一部分,布兰顿主要借助弗雷格等哲学家的思想,论证其推理语义学和规范语用学思想,并将"融贯""实践""社会"这三个在哲学中扮演重要角色却又看似相互分离的概念有机地综合为一个整体。② 第二部分是布兰顿最新颖也最具挑战性的思想,他一方面要在规范推理主义的背景下解释表征维度的内涵及其必要性,另一方面又要对语言和世界的关系作出实质性的说明。③

布兰顿《使之清晰:推理、表征和推论承诺》中的两个核心概念是规范性和推理主义。其中,规范性是布兰顿推理主义有别于其他推理语义学的显著特征之一。而推理主义则是布兰顿思想中的一条主线,它使内容广博、篇幅巨大的《使之清晰:推理、表征和推论承诺》成为一个有机联系的整体,正是在规范推理主义的背景下,布兰顿展开了对逻辑哲学、分析哲学、心灵哲学、认识论等一系列话题的探讨,使这些原本零散的话题以一种清晰的方式环环相扣地联系在一起。哈贝马斯称《使之清晰:推理、表征和推论承诺》为"理论哲学中的里程碑"。④

可能由于《使之清晰:推理、表征和推论承诺》篇幅太长,内容过于艰涩,稍后,布兰顿将其改写为较为简明的读本《阐明理由:推理主义导论》(2000)。⑤ 这本书的出现,有人把它看作他之前杰作《使之清晰:推理、表征和推论承诺》的一个迟后的导论。但此书与其说是《使之清晰:推理、表征和推论承诺》的导论,"不如说是一部指南,集中而简明地阐发了他的几个

---

① Brandom R. *Making It Explicit: Reasoning, Representing, and Discursive Commitment*. Harvard University Press,1994.
② 陈亚军:《布兰顿与〈使之清晰〉(三)》,《中国社会科学报》2012 年 1 月 16 日。
③ 陈亚军:《布兰顿与〈使之清晰〉(四)》,《中国社会科学报》2012 年 2 月 6 日。
④ Habermas J. "From Kant to Hegel: On Robert Brandom's Pragmatic Philosophy of Language", *European Journal of Philosophy*,2000,8(3),p.322.
⑤ Brandom R. *Articulating Reasons: An Introduction to Inferentialism*. Harvard University Press, 2000.

重要论题"。①

承袭《使之清晰：推理、表征和推论承诺》，《阐明理由：推理主义导论》也是一本关于概念内容和概念使用的论著。布兰顿认为，概念内容是推理作用，②理解语言表达式的意义和意向状态的内容，首先应该根据它们在推理中所发挥的一种独特的作用。③ 在此书中，布兰顿通过对他"推理优先于表征"思想的引介，展开了对各种哲学上的重要问题和难题的讨论。比如，知觉和可靠性的评价作用问题，单称词项和谓项的表达作用问题，命题态度归属和概念使用的表征维度问题等。这本书总的主题是探究概念的本性，在此书中，布兰顿所提的观点"不同于许多塑造和推动了 20 世纪英美哲学的重大理论的、解释的、策略的承诺：经验主义、自然主义、表征主义、语义原子论、关于逻辑的形式主义以及关于实践理性之规范的工具主义(instrumentalism)"。④

布兰顿 2002 年出版的著作《逝去伟人的故事：关于意向性的形而上学历史文集》，⑤篇幅也较长，多达 430 页，它主要由两部分构成：第一部分是对历史背景和方法论基础进行介绍，第二部分是有关斯宾诺莎、莱布尼茨、黑格尔、弗雷格、海德格尔和塞拉斯这些"逝去的伟人"的文章，这些文章主要考察了这些"逝去的伟人"著述中隐含的意向性思想，如他们对思想、信念、断言和实践行为之内容的理解，他们对表征关于性(representational aboutness)的解释等。此书是一部人物画廊式的著作。

布兰顿在这部著作中想要呈现的是："那些逝去的伟大哲学家都有一项共同的事业，这就是主要由推理主义所刻画的特定的哲学传统；这一传统中的哲学家都坚信，语言的表象性能力服从如下事实：语言是'以推理的方式而被清晰地说出的'。"⑥此外，布兰顿在这部著作中也试图指出，推理主义与整体论是不可分割地联系在一起的，并且他坚持实践优先的原则，将推理主义与实用主义密切联系在一起，认为推理就是做事。

---

① 李红：《布兰顿：语言哲学中的哥白尼式转折》，《世界哲学》2005 年第 6 期。
② Brandom R. *Articulating Reasons: An Introduction to Inferentialism*. Harvard University Press, 2000, p.56.
③ Brandom R. *Articulating Reasons: An Introduction to Inferentialism*. Harvard University Press, 2000, p.1.
④ Brandom R. *Articulating Reasons: An Introduction to Inferentialism*. Harvard University Press, 2000, p.31.
⑤ Brandom R. *Tales of the Mighty Dead: Historical Essays in the Metaphysics of Intentionality*. Harvard University Press, 2002.
⑥ 李红：《布兰顿：语言哲学中的哥白尼式转折》，《世界哲学》2005 年第 6 期。

布兰顿认为哲学本质上是与传统对话的东西;罗蒂也主张,哲学的关键任务之一是对迄今未关联的文本的综合。① 如果我们认可布兰顿以及他的老师罗蒂的这种观点,那么我们不仅可以把布兰顿在《逝去伟人的故事:关于意向性的形而上学历史文集》中对哲学历史的追溯、对规范推理主义的建构视为一种巨大的哲学成就,还可以把这部历史性散论视为他的规范推理主义在哲学史中的应用。《逝去伟人的故事:关于意向性的形而上学历史文集》为布兰顿的规范推理主义提供了思想史的维度。

布兰顿认为,分析哲学和实用主义是互相说明和补充的,因而应该将两者统一起来。2008年,布兰顿出版的论著《在言与行之间:走向分析实用主义》②即这种思想更具体的体现。在其中,他运用一种系统和综合的方法说明意义和使用之间的关系。他说:"如果我们以一种分析的精神对待实用主义者的观察,我们可以把语用学理解为它为拓展分析的语义学方案提供了特殊的资源:将其从只关注意义之间的关系扩展到也包含意义和使用之间的关系。"③

在布兰顿看来,意义和使用之间的关系主要有两种:一种是实践—语汇充分性(practice-vocabulary sufficiency)关系;另一种是语汇—实践充分性(vocabulary-practice sufficiency)关系。④ 实践—语汇关系和语汇—实践关系是基本的意义—使用关系,它们是构造更复杂语义关系的基石,它们由递归产生,以实践为中介。⑤ 他指出,不仅语用的中介语义关系可以为分析哲学核心论题提供一种完全不同的诠释,同时,当把意义和使用关系构思成一幅大气磅礴的推理图景时,分析哲学和实用主义两个传统不仅不相互抵牾,而且相辅相成。

2009年,布兰顿出版了论著《哲学中的理性》,⑥其主要旨趣在于刻画一种关涉心灵和意义的理性主义,以借此解决当前至关重要的一些哲学问题。这部著作由两部分构成:第一部分包括第1~3章,这三章紧密结合,共同呈现了一幅清晰的理性活动(rational activity)的图景;第二部分包括第4~8

---

① Peregrin J. "Book Review: Tales of the Mighty Dead", *Erkenntnis*, 2003, 59(3), pp.422 – 423.
② Brandom R. *Between Saying and Doing: Towards an Analytic Pragmatism*. Oxford University Press, 2008.
③ Brandom R. *Between Saying and Doing: Towards an Analytic Pragmatism*. Oxford University Press, 2008, p.8.
④ Brandom R. *Between Saying and Doing: Towards an Analytic Pragmatism*. Oxford University Press, 2008, pp.9 – 10.
⑤ Brandom R. *Between Saying and Doing: Towards an Analytic Pragmatism*. Oxford University Press, 2008, pp.15 – 19, pp.31 – 68.
⑥ Brandom R. *Reason in Philosophy*. Harvard University Press, 2009.

章,这五章从理性生物的视角,讨论了当代哲学中的一些论题。这本书作为一个整体引领我们从康德一直走向当代分析哲学的前沿。

对布兰顿建构规范推理主义具有重大影响的是塞拉斯。2014 年,布兰顿出版了《从经验主义到表达主义:布兰顿解读塞拉斯》一书,全书由引言和 7 篇论文构成。这部著述描绘了塞拉斯的实用主义的表达主义的发展轨迹,即从他对经验主义的批评,到最终达成一种实用主义的表达主义;塞拉斯的这种实用主义的表达主义也对布兰顿产生了深远影响,从而使他力图推进这一思路进一步向前发展。① 总之,这些很大程度上是建立在布兰顿之前研究所熟悉的思想基础之上的。②

布兰顿于 2019 年出版的《信任的精神:黑格尔的〈现象学〉解读》,是对黑格尔《精神现象学》的理性重建,其前 7 章探讨的是黑格尔对意识的分析,后 10 章探讨的是黑格尔对自我意识的分析。在布兰顿的解读中,针对黑格尔在《精神现象学》中所谈到的话题,他并不是面面俱到,而是聚焦于"概念的内容和使用"这个话题。围绕这个话题,他密切关注意义和使用、概念内容和概念应用、规范性和模态性、主观和客观之间的关系,意图以一种"新的"方式来看待和思考概念。③ 尽管这本书的副标题是"黑格尔的《现象学》解读",但它至少是布兰顿从《使之清晰:推理、表征和推论承诺》就着手进行的语义实用主义计划的延续。④

综上可见,布兰顿以上著述都直接或间接、或多或少地论及了他的规范推理主义思想。其中《使之清晰:推理、表征和推论承诺》和《阐明理由:推理主义导论》两部著作是他对规范推理主义最直接、最全面的建构和论述;《逝去伟人的故事:关于意向性的形而上学历史文集》则为规范推理主义提供了一个思想史的维度;《在言与行之间:走向分析实用主义》是他对规范推理主义思想的进一步阐发,呈现了新实用主义的最新发展形态;《哲学中的理性》是他对规范推理主义的历史背景(historical context)理性主义的再勾画;《从经验主义到表达主义:布兰顿解读塞拉斯》既是他对塞拉斯的实用主义的表达主义发展轨迹的描画,也是对他自己的思想如实用主义、表达

---

① Brandom R. *From Empiricism to Expressivism: Brandom Reads Sellars*. Harvard University Press, 2014, p.29.
② Mclear C. "Book Reviews: From Empiricism to Expressivism: Brandom Reads Sellars", *Ethics*, 2016, 126(3), p.809.
③ Brandom R. *A Spirit of Trust: A Reading of Hegel's Phenomenology*. Harvard University Press, 2019.
④ DeVries W A. "Brandom and A Spirit of Trust", *International Journal of Philosophical Studies*, 2021, 29(2), p.236.

主义的建构;而《信任的精神:黑格尔的〈现象学〉解读》的焦点话题是"概念的内容和使用",它是布兰顿语义实用主义计划的继续。它们共同搭建成了规范推理主义的理论大厦。正是在规范推理主义的背景视域下,布兰顿对语言哲学、逻辑哲学、心灵哲学等学科领域中的一系列问题进行了探讨,使原本零散的话题以一种清晰的方式紧密地结合在了一起。

(二)国外其他相关研究

目前国际学术界对布兰顿学术思想的关注和讨论十分广泛和热烈。但在 2000 年之前,讨论布兰顿学术思想的文字并不多见。虽然人们知道布兰顿的《使之清晰:推理、表征和推论承诺》具有较高的学术价值,但它那庞大的篇幅、系统的论证方式以及技术化的分析哲学用语,使大多数人对它望而却步。2000 年之后,随着《使之清晰:推理、表征和推论承诺》的简写本《阐明理由:推理主义导论》的问世,情形有了很大的改观。自此之后,关于他思想的论著不断涌现,他的许多文章和著作被译介,有关他思想的学术讨论会也不断在世界各地召开,而邀约其讲学和参加学术讨论会的大学和研究机构更是不胜枚举。这些无疑说明了布兰顿在当代哲学界广泛而深远的影响。

据所收集的资料显示,国际学术界研讨布兰顿思想的论文集主要有《〈使之清晰〉的语用学》[1]《罗伯特·布兰顿:分析的实用主义者》[2]以及《解读布兰顿:论〈使之清晰〉》。[3] 这三本论文集对理解和传播布兰顿的学术思想产生了非常重要和深远的影响。它们是全面研究布兰顿思想的重要参考文献。

《〈使之清晰〉的语用学》是一本专门研讨《使之清晰:推理、表征和推论承诺》的论文集,其中的论文最初均发表于《语用学和认知》(*Pragmatics & Cognition*)2005 年第 13 期,至 2008 年才结集成书。它收录了 J. 麦克道威尔(J. McDowell)、佩里格林在内的多位学者讨论《使之清晰:推理、表征和推论承诺》的 11 篇论文,以及布兰顿的 1 篇对以上论文的集中回应文章。这些论文从多个方面对布兰顿的规范推理主义进行了讨论,内容涉及真值、指称、意义、语用学、认识论等,既有对布兰顿思想的赞同和支持,也有不同于布兰顿的见解甚至批评。布兰顿对这些文章给予了集中的回应,这些回应既有他对某些解读及对他观点的深化的赞许,也有他对一些批评或反对意

---

[1] Stekeler-Weithofer P (ed.). *The Pragmatics of Making It Explicit*. John Benjamins Publishing Company, 2008.
[2] Prien B and Schweikard D P (eds.). *Robert Brandom: Analytic Pragmatist*. Ontos Verlag, 2008.
[3] Weiss B and Wanderer J (eds.). *Reading Brandom: On Making It Explicit*. Routledge, 2010.

见的接纳,他或者进一步为自己辩护,或者提出了一些修正性看法。正如此书的引言所述:"布兰顿的回应是最有价值的贡献。"①

《罗伯特·布兰顿:分析的实用主义者》是会议性的论文集。2006年12月,德国的明斯特大学(Münster University)哲学系举办布兰顿哲学研讨会,布兰顿应邀到会,他到会的第一天晚上即做了一次公开的演讲,并参加了随后两天的学术讨论会。2008年,与本次会议相关的演讲、论文及布兰顿的回应文章被结集成卷在德国出版。这本论文集共编录了布兰顿的一篇引领性的演讲《走向一种分析的实用主义》,以及9篇会议论文和布兰顿的9篇回应文章。这些论文分别就认识论、本体论、行动理论、客观性的解释问题等展开了广泛的讨论。当然,布兰顿也对一些让人误解之处做了进一步的阐释和说明。②

论文集《解读布兰顿:论〈使之清晰〉》收录论文17篇,加上布兰顿的16篇回应论文,合计33篇论文。内容涉及四个方面,即规范语用学、推理主义的挑战、推理语义学和布兰顿的回应。该论文集学术含量很高,论文作者囊括了一批当代较有影响的哲学家,如达米特、麦克道威尔、D. 丹尼特(D. Dennett)等。它的问世表明布兰顿已经成为当代较有影响的分析哲学家和新实用主义的领军人物。

黑格尔是影响布兰顿建构规范推理主义的重要人物之一。2007年,P. 雷丁(P. Redding)出版了《分析哲学和黑格尔思想的回归》③一书,此书借助布兰顿等人的工作探讨了黑格尔思想在当代分析哲学中复兴的可能性。此书在分析布兰顿的"逻辑的所予神话"等思想基础上,认为布兰顿不仅是挑战传统分析哲学、重建分析哲学的关键人物,同时也是发现黑格尔的有关思想能够解决困扰分析哲学传统诸多难题的有影响力的哲学家。

有关布兰顿个人研究方面的专著主要有J. 万德勒(J. Wanderer)的《罗伯特·布兰顿》④和G. 图尔班(G. Turbanti)的《罗伯特·布兰顿的规范推理主义》。⑤ 前者从对布兰顿思想关注的重点出发,对相关主题做了深化性的解读和研究,内容主要涉及布兰顿的《使之清晰:推理、表征和推论承诺》

---

① Stekeler-Weithofer P (ed.). *The Pragmatics of Making It Explicit*. John Benjamins Publishing Company, 2008, p.5.
② Prien B and Schweikard D P (eds.). *Robert Brandom: Analytic Pragmatist*. Ontos Verlag, 2008.
③ Redding P. *Analytic Philosophy and the Return of Hegelian Thought*. Cambridge University Press, 2007.
④ Wanderer J. *Robert Brandom*. Acumen Publishing Ltd., 2008.
⑤ Turbanti G. *Robert Brandom's Normative Inferentialism*. John Benjamins Publishing Company, 2017.

《阐明理由：推理主义导论》以及《逝去伟人的故事：关于意向性的形而上学历史文集》等著述中有关理性的推理主义思想。这本书分为两个部分，即智识和推理主义。第一部分详细论述了动物或能发出有意义声音的机器与会思考、有理性、会推论的人类的不同；第二部分主要致力于推理主义的语义学，包括尝试在推理主义语义学中融入语言的表征维度。这本书对全面研究和理解布兰顿的规范推理主义思想非常有助益，也是研究布兰顿学术思想的重要参考文献。

《罗伯特·布兰顿的规范推理主义》较全面地探讨了布兰顿的语言哲学。作者认为，布兰顿的语言哲学是建立在一个由三个主要要素构成的理论结构基础上的，这三个要素是：对语言实践的规范分析（规范语用学），对概念内容的推理描述（推理语义学），以及对两者之关系的表达阐明（the expressive articulation）（理性的表达主义），此三重理论结构是布兰顿规范推理主义的核心。这部著作对于那些初步接触布兰顿著述的人以及那些对规范推理主义感兴趣的人来说，是一个宝贵的资源。

《从规则到意义：推理主义的新文集》①以一种更系统、更全面的方式探究了当代推理主义。其中，选集的前三部分分别针对语言和意义（第一部分）、逻辑学和语义学（第二部分）、规则、能动性（agency）和解释（第三部分）的具体问题重建了推理主义的立场，选集的最后一部分即第四部分从一个更广的视角剖析了推理主义的问题。编者认为，布兰顿的推理主义不仅激发了用于思考逻辑、语言、意义的新方法，而且为思考知识、经验、规范等提供了富有成效的参照框架；不仅为消解哲学趋势和传统上一些旧有的对立铺平了一条道路，而且为分析哲学、欧陆哲学等搭建了一座沟通的桥梁。

其他论文方面，哈贝马斯的论文《从康德到黑格尔：罗伯特·布兰顿的语用学语言哲学》②系统评价了布兰顿在《使之清晰：推理、表征和推论承诺》中所阐发的语言哲学，并称布兰顿的这部著作为理论哲学中的里程碑。论文《推理主义与规范性的三难困境》③分析了将推理语义学建基于规范语用学之上、意义因而被视为存在于一定的规范关系中所面临的三难困境：其一，即使整个社会都把某个规范陈述看作是真的，也不意味着它就是真

---

① Beran O, Kolman V. and Koreň L (eds.). *From Rules to Meanings: New Essays on Inferentialism*. Routledge, 2018.
② Habermas J. "From Kant to Hegel: On Robert Brandom's Pragmatic Philosophy of Language", *European Journal of Philosophy*, 2000, 8(3), pp.322－355.
③ Esfeld M. "Inferentialism and the Normativity Trilemma", In *The Rules of Inference: Inferentialism in Law and Philosophy*. Canale D and Tuzet G (eds.). Egea, 2009, pp.13－28.

的;其二,世界上不存在使规范陈述为真的规范实体;其三,不可能从描述性陈述推断出规范性陈述。作者认为,若孤立地看,这三条原则中的每一个都很充分,但把它们结合起来就是不一致的,必然要放弃其中的一条原则。论文《布兰顿的实用主义推理主义与客观性问题》[1]探讨了布兰顿有关语言实践的分析能否解释或明晰以下两个问题:"为什么我们能够指称语言之外的对象?""为什么我们认为真和假依赖的是我们语言之外的实在,而不是取决于我们的信念和断言?"并认为,在布兰顿的理论背景下,他对第二个问题的回答是不充分的,而且这个问题似乎也不可能获得充分的回答。论文《布兰顿〈使之清晰〉中的表达的完全性》[2]主要聚焦布兰顿《使之清晰:推理、表征和推论承诺》中表达的完全性(expressive completeness)概念,考察了这个概念在布兰顿哲学方案中的地位,评估了布兰顿为其表达的完全性主张所提供的理由等。论文《推理主义、承诺度和扩大性推理》[3]主要探讨了布兰顿的实用主义—推理主义的框架能否恰当容纳科学推理和解释中常见的概率推理、溯因推理等扩大性推理。作者认为,只有扩大布兰顿有关推理实践的图景,才能在其中为科学实践的典型推理形式找到一席之地。论文《康德—布兰顿式的概念观及规范倒退的难题》[4]主要诉诸一种塞拉斯式的解释性的融贯论(a Sellarsian explanatory coherence theory)为康德—布兰顿式的概念观提供辩护。论文《关于意义、内容和语境的推理主义》[5]主要论述了如何用规范推理主义来解释与自然语言和交流相关的歧义等自然语言现象。论文《推理主义、语境转换和背景假设》[6]主要介绍了规范推理主义者如何区分语句的意义和话语的内容。

综观国外研究现状,国外有关布兰顿及其规范推理主义思想的研究得到了语言哲学、逻辑哲学、心灵哲学、科学哲学等多学科及跨领域的关注,研

---

[1] Reichard U. "Brandom's Pragmatist Inferentialism and the Problem of Objectivity", *Philosophical Writings*, 2010, pp.69–78.

[2] Ocelák R. "Expressive Completeness in Brandom's *Making It Explicit*", *Organon F.*, 2014, 21(3), pp.327–337.

[3] González de Prado Salas J, de Donato Rodríguez X, and Zamora Bonilla J. "Inferentialism, Degrees of Commitment, and Ampliative Reasoning", *Synthese*, 2017, 198 (Suppl 4), pp.909–927.

[4] Lee B D. "A Kantian-Brandomian View of Concepts and the Problem of a Regress of Norms", *International Journal of Philosophical Studies*, 2019, 27(4), pp.528–543.

[5] Drobňák M. "Inferentialism on Meaning, Content, and Context", *Acta Analytica*, 2020, 35(1), pp.35–50.

[6] Kaluziński B. "Inferentialism, Context-Shifting and Background Assumptions", *Erkenntnis*, 2022, 87(6), pp.2973–2992.

究成果颇丰,相关研究比较系统、深入和全面,国际影响也较大。

二、国内相关研究

相对于国外学术界,我国学术界对布兰顿思想的研究起步较晚。据笔者目前对该研究领域的文献搜集、整理来看,最早的研究成果出现在2005年。而关于布兰顿规范推理主义的研究,多数学者多把对布兰顿本人以及学术思想的研究成果以论文的形式发表或者以专著中的章节等形式出版。

2005年《世界哲学》杂志的第6期"当代分析哲学"专栏,以专题的形式刊发了与布兰顿思想有关的三篇论文,分别是李红的论文《布兰顿:语言哲学中的哥白尼式转折》、[1]韩东晖翻译的布兰顿的文章《理由、表达与哲学事业》,[2]以及由韩东晖执笔翻译的哈贝马斯对布兰顿语言哲学的述评《从康德到黑格尔:罗伯特·布兰顿的语用学语言哲学》。[3] 这三篇文献一定程度上可视为我国学术界对布兰顿思想进行引介和研究的起步阶段。

其一,李红的论文《布兰顿:语言哲学中的哥白尼式转折》主要参考西方哲学界对布兰顿的评价,简要介绍了布兰顿的学术历程和学术贡献,并把布兰顿的基本主张概括为推论性实践的三个论题,即理性主义论题、实用主义论题和推理主义论题。

其二,韩东晖翻译的《理由、表达与哲学事业》是2001年出版的《何谓哲学?》中的一篇论文。"布兰顿在这篇论文中回应了'什么是哲学'的问题,概括介绍了其推理主义的基本思想。布兰顿将哲学视为广义的认知性事业和自身反思的事业。概念本质上是规范性的,因此判断和行动表达了属于我们的承诺。哲学研究的主题是规范性和推理。哲学的任务是表达性的、阐释性的。"[4]

其三,韩东晖执笔翻译的《从康德到黑格尔:罗伯特·布兰顿的语用学语言哲学》这篇论文,是哈贝马斯对布兰顿在《使之清晰:推理、表征和推论承诺》中所阐发的语言哲学的系统评价。哈贝马斯认为,布兰顿"在形式语用学与推理语义学之间实现了富有创新性的关联,清晰地阐明了自我理解"。[5]

---

[1] 李红:《布兰顿:语言哲学中的哥白尼式转折》,《世界哲学》2005年第6期。
[2] 〔美〕R. 布兰顿:《理由、表达与哲学事业》,韩东晖译,《世界哲学》2005年第6期。
[3] 〔德〕哈贝马斯:《从康德到黑格尔:罗伯特·布兰顿的语用学语言哲学》,韩东晖译,《世界哲学》2005年第6期。
[4] 〔美〕R. 布兰顿:《理由、表达与哲学事业》,韩东晖译,《世界哲学》2005年第6期。
[5] 〔德〕哈贝马斯:《从康德到黑格尔:罗伯特·布兰顿的语用学语言哲学》,韩东晖译,《世界哲学》2005年第6期。

以上三篇论文体现了分析哲学发生的悄然变化，这种变化不是来自外部的批评，而是来自内部的反省，来自分析哲学家对哲学性质的重新认识。在这些哲学家中，布兰顿是一个重要代表。他强烈地意识到语言哲学与传统哲学的内在关联，但他不是据此批判语言哲学，而是以建设性的思路改造语言哲学，试图依照语用学方法重建关于意义的语义学。他提出的推理主义及其理性主义纲领为当代语言哲学以及分析哲学的发展开辟了一条新的途径。①

与本书即将展开的讨论最为相关的是陈亚军教授的研究。陈教授从2010年起陆续在国内报纸、期刊等发表多篇有关布兰顿的访谈、书评、论文等，他的《德国古典哲学、美国实用主义及推论主义语义学——罗伯特·布兰顿教授访谈（上）》②以及《分析哲学、存在主义及当代美国哲学家——罗伯特·布兰顿教授访谈（下）》③这两篇访谈录主要涉及布兰顿思想背景中的德国古典哲学和美国实用主义要素，以及分析哲学、海德格尔、罗蒂、刘易斯、麦克道威尔和布兰顿父母对他的影响等。陈教授的书评《布兰顿与〈使之清晰〉》④主要是对布兰顿最重要、最有影响的著作《使之清晰：推理、表征和推论承诺》的评述。陈教授认为，"或许可以说，这本书不仅是对过去不同哲学传统的总结，更代表了美国哲学未来的发展方向"。⑤ 陈教授的论文《将分析哲学奠定在实用主义的基础上》"旨在阐明布兰顿的语言实用主义内涵，并从传统实用主义的角度对其做出评论"；⑥陈教授的《规范·推论·交往·世界——布兰顿哲学的四个维度》指出，布兰顿的哲学体系由规范、推论、交往、世界四个维度组成，它们共同作用，使原本分散甚至对立的论题得以在其理论中整合。⑦ 陈教授的访谈录《匹兹堡问学录：围绕〈使之清晰〉与布兰顿的对谈》主要记录了作者与布兰顿为期一年的系列交谈，交谈

---

① 江怡、李红：《当代分析哲学：布兰顿、达米特……》，《世界哲学》2005年第6期。
② 陈亚军：《德国古典哲学、美国实用主义及推论主义语义学——罗伯特·布兰顿教授访谈（上）》，《哲学分析》2010年第1期。
③ 陈亚军：《分析哲学、存在主义及当代美国哲学家——罗伯特·布兰顿教授访谈（下）》，《哲学分析》2010年第2期。
④ 陈亚军：《布兰顿与〈使之清晰〉（一）》，《中国社会科学报》2011年12月13日；陈亚军：《布兰顿与〈使之清晰〉（二）》，《中国社会科学报》2012年1月9日；陈亚军：《布兰顿与〈使之清晰〉（三）》，《中国社会科学报》2012年1月16日；陈亚军：《布兰顿与〈使之清晰〉（四）》，《中国社会科学报》2012年2月6日。
⑤ 陈亚军：《布兰顿与〈使之清晰〉（四）》，《中国社会科学报》2012年2月6日。
⑥ 陈亚军：《将分析哲学奠定在实用主义的基础上》，《哲学研究》2012年第1期。
⑦ 陈亚军：《规范·推论·交往·世界——布兰顿哲学的四个维度》，《学术月刊》2019年第5期。

内容主要涉及如何理解《使之清晰：推理、表征和推论承诺》，也涉及一些与之相关的其他话题。①

除此之外，在推理语义学和规范语用学研究方面，刘钢的《从形式推理走向实质推理：论布兰顿的推理主义语义学》在对形式语义学及其自然主义还原论谬误进行阐述基础上，具体分析了布兰顿推理主义的两个创见，即用恰当性的实质推理取代有效的形式推理、用实质推理的概念解释表征的概念；②杜世洪、李飞的《"语言分析哲学"的一个新动态——布兰顿的意义理论概览》重点介绍了布兰顿的意义理论；③戴潘的《布兰顿的推理主义语义学与整体论批评》在考察布兰顿推理主义语义学的理论渊源、方法论原则与基本观点基础上，对其语义整体论进行了剖析；④李红、黄如松的《推理优先于表征——布兰顿推理主义语义学研究》主要阐明布兰顿是如何建构其推理优先于表征的语义学的；⑤车向前、刘利民的《布兰顿推论主义语义学：皮尔士古典实用主义的当代回响》主要探究了皮尔士古典实用主义思想被布兰顿推论主义语义学呼应、承继与发扬的情况；⑥陈水英、冯光武的《"语用转向"视野下布兰顿推理语义观和规范语用观研究》通过介绍布兰顿的推理语义学和规范语用学，试图厘清布兰顿推理主义哲学的内在脉络；⑦孙小龙的博士学位论文《规范、推论与社会实践——罗伯特·布兰顿语言哲学研究》较为全面与清晰地展示了布兰顿语言哲学的基本内容及其各部分之间的逻辑联系，并以此为基础，对布兰顿语言哲学的意义与贡献进行了恰当的评价；⑧刘钢的专著《真理的话语理论基础：从达米特、布兰顿到哈贝马斯》，其第二章阐述了布兰顿理性主义的实用主义方案；⑨孙宁的专著《匹兹

---

① 陈亚军访谈，周靖整理：《匹兹堡问学录：围绕〈使之清晰〉与布兰顿的对谈》，复旦大学出版社 2017 年版。
② 刘钢：《从形式推理走向实质推理：论布兰顿的推理主义语义学》，《哲学分析》2011 年第 4 期。
③ 杜世洪、李飞：《"语言分析哲学"的一个新动态——布兰顿的意义理论概览》，《自然辩证法研究》2013 年第 9 期。
④ 戴潘：《布兰顿的推理主义语义学与整体论批评》，《哲学分析》2013 年第 4 期。
⑤ 李红、黄如松：《推理优先于表征——布兰顿推理主义语义学研究》，《自然辩证法研究》2015 年第 6 期。
⑥ 车向前、刘利民：《布兰顿推论主义语义学：皮尔士古典实用主义的当代回响》，《外语学刊》2021 年第 4 期。
⑦ 陈水英、冯光武：《"语用转向"视野下布兰顿推理语义观和规范语用观研究》，《外语学刊》2022 年第 2 期。
⑧ 孙小龙：《规范、推论与社会实践——罗伯特·布兰顿语言哲学研究》，南京大学博士论文，2011 年。
⑨ 刘钢：《真理的话语理论基础：从达米特、布兰顿到哈贝马斯》，人民出版社 2015 年版，第 204~396 页。

堡学派研究：塞拉斯、麦克道威尔、布兰顿》，其中第七、八章论述了布兰顿的实用主义路线及他对"意义"的研究。①

在布兰顿规范推理主义的具体细节方面，徐竹的《论布兰顿之规范性实践概念》主要对布兰顿的规范性实践概念的三项主要内涵进行了概括、论证和辩护；②同一作者的《理性空间的社会化：布兰顿规范性实践概念的社会科学哲学意蕴》旨在说明布兰顿的规范性实践概念主张一种"理性主义的实用主义"立场，这对关于规范性的社会科学哲学来说具有重要意义；③黄远帆的《社会实践与哲学实践中的道义计分》指出，布兰顿将人类实践描绘为给出与要求理由的游戏虽然不能覆盖其中人类实践的方方面面，但却不失为对哲学论理事业一个妥帖的勾画；④曹雅楠的《语言主体能力的再考察——布兰顿理性实用主义哲学浅析》旨在表明"布兰顿对智识、理性、逻辑能力的介绍与区分向我们展示出他语言哲学中的理性实用主义特点，是对传统理性主义同实用主义认识论的结合及发展"；⑤李红的《论布兰顿的逻辑表达主义》聚焦于布兰顿如何在意义—用法模型中界定逻辑语汇的工作，讨论逻辑语汇在何种意义上具有表达作用，以此刻画分析的实用主义的新视域；⑥王玮、陈亚军的《评麦克道威尔与布兰顿的"经验"之争》主要论证了布兰顿和麦克道威尔的"经验"概念并非不可调解；⑦马晨的《布兰顿语言哲学中的黑格尔因素》、⑧王娜的《论布兰顿语言哲学与黑格尔哲学的内在联系》、⑨孙宁的《布兰顿思想中的黑格尔资源：考察与评估》讨论了黑格尔及其哲学对布兰顿思想或语言哲学的影响；⑩周靖的专著《"世界"的失落与重拾：一个分析实用主义的探讨》在第五章讨论了布兰顿结合形式语义学与实质语用学抵达经验世界的可能。⑪

---

① 孙宁：《匹兹堡学派研究：塞拉斯、麦克道威尔、布兰顿》，复旦大学出版社2018年版，第145~187页。
② 徐竹：《论布兰顿之规范性实践概念》，《世界哲学》2010年第3期。
③ 徐竹：《理性空间的社会化：布兰顿规范性实践概念的社会科学哲学意蕴》，《哲学分析》2011年第4期。
④ 黄远帆：《社会实践与哲学实践中的道义计分》，《自然辩证法研究》2016年第10期。
⑤ 曹雅楠：《语言主体能力的再考察——布兰顿理性实用主义哲学浅析》，《自然辩证法研究》2016年第12期。
⑥ 李红：《论布兰顿的逻辑表达主义》，《哲学研究》2016年第6期。
⑦ 王玮、陈亚军：《评麦克道威尔与布兰顿的"经验"之争》，《学术月刊》2018年第11期。
⑧ 马晨：《布兰顿语言哲学中的黑格尔因素》，《天府新论》2019年第3期。
⑨ 王娜：《论布兰顿语言哲学与黑格尔哲学的内在联系》，《内蒙古社会科学》2020年第1期。
⑩ 孙宁：《布兰顿思想中的黑格尔资源：考察与评估》，《哲学分析》2021年第4期。
⑪ 周靖：《"世界"的失落与重拾：一个分析实用主义的探讨》，复旦大学出版社2019年版，第120~147页。

值得一提的是，2022年8月，周靖的专著《推论、社会和历史——布兰顿哲学导论》的出版，结束了国内学界无布兰顿哲学思想研究专著的历史。这部著作不仅涵盖了布兰顿哲学的核心内容，还考察了布兰顿哲学思想在伦理学、人工智能等方面的效应，以及布兰顿与同时代其他哲学家如哈贝马斯、丹尼特、塞尔、麦克道威尔等哲学家之间的关联与互动，为理解布兰顿的相关哲学思想提供了有益的参照。①

综上可以看出，国内有关布兰顿及其规范推理主义思想的研究呈上升趋势，但相比国外的研究来说，国内相关研究仍存在不足，主要表现在以下两个方面：第一，布兰顿有关规范推理主义的主要著作目前②还没有中文译本；③第二，国内相关研究历史不长，从所搜集的文献看，国内对布兰顿思想的研究始于21世纪，研究时间较短，除近期刚出版的一本专著之外，研究成果也相对缺乏体系性。虽然如此，但值得欣慰的是，从现有关于布兰顿的研究文献看，国内的研究相对比较前沿，并具有宏阔的视野。基于此，笔者搜集了近年来与布兰顿学术思想有关的著述、文章等，作为本书的参考素材。

第三节 研究方法和创新之处

一、研究方法

本书通过学科交叉对布兰顿规范推理主义及其相关哲学论争进行系统研究，力求在吸收国内外相关研究成果的基础上，拓展规范推理主义研究的视野和深度，深化对意义问题和意义理论的认识。主要的研究方法有：

其一，文献研究法。主要通过对布兰顿的著述、访谈、演讲等的研究和分析，同时参照国内外相关研究者的相关研究成果，对布兰顿的理论渊源、规范推理主义的全貌及其相关主题进行梳理和解读。

其二，问题研究法。用以分析并回应有关规范推理主义的相关热点和难点问题。如：意义是什么？意义来自哪里？概念表征维度的规范推理主

---

① 周靖：《推论、社会和历史——布兰顿哲学导论》，上海社会科学院出版社2022年版。
② 时间截至2023年6月。
③ 2019年出版的《在理由空间之内：推论主义、规范实用主义和元语言表达主义》，其内容主要是2018年布兰顿参加复旦大学举办的"复旦—杜威讲座"第二期的主讲内容。参见：〔美〕罗伯特·布兰顿：《在理由空间之内：推论主义、规范实用主义和元语言表达主义》，孙宁等译，上海人民出版社2019年版。

义说明如何可能？概念初始正确性推理是形式推理抑或实质推理？概念之内容是组合的抑或推理的？逻辑的语义学任务是认知的抑或表达的？概念使用的基本处所是心灵抑或语言？概念活动之属是表征抑或表达？等等。

其三，比较研究法。比较从两个方面展开：一是规范推理主义与其相竞争的语义理论如指称论、观念论、使用论的比较；二是各种相互竞争的哲学观点的比较，如表征主义与表达主义、理性主义与经验主义、整体论与组合性、内在主义与外在主义、分析哲学与实用主义等观点的比较，以展示规范推理主义的相关理论主张和独特之处。

其四，模态逻辑方法。主要诉诸道义逻辑阐释概念性活动的规范性以及与语言实践有关的道义地位和道义态度、建构规范推理主义的认识论；借助认知逻辑诠释命题的表征维度，解读命题态度从言归属如何转换为从物归属，分析命题态度从物归属在社会交流中的重要作用。

二、可能的创新之处

布兰顿深受分析哲学、实用主义和欧陆哲学的影响，其规范推理主义不仅重视哲学史的考察，而且如英美哲学那样注重论证和关注一个问题一个问题的解决。鉴于此，本书不仅致力于对相关研究论题系统而深入地把握和研讨，而且在史论两方面提出了一些可能的学术新见。

第一，意义问题不仅与概念的使用、指称和真值紧密相连，而且与人的心理、观念、信念以及行为等密切相关。建构关于概念内容与使用的规范推理主义需要综合语义学、语用学、语言实践论、整体论、认识论、本体论等方面的思考，并做出关于理论优先解读次序的选择。

第二，由规范推理主义整体论取向所衍生的交流可能性问题既是规范推理主义的一大难题，也是规范推理主义整体论取向所面对的最大挑战。本书所建议的交互平衡的解决之道既是对布兰顿规范推理主义思想的一种呈现，也是对布兰顿的著述《使之清晰：推理、表征和推论承诺》隐微思想的具体运用；既避免了布兰顿的解释所可能导致的循环问题，也为交流可能性问题的解决提供了一个可资借鉴的思路。

第三，规范推理主义的整体论进路受到了来自福多等人以组合性原则为武器的批评，而本书通过论证表明，规范推理主义以及整体论和组合性原则并非截然两立，在诠释语言和思想之生产性等特性方面，两者具有殊途同归、异曲同工的效用，两者各自代表着不同的语义可理解性（"从上而下"和"从下而上"），两种看待意义或内容的方式，两者互相依存但无法互相还原。

第四，诉诸语言实践的道义计分模式，规范推理主义的认识论既避免了可靠主义的外在主义只考虑信念与引起信念的外部环境之间的因果关系，又不偏执于内在主义坚持认知主体必须拥有某种推理态度这种过强的要求，而走出了一条中间路线，不仅规避了可靠主义的两个盲区、容纳了可靠主义的三个洞见、修正了可靠主义，而且为批驳知识论问题上的怀疑论提供了一条可资借鉴的理路，具有重要的学理意义。

第五，概念表征维度的规范推理主义的说明虽然使得因语言转向而被放逐的"世界"重新召回了哲学家视野，但由于规范推理主义理论的局限性，它不可避免地又遭到了来自表征主义阵营的福多等人丧失"世界"的批评，而从逻辑行动主义方法论这一新型方法论的视角，则可以给概念表征维度的规范推理主义的说明以某种程度的辩护。

第六，形式推理和实质推理是一枚硬币的两个面，对意义问题的分析和理解离不开语形学、语义学和语用学的相互补充和说明，因此形式推理或者说关于逻辑的形式主义理应有其相对独立且重要之地位。

综上所述，规范推理主义是布兰顿整个哲学思想的理论节点和背景视域，对规范推理主义进行研究具有重要的理论价值和认识论意义。而无论是国外的多角度、全方位的研究，还是国内研究的趋热状态，都从一个侧面反映出规范推理主义在布兰顿哲学体系中的核心地位，是布兰顿语言哲学的基础性建构。因此，细致考察布兰顿构建规范推理主义的理论旨趣和原始进路，对于理解布兰顿规范推理主义的思路演进、相关论题，进而把握当今美国学界融合分析哲学和实用主义重审意义问题的最新动向是必要的。本书正是以此为基础，对布兰顿研究概念内容和使用之哲学化的发展进路进行系统探究。

第一章 布兰顿的思想渊源、研究旨趣与主要策略选择

任何理论,无论其多么浅显通俗或者多么艰深晦涩,都不可能是无本之木、无源之水,布兰顿的规范推理主义也不例外。除了文笔和表达方式的独特之外,布兰顿的规范推理主义在风格上也独具特色,它不仅重视哲学史的考察,而且如英美哲学那样注重论证和关注一个问题一个问题的解决,它试图以一种精确的方式,将原本完全对立的不同哲学传统、立场综合在一起,因而理解布兰顿的哲学思想具有相当大的难度。鉴于此,在具体阐述规范推理主义之前,有必要对布兰顿的思想渊源、研究旨趣与主要策略选择加以勾勒,以便为深入展开论述和更好地理解布兰顿的规范推理主义扫清障碍。

第一节 布兰顿的思想渊源

布兰顿本人深受分析哲学和欧陆哲学的影响,其思想语境相当复杂。一方面,他的论述风格显然是分析哲学的,弗雷格、达米特、戴维森、W. V. 蒯因(W. V. Quine)是其重要的思想来源;另一方面,他对哲学史的重视,对康德、维特根斯坦、塞拉斯的青睐,又使其具有一种大陆哲学的视野。① 因而,康德的批判哲学、弗雷格的分析哲学、维特根斯坦的语言游戏理论、塞拉斯的心灵哲学等都构成了布兰顿的思想要素和对话者。②

一、康德批判哲学的规范性影响

毋庸置疑,康德的批判哲学对当代哲学产生了巨大影响,它构成了人类

---

① 陈亚军:《布兰顿与〈使之清晰〉(二)》,《中国社会科学报》2012 年 1 月 9 日。
② 武庆荣:《布兰顿推理论的主要思想溯源》,《重庆理工大学学报(社会科学版)》2018 年第 1 期。

思想史上的一次重大转折。康德自称发动了一场哲学领域内的"哥白尼式革命",即他以其独特的方式证明了科学知识的普遍必然性,凸显了主体在认识中的地位、作用和能动性。① 可以说,康德以后的哲学家可以不同意康德的主张,但却很难绕开康德的问题。布兰顿非常重视欧陆哲学,其中对他影响较大的就是康德哲学。

在认识论问题上,康德一方面同意经验论的原则——一切知识都必须来源于经验,另一方面亦赞同唯理论对经验论的批评——对科学知识来说仅有经验是不够的,它们的普遍必然性只能是先天的。但是这样一来,我们便陷入了两难的困境:如果知识必须建立在经验的基础之上,知识就不可能具有普遍必然性;如果知识具有普遍必然性,它就必须是先天的而不可能建立在经验的基础上。概言之,我们如何能够先天地经验对象?② 在康德看来,唯一的办法就是彻底颠覆传统的"知识符合对象"这一关系,使之转变为"对象符合知识",亦即符合认知主体固有的认识形式。若如此,知识便具有了先天性或普遍必然性:一方面,知识确实是建立在经验基础之上的;另一方面,认知主体本身亦具有一整套在经验之先的认识形式。

但是,布兰顿认为,康德哲学最重要的贡献并不是他的认识论,而是体现在他理论中的规范转向,其中的许多洞见都给他以启悟。这正如他所言:"康德理论的核心观念,也就是他的整个哲学所围绕的轴心,是他的这样一个深刻洞见:将判断和意向行为与只是自然创造物的反应区分开来的,不是有没有笛卡尔式(Cartesian)的心灵要素的事实问题,而毋宁说,判断和行动是我们在一种独特意义上对之负责的事情,它们表达了我们的承诺。"③这也就是说,通过下判断和做出行动,规范或规则决定了我们使自身去承诺的东西,决定了我们使自己去负责的东西,康德称这些规范或规则为"概念";判断和行动包含着做出承诺,而承诺的保证书总是潜在地处于争议之中,例如,它们是不是正确?我们是否有资格去做这样的承诺?……而就我们在判断和行动中所承担的责任而言,它所采取的形式之一,就是给出理由以证明该判断或行动的正当性,而规则作为我们在判断和行动中所运用的概念,就决定了什么应当看作这种判断和行动的理由。承诺、资格、责任,这些都是规范性的概念。④ 因而,在布兰顿看来,康德哲学的主要革命并不

---

① 《西方哲学史·德国古典哲学·康德(一)》,https://www.doc88.com/p-90529564936547.html。
② 《西方哲学史·德国古典哲学·康德(一)》,https://www.doc88.com/p-90529564936547.html。
③ 陈亚军:《德国古典哲学、美国实用主义及推论主义语义学——罗伯特·布兰顿教授访谈(上)》,《哲学分析》2010年第1期。
④ 〔美〕R. 布兰顿:《理由、表达与哲学事业》,韩东晖译,《世界哲学》2005年第6期。

是哥白尼式的革命,而是它的规范转向,即"从笛卡尔提出的将自我作为思维存在者的那种本体论的划界,到将自我作为责任之位点(loci)的道义论的划界的转变"。①

在布兰顿看来,康德比他前辈更深刻的是,"他看出了认识论问题预设了语义学问题",因此他最初的关注点不是知识而是意向性,他所追问的不是成功表征的条件,而是表征意图的条件。在此,康德面对的是比认识论的怀疑论更基本的语义学的怀疑论,即对表征观念的可理解性的担忧。康德通过解释一样东西关于或意图表征另一样东西是怎么回事来回应这种更基本的怀疑论形式。对康德来说,"表征的关于性特征是规范的结果,……把一样东西当作表征了另一样东西,就是赋予后者某种超越前者的权威,就是以一种与众不同的方式把表征看作对被表征之物负责。理解推论性就是理解这种规范性。这是康德哲学事业的核心任务"。②

虽然布兰顿承袭康德的规范性思想,但在对规范概念的理解上,布兰顿和康德不尽相同。"作为一位理性主义者,康德将规范等同于清晰的规则或原则,它为理性所颁布,并能被我们清晰地加以阐明。"布兰顿反对康德的这种规范理念。他认为,"在维特根斯坦和塞拉斯的'无穷倒退论证'之后,诉诸清晰规则来解释规范来源的道路已经走不通了"。③ 与康德不同,布兰顿认为规范有显性和隐性之分,显性的规范可被清晰表达,隐性的规范隐含于实践中,两者的关系不是孤立的,后者是前者的基石,前者是后者的清晰表达。

将规范置于哲学关注的中心,在布兰顿看来,这导致了康德的另一个伟大的变革,即赋予判断以优先的地位。与传统哲学将单称词项或一般词项作为经验的最小单位不同,康德把知性的一切行为归结为判断,把判断视为意识或认知的基本单元,也是最小的、能够把握的单位。康德认为,"关于内容的任何讨论必须开始于判断的内容""在任何范畴内可被辨明的任何内容都派生于可能的判断的内容,即命题的内容"。④ 康德的这种判断优先性的思想同样得到布兰顿的认可,并成为布兰顿规范推理主义整体论取向的重要渊源。

---

① Brandom R. *Tales of the Mighty Dead: Historical Essays in the Metaphysics of Intentionality*. Harvard University Press, 2002, p.21.
② Brandom R. *Tales of the Mighty Dead: Historical Essays in the Metaphysics of Intentionality*. Harvard University Press, 2002, pp.22-23.
③ 陈亚军:《将分析哲学奠定在实用主义的基础上》,《哲学研究》2012年第1期。
④ Brandom R. *Making It Explicit: Reasoning, Representing, and Discursive Commitment*. Harvard University Press, 1994, p.80.

二、弗雷格分析哲学的方法论影响

弗雷格在研究逻辑和算术的关系时,认识到最重要的是必须保证推理过程的完美无缺,而当他致力于这种严格性时,他发现并认识到语言的不完善是实现严格性的障碍,因此他认为有必要修正现行使用的语言,由此他产生了构造一种概念文字的思想。1879年,他出版了《概念文字:一种模仿算术语言构造的纯思维的形式语言》,其目的就是想证明逻辑包括算术以及所有可化归为算术的数学分支。①

概念文字是弗雷格的一项创造性工作。弗雷格有关概念文字的思想对布兰顿的规范推理主义有很大影响。这种影响主要体现在两个方面:一是弗雷格的判断优先的思想;二是由函数、自变元所衍生的替换(substitution)观念这种关键性的语义推理思想。

传统的语义学观点认为,单称词项的意义体现在它们与世界的对应关系上,因此,其理论以及逻辑体系往往建构在概念基础之上,并采用一种从下而上的语义说明策略:由概念形成判断,然后由判断形成推理。这种概念、判断、推理的体系结构反映了过去人们对思维过程的认识,具有一定的合理性。与之不同,在概念文字体系的建构过程中,弗雷格首先引入判断,进而对由判断和判断形成的推理关系进行研究,充分体现了逻辑这门学科的推理性质。由于判断是对语句所表达的概念内容的断定,因此概念文字赋予判断优先性事实上也就是赋予语句以说明的优先性。在布兰顿看来,弗雷格采用推理的方法而不是指称的方式对语言表达式的概念内容进行说明,显然就是规范推理主义"意义就是推理作用"这种基本观点的反映。

布兰顿认同弗雷格的"从上而下"的语义说明顺序,他对语言表达式意义或意向状态内容的说明以整体论为取向,而不是以原子论为进路。在推论实践中,发挥最基本的前提和结论作用的是命题,命题在推论实践中具有语用和说明的优先性。然而,由于单称词项之类的次语句不能直接发挥推理的前提和结论的作用,因此对它们进行说明不可能直接采用命题式的说明方式,这使得"从上而下"的语义说明策略在说明次语句的意义时遇到了难题。但布兰顿认为,"所有种类的概念内容都是本质上推理地阐明的,理解单称词项和谓项的概念内容必须根据它们的间接的推理作用",而要说明和理解单称词项等次语句所发挥的间接的推理作用,弗雷格的替换观念可

---

① 王路:《弗雷格思想研究》,商务印书馆2008年版,第26页。

为之提供一种方法。①

弗雷格曾著述说:"让我们暂时假定语句有一个指称。如果我们现在把这个语句中的一个语词代之以另一个指称相同而涵义不同的语词,那么这种替换并不会影响这个语句的指称。"②一般认为,这是弗雷格语义值观念的一种替换解释,即如果你用一个表达式替换另一个与其指称或其真值相同的表达式,则整个部分的值不发生改变。从语义和句法层面看,替换观念既适用于语句,也适用于次语句。弗雷格认为,一个语句表达一种关系整体,其中一些语词总是可以由另一些语词来替换,因此一个语句可以分解为两部分:一部分是表达整体关系的固定部分,另一部分是可以被其他的词或符号替换的部分,前者称为函数,后者称为自变元。③ 而替换性质的不同决定了单称词项、谓项之类的次语句的不同。

布兰顿指出,弗雷格所认可的对"什么是单称词项,为什么存在单称词项"之问题的替换解决方法包含着两个互相依赖的阶段。首先是分解阶段(decompositional stage),在这一阶段,通过被同化(assimilated)为互相的替换变项,将语句分解为次语句;其次是重组阶段(recompositional stage),在这一阶段,主要是生成陌生的语句以及它们的诠释,这些陌生的语句产生于将熟悉的函数应用到熟悉的可替换表达式,或者说,关于熟悉语句的那些熟悉的替换变化导致了许多陌生语句的产生。④

仰赖弗雷格的替换观念,布兰顿把对次语句的说明也划分为两个层面:其一是句法的说明,其二是语义的诠释。⑤ 在句法层面,布兰顿主要对替换结构的作用(substitution-structural roles)进行说明,其主要目的是识别出属于同一句法范畴的次语句。在语义层面,通过比较单称词项和谓项所涉及的替换推理(substitution inferences)的不同,他提供了另一种识别单称词项和谓项的方法。

由此可见,借助弗雷格的替换观念,布兰顿不仅提供了对次语句的说明,而且赋予次语句间接的推理作用,揭示出次语句对于其出现其中的表达

---

① Brandom R. *Making It Explicit: Reasoning, Representing, and Discursive Commitment*. Harvard University Press, 1994, pp.413 – 414.
② Frege G. "On Sense and Reference", In *Translations from the Philosophical Writings of Gottlob Frege*. Geach P and Black M (eds.). Blackwell, 1960, p.62.
③ 王路:《弗雷格思想研究》,商务印书馆2008年版,第33页。
④ Brandom R. *Articulating Reasons: An Introduction to Inferentialism*. Harvard University Press, 2000, p.128.
⑤ Brandom R. *Articulating Reasons: An Introduction to Inferentialism*. Harvard University Press, 2000, pp.129 – 136.

式的推理作用所做出的贡献,从而将规范推理主义对语言表达式和意向状态的说明从语句层面拓展至次语句层面。可以说,弗雷格的替换观念对布兰顿的规范推理主义来说是至关重要的一种技术性方法。诚如布兰顿所述:"为了从语句所表达的内容中获得次语句所表达的内容,弗雷格所设计的替换策略对于实施推理主义者的语义说明计划至关重要。"[1]

三、维特根斯坦语言游戏理论的路向性影响

维特根斯坦一生的语言哲学思想可以划分为前后两个时期,前期他主张语言的逻辑图像论,后期他提出语言游戏理论。作为20世纪对分析哲学影响巨大的哲学家之一,"维特根斯坦的独特魅力不仅在于他启发影响了两大重要哲学流派的兴起和发展,也在于其哲学思想发展的传奇色彩"。[2] 维特根斯坦的语言哲学思想,尤其是后期的语言游戏理论,不但在语言学领域推动了语用学的转向,在哲学领域也产生了巨大影响。布兰顿本人就深受后期维特根斯坦思想的影响,维特根斯坦的语言游戏理论中所体现的实用主义路向为布兰顿的规范推理主义指引了方向。

维特根斯坦在后期提出的以"语言游戏"为核心的意义理论是对其前期哲学思想的扬弃。在前期的代表性著作《逻辑哲学论》中,维特根斯坦主要讨论了语言与世界的关系,提出了逻辑图像论。关于世界的结构,他认为,"世界是事实的总和"(1.1);关于语言的本质结构,他认为,语言是由命题构成的,"命题的总和就是语言"(4.001),"命题是现实的形象[3]"(4.01);关于语言和世界的关系,他认为,语言与世界的联系是逻辑的联系,"命题借助于逻辑的脚手架来构成世界"(4.023),因而语言和世界具有相同的逻辑结构。[4] 据此可知,"在图像论的观点下,语言必须反映事实或与事实的逻辑相符。所以前期的维特根斯坦追求语言的确定性,主张意义的指称论"。[5]

后期的维特根斯坦意识到了图像论的困境,认识到日常语言的动态性、鲜活性,觉识到语言并非世界之映像、并非与世界处于一一对应的静态关系之中。因而在后期以《哲学研究》为代表的著作中,维特根斯坦虽然和前期

---

[1] Brandom R. *Making It Explicit: Reasoning, Representing, and Discursive Commitment*. Harvard University Press, 1994, p.95.
[2] 王国华:《从逻辑图像论到语言游戏说——维特根斯坦语言哲学探讨》,《北方论丛》2008年第2期。
[3] 因翻译不同,"形象"亦即"图像"。
[4] 〔奥〕维特根斯坦:《逻辑哲学论》,郭英译,商务印书馆1985年版,第22~97页。
[5] 王国华:《从逻辑图像论到语言游戏说——维特根斯坦语言哲学探讨》,《北方论丛》2008年第2期。

一样仍然关注哲学的根本问题,但他不再认为语言的功能在于表征或描画,而认为语言的功能在于语言的使用。而使用语言的活动就是维特根斯坦意义上的"语言游戏"。在他看来,语言游戏是多种多样的,如"报告一个事件""猜谜""把一种语言翻译成另一种语言",等等。① 可见,语言游戏的多样性体现了语言各种各样的用途,描述世界只是语言诸多用途中的一种。

为了说明多种多样的语言游戏的关系,维特根斯坦提出了家族相似的概念。他认为,虽然语言游戏具有各种各样的相似之处,但它们并不统一,它们只是互相交叉、重叠形成一种错综复杂的相似关系的网络:有时是总体上的相似,有时是细节上的相似,因而,那种一统的语言本质并不存在,存在的只是各种游戏之间的家族相似性。

后期维特根斯坦的意义理论是对他前期意义指称论的反叛。"图像论框架下的意义指称理论认为,意义存在于字词之外,独立于它的使用。但是,维特根斯坦发现许多字词意义的理解必须在一定的语境中才能获得,即使是用于指称性表达的名词的理解,在不同的用法中也是不同的。所以意义不在于指称什么,而是基于不同的场景的使用。"②因而,他提出了意义即使用的观点。诚如维特根斯坦所言:"在我们使用'意义'这个词的各种情况中有数量极大的一类——虽然不是全部——,对之我们可以这样来说明它:一个词的意义就是它在语言中的使用。"③这也就是说,一定程度上,意义并非孤立于语境而指称事物和事态,意义是根植于生活实践中的语言的使用。事实上,布兰顿正是根据维特根斯坦后期的"意义即使用"这个基本观点为旨归建构其理论大厦的。

当然,从总体上看,维特根斯坦的理论对布兰顿的影响并不止于此。维特根斯坦理论的规范性和语句优先性的思想也对布兰顿的规范推理主义产生了直接的影响。首先,在维特根斯坦看来,"使用"是在语言游戏中得到界定的,语言游戏同其他游戏一样必须遵循一定的规则,所以,"使用"一定是和规则联系在一起的,规则决定了语言的使用,进而决定了语言表达式的意义。"使用"受规则支配,这也说明"使用"一定是一种规范性的行为,它有正确和错误之分。因此,一个人只有知道必须做什么和不做什么之后,才能知道如何使用语言,理解这一点有助于理解布兰顿的规范推理主义。其次,

---

① 〔奥〕维特根斯坦:《哲学研究》,李步楼译,商务印书馆 2000 年版,第 17~18 页。
② 王国华:《从逻辑图像论到语言游戏说——维特根斯坦语言哲学探讨》,《北方论丛》2008 年第 2 期。
③ 〔奥〕维特根斯坦:《哲学研究》,李步楼译,商务印书馆 2000 年版,第 31 页。有时有些名称的意义是通过指向它们的承担者来说明的。

后期的维特根斯坦认为意义在于使用,由于语句附着有语用效力,并且语句是仅有的"在语言游戏中走一步"的话语表达式,因而他把语句置放于核心的地位,这一观点也为布兰顿所接受。但总体而言,维特根斯坦对布兰顿思想的影响主要是他实用主义的路向性影响。这正如布兰顿本人所认同的:"导向这个方案的一个首要的方法论承诺是根据语言表达式的使用解释其意义——对维特根斯坦实用主义的一个维度的认可。"①

四、塞拉斯"理由空间"的规范推理主义思想影响

塞拉斯是美国著名哲学家,1956 年因出版《经验主义与心灵哲学》②而蜚声学界。《经验主义和心灵哲学》不仅是塞拉斯本人整个哲学体系的一个缩影,而且在中西方哲学史上也具有非凡的意义。从学术传承上看,对布兰顿规范推理主义影响最大、最直接的就是塞拉斯。布兰顿本人不仅是研究塞拉斯思想的专家,还参与编辑并出版了塞拉斯的文集《在理由空间中:威尔弗里德·塞拉斯文选》。③ 塞拉斯在其著述中提出的"理由空间"的思想,以及对"所予神话"的批判都对布兰顿的规范推理主义产生了决定性的影响,R. G. 米利肯(R. G. Millikan)甚至称其为学术上的父与子的关系。④ 布兰顿正是在塞拉斯的推理主义思想基础之上,在"表征主义"和"推理主义"张力之下重审现代哲学,进而建构起自己独具特色的规范推理主义体系的。

传统的经验主义认为,经验知识具有自我确证、非推论的性质,因而将知识建立在知觉经验(所予)的基础之上。塞拉斯拒斥这种"所予神话"。塞拉斯指出,如果没有概念的介入,知觉经验并不能为知识提供一个可靠的基础;知识的确证并不是一种"词与物"的对应关系,而是语言内部的推理阐明。比如,温度计和受过训练的鹦鹉都能够对外部世界做出正确的反应,但在这种情况下,并不能说鹦鹉和温度计都是在表达知识。因此,"将一个片段或一个状态描述为知道的片段和状态,我们并不是在经验地描述那个片

---

① Brandom R. *Making It Explicit: Reasoning, Representing, and Discursive Commitment*. Harvard University Press, 1994, p.xii.
② Sellars W. *Empiricism and the Philosophy of Mind*. Harvard University Press, 1997. 此书1956 年第一次出版。
③ Sellars W. *In the Space of Reasons: Selected Essays of Wilfrid Sellars*. Scharp K and Brandom R (eds.). Harvard University Press, 2007.
④ Millikan R G. "The Father, the Son, and the Daughter: Sellars, Brandom, and Millikan", In *The Pragmatics of Making It Explicit*. Stekeler-Weithofer P (ed.). John Benjamins Publishing Company, 2008, pp.53 - 64.

段和状态;我们是将它放置在确证和能够确证我们言辞的理由的逻辑空间中"。① 这也就是说,对知识的言说只能在"理由空间"中才能得以进行。

塞拉斯将理由空间与自然空间明确区分开来。理由空间是由互相之间具有推理关系的概念或意向状态如信念等构成的复杂关系网络,而自然空间的事物则以因果关系联系在一起,理由空间和自然空间二者包含不同的可理解性(intelligibility):将某物置入理由空间,就是将其放入诸如信念、意义、目的等概念的规范范畴下考量,将某物放入自然空间,则是给予该事物一种物理科学所赋予的自然主义式的叙述,二者具有本质区别。当我们说某人具有知识时,我们并不是给予一种纯自然的描述,而是归属此人某种规范态度和地位,认可此人在理由空间中的地位。

塞拉斯主张理由空间具有推理的联系。受过训练的鹦鹉可以和人一样,对周遭环境所出现的情况做出正确的反应,例如,当红色的事物出现的时候发出"这是红色的"的声音。但鹦鹉不同于人类,它们无法做出判断,也不知道"红色"这个概念与其他概念之间的推理关联,它们不能从"这是红色的"衍推出"这是有颜色的",也不会认为"这是红色的"与"这是绿色的"两者不相容。② 而人发出的"这是红色的"的声音,既处于理由空间之中,能够和其他概念构成推理的联系,也是对环境刺激所做出的一种区别性的反应。

虽然塞拉斯对"所予神话"的拒斥以及对"理由空间"的情有独钟是在谈知识的问题,但他的思想和视野仍然直接影响了布兰顿的运思方向。塞拉斯认为知识处于"理由空间"中,这一点为布兰顿所认可并将其普适化至语言实践这一范域。布兰顿认为,语言实践的特性是规范性,而规范性无法还原为自然属性,语言实践处于理由空间之中,它是塞拉斯意义上的做出断言以及予求理由之游戏的规范性的社会实践,这种予求理由的语言游戏不同于维特根斯坦的遵守规则的游戏,它具有推理的性质。因此,一定程度上,正是在塞拉斯推理主义思想的架构基础之上,布兰顿才搭建起自己规范推理主义的大厦。塞拉斯对布兰顿的规范推理主义思想的影响正如罗蒂所述:"可以说,布兰顿开始于塞拉斯文章结束的地方。"③

前文已述,布兰顿的思想语境相当复杂。在此,笔者仅分析了几位对布兰顿学术思想影响比较深远的思想家及其思想,并且即便这些已介绍的部

---

① Sellars W. *Empiricism and the Philosophy of Mind*. Harvard University Press, 1997, p.76.
② Brandom R. *Making It Explicit: Reasoning, Representing, and Discursive Commitment*. Harvard University Press, 1994, p.89.
③ Sellars W. *Empiricism and the Philosophy of Mind*. Harvard University Press, 1997, p.11.

分也不是这些思想家的全部。不仅如此,事实上,斯宾诺莎、莱布尼茨、黑格尔、海德格尔、蒯因、达米特、D. 戴维森(D. Davidson)、罗蒂等哲学家也对布兰顿的思想产生了或多或少的影响,但限于篇幅在此不赘述。

第二节 研究旨趣与主要策略选择

布兰顿明确地指出,他的观点异于塑造和推动 20 世纪英美哲学的许多重大理论的、解释的和策略的承诺,如经验主义、自然主义、表征主义、语义原子论、关于逻辑的形式主义以及关于实践理性之规范的工具主义。① 他试图论证的是:"为概念推论者所特有的关于意义的概念内容,与推论的阐明具有内在关联,这种推论阐明是一种实践,一种给予理由和索取理由的实践。"② 他公开表明,规范推理主义是有关概念使用和概念内容的学说,其总的话题是概念的本性。③ 而要说明概念的本性,在布兰顿看来,需要做一系列基本的策略选择,如理性主义、实用主义、表达主义等。

一、理性主义

布兰顿的规范推理主义主要集中于对概念之本性的探究,在他看来,对概念之本性进行探究首要关注的就是在概念的使用者与非概念的使用者之间做出区分。这正如他自己所言:"我对是什么把概念使用者和非概念使用者分离开来比对是什么把两者统一起来更感兴趣。"④

布兰顿指出,使概念使用者和非概念使用者区分开来的是一种广义的认知能力,区分这种广义的认知能力的一种有用的方法是区分我们的感知和智识。感知是我们和非语言动物如猫所共享的东西,即在醒着的意义上有所意识的能力;与之不同,智识关注的是理解或智力,而不是应激性或觉醒(irritability or arousal)。⑤

---

① Brandom R. *Articulating Reasons: An Introduction to Inferentialism*. Harvard University Press, 2000, p.31.
② 陈亚军:《德国古典哲学、美国实用主义及推论主义语义学——罗伯特·布兰顿教授访谈(上)》,《哲学分析》2010 年第 1 期。
③ Brandom R. *Articulating Reasons: An Introduction to Inferentialism*. Harvard University Press, 2000, pp.1–2.
④ Brandom R. *Articulating Reasons: An Introduction to Inferentialism*. Harvard University Press, 2000, p.3.
⑤ Brandom R. *Making It Explicit: Reasoning, Representing, and Discursive Commitment*. Harvard University Press, 1994, pp.4–5.

布兰顿认为,我们可以以两种不同的路径来理解智识:一是推理,二是真(truth)。首先,作为智识者,我们受到各种理由的约束,对我们来说,理由具有一种权威,这种权威具有一种规范的效力。"在这种意义上,言说'我们'就是通过为我们的态度和行动给出和寻求理由,而把我们自己及彼此放置于理由空间之中。"而我们的态度和行动能够展示出一种可被掌握或理解的内容,是因为它们被放置在理由空间中,能够被推理地阐明。在这种意义上,"理解就是对理由的把握,对理论推理和实践推理之恰当性的掌握"。①其次,作为智识之存在者,我们既是拥有信念的生物,也是行动的主体,相信就是接受为真,做出行动就是使真的行为(acting is making-true)。是智识者,也就是拥有各种信念、欲求和意向等状态,它们都具有概念内容,在某种意义上,理解这些概念内容就是领会它们之为真的充分和必要条件。②

由上可见,无论是以推理来理解智识,还是以真来理解智识,其实质都是通过概念的使用来理解智识。"由于把实践看作使用概念的实践,布兰顿在人的实践和动物应付环境的活动之间划出了一条截然二分的界限。"③换言之,人的实践处于理由空间之中,而非概念使用者的活动仅仅处于自然的领域,人的实践之不同于非概念使用者的反应性活动在于,前者在本质上是一种使用概念的推论活动。因而对布兰顿来说,对概念之本性进行探究,其首要的和核心的理论诉求便是理性主义。

布兰顿坚持理性主义,反对经验主义。经验主义是近现代西方科学和哲学的理论基础。传统的经验主义者认为,知觉经验是一切认知活动的起点,知觉经验的获得不要求具有特定的概念的能力,而只需要拥有与非概念性生物共同具有的非概念的或前概念的能力即可,知觉经验具有客观性,概念的理解、知识的获得均依赖于知觉经验。布兰顿并不否认知觉经验在我们的生活、思想以及理论中的重要作用,但他所认可的是那种称之为最低限度的经验主义。"最低限度的经验主义认为,没有感觉经验,没有做出用非推论报告所表达的知觉判断的能力,我们就没有经验知识,我们的思想就没有经验内容。"布兰顿对此并不否认,至于比这更强的经验主义主张,他认为它们根本就没有任何存在的余地。④ 因此,他从理性主义立场出发,认为我

---

① Brandom R. *Making It Explicit: Reasoning, Representing, and Discursive Commitment*. Harvard University Press, 1994, p.5.
② Brandom R. *Making It Explicit: Reasoning, Representing, and Discursive Commitment*. Harvard University Press, 1994, p.5.
③ 陈亚军:《将分析哲学奠定在实用主义的基础上》,《哲学研究》2012年第1期。
④ 陈亚军:《德国古典哲学、美国实用主义及推论主义语义学——罗伯特·布兰顿教授访谈(上)》,《哲学分析》2010年第1期。

们的知觉经验涉及概念、具有规范意涵,我们只有在拥有概念能力之后才能使用概念进而感知世界。①

除了经验主义之外,布兰顿也拒斥自然主义的策略性承诺。自然主义把人视为与其他动物一样的自然的存在者,认为自然中的个体、性质、关系和活动等都可以通过自然科学如物理学、化学和生物学得以确定。然而,布兰顿认为,尽管自然主义的方法并非把理性看作灵异的或者超自然的东西,但社会相互作用的产物不是自然科学的研究对象;在将概念内容赋予行为、状态和表达式时,社会性的语言实践构成了一个文化的领域,这种文化的领域依赖但又超越了可靠的区别反应倾向以及仅仅自然生物的特有活动这个背景;而一旦概念的使用被考虑进来,则自然之物如电子和历史之物如英国浪漫主义诗歌之间就会呈现出明显的差别。② 由于自然主义的方法事实上抹杀了自然的领域和文化的领域的区分,因而他反对自然主义,认为自然主义和理性主义代表着不同的可理解性,理性主义无法还原为自然主义。

二、实用主义

对概念的本性进行探究涉及两个方面:一是概念的内容,二是概念的使用。这两个方面何者说明在先,其本身就蕴含着一个重要的、策略性的方法论问题。一种观点认为,对概念进行说明首先应该从概念的内容开始,然后说明概念的使用。按照这种说明顺序,概念的内容决定概念的使用,语义学优先于语用学。

另一种观点认为,对概念进行说明可以诉诸一种相反的说明策略,即从关于应用概念的实践或活动的叙述开始,然后在此基础上,详述对概念内容的理解。这是一种实用主义的说明策略。这种实用主义取向的策略,其目的在于说明语言表达式的使用或意向状态的功能作用是如何赋予它们以概念内容的。在这种意义上,认可这种实用主义的说明策略,意味着探究概念上清晰的命题内容,需要诉诸实践中隐含的东西,而不是相反的方向。③

布兰顿规范推理主义公开的策略性承诺是实用主义。布兰顿认同后期维特根斯坦在其《哲学研究》中提出的"意义在于使用"的主张,坚持"实践优先"的原则,认为语言表达式的意义来自它们的使用:"当表达式被用于实践中时,

---

① Brandom R. *Articulating Reasons: An Introduction to Inferentialism*. Harvard University Press, 2000, pp.22 – 26.

② Brandom R. *Articulating Reasons: An Introduction to Inferentialism*. Harvard University Press, 2000, p.26.

③ Brandom R. *Articulating Reasons: An Introduction to Inferentialism*. Harvard University Press, 2000, p.4.

就开始意味它们所意味的。"①因此,他采用实用主义的语义说明策略,首先从概念的使用开始,然后在此基础上说明概念的内容。对他来说,语用学是根本的,语义学是从属的,是基于语用学的语义学,这正如他所指出的:"命题性知识是建立在技能性知识基础上的",②"语义学必须回应语用学。"③

事实上,分析哲学自传入美国起,就逐渐开始了它实用主义化的过程。这种分析哲学和实用主义交融共生的情形,使得实用主义已成为当今英美哲学研究中一个避绕不开的论题,布兰顿也不例外,布兰顿通常称他的实用主义为分析的实用主义,④或者理性主义的实用主义。⑤

理性主义的实用主义除反对经验主义、拒斥自然主义之外,通常它也排斥表征主义。理性主义的实用主义由推理开始而不是由表征开始对概念使用并最终对概念内容进行说明,这种方法论承诺不仅不需要否认在概念使用方面存在着重要的表征维度,而且这种不同寻常的解释起点也使得概念的表征的某些特征凸显了出来。当然,在诉诸断言之间的推理联系对概念表征维度进行说明的过程中,知觉中的非推理的语言输入步法(moves)以及行动中的语言退出步法也发挥着至关重要的作用。⑥

布兰顿明确指出,任何一种推理主义都是一种语义整体论,而作为其对立面的语义原子论往往与表征主义的语义说明顺序相生相伴。⑦ 他拒斥语义原子论,他认可实用主义的语义说明策略,即诉诸概念的使用说明概念的内容。由于概念使用的核心是在具有命题内容的断言、信念和思想中应用概念,由此在他看来,恰当的语义说明策略应该是整体论的,并且这与实用主义的语义说明策略一脉相承。⑧

---

① Brandom R. *Making It Explicit: Reasoning, Representing, and Discursive Commitment*. Harvard University Press, 1994, p.134.
② Brandom R. *Tales of the Mighty Dead: Historical Essays in the Metaphysics of Intentionality*. Harvard University Press, 2002, p.327.
③ Brandom R. *Making It Explicit: Reasoning, Representing, and Discursive Commitment*. Harvard University Press, 1994, p.83.
④ Brandom R. *Between Saying and Doing: Towards an Analytic Pragmatism*. Oxford University Press, 2008, p.xii.
⑤ Brandom R. *Articulating Reasons: An Introduction to Inferentialism*. Harvard University Press, 2000, p.11.
⑥ Brandom R. *Articulating Reasons: An Introduction to Inferentialism*. Harvard University Press, 2000, p.28.
⑦ Brandom R. *Articulating Reasons: An Introduction to Inferentialism*. Harvard University Press, 2000, p.29.
⑧ Brandom R. *Articulating Reasons: An Introduction to Inferentialism*. Harvard University Press, 2000, p.29, pp.12-13.

三、表达主义

概念活动的属(the genus of conceptual activity)是表征抑或是表达？对这个问题的不同回答关涉着两个非常重要的方法论承诺：表征主义和表达主义。至少从笛卡尔以来，表征就成为启蒙运动认识论和语义学的核心概念。在表征主义者看来，存在着一个外在的自然和社会，心灵如同一面镜子，表征就是再现自然和社会的一种概念性呈现方式。基本的表征主义图景是：我们使用语词指代事物或其他实体，基本的语词的意义就是它们所表征或所指代的事物或实体，而其他的语词的功能是辅助的，它们的作用是帮助构成复合的表征。这种概念性活动的表征观念在当今哲学界仍占有支配地位，如自然主义和广义上的功能主义学派大多以不同的方式重申了这种表征主义思想。[1] 在《逻辑哲学论》中，维特根斯坦也曾描绘过类似的表征图像。在他看来，"需要承认某种基本命题，这些基本命题若是真的，总会绘画出基本的事态(原子事实)。……基本命题是由名称构成的，每一个名称都指示一个对象，基本命题的名称之间的每一种逻辑联系都描述逻辑上可能的一种事态，即各个对象之间一种可能的配置"。[2]

表征有两个维度，其一是命题的内容，其二是表征对象的内容。前者通常使用陈述句来表达，也时常使用附带有"相信""知道"以及"希望"等命题态度的从句来刻画；后者通常使用单称词项来表示。命题的内容一般与事务状态相对应，表征对象的内容则主要与对象相匹配，这种存在于单称词项和语句间的语法上的区分，实质上是诉诸对象和事务状态间的本体论上的区分。

表征有两种含义：一种是外延性的，另一种是内涵性的。正如 J. 塞尔(J. Searle)所言，"关于"既有一种外延的理解，也有一种内涵的解读：在内涵的意义上，"法国国王是秃头"这个陈述或信念是关于法国国王的，但是不能就此断定存在法国国王这样一个对象；在外延的意义上，由于事实上并不存在法国国王，因而也不存在这样的关于对象。因此，一个陈述或信念有其内容，是因为它在"内涵的意义上"表征了某物或与某物相关；一个陈述或信念有其对象，是因为它在"外延的意义上"表征了某物。[3] 所以布兰顿指出，

---

[1] Brandom R. *Articulating Reasons: An Introduction to Inferentialism*. Harvard University Press, 2000, p.7.

[2] 〔美〕M. K. 穆尼茨：《当代分析哲学》，吴牟人等译，复旦大学出版社 1986 年版，第 308 页。

[3] Searle J R. *Intentionality: An Essay in the Philosophy of Mind*. Cambridge University Press, 1983, p.17.

至关重要的是区分语句或信念所表征的东西和它们所表达的东西。①

与表征传统对应的是表达的观念。在表达主义者看来,广义的认知活动并不是一种消极的反映,而是一种积极的揭示,实验干预的重要性以及理论生产的创造性,激发了将科学活动同化于艺术活动,发现成了有条件的创造,认识自然被描绘为产生一个第二自然。②

布兰顿认可表达主义的策略性承诺。他特别指出:"必须注意不要混淆语句所表征的东西与语句所表达的东西。"③"我们谈论和思考语言话语和心理状态的内容的一般方式,区分了所说或所想的东西和我们因而所谈及或思及的东西。"④语义推理主义的典型特征之一是:它是表达的或基于涵义的(sense-based),⑤而不是表征的。

布兰顿认为,表达并不是简单地将隐含的或内在的东西外在化,例如,借助打手势表达一种感情,或者借助"做事"表达一个欲求或意向,用"言说"表达一种信念。他试图说明的表达主义具有如下特点:首先,表达主义是一种实用主义的表达主义,即我们可以把在更加复杂和有趣情形下的表达过程看作使隐含的东西清晰的事情,可以把某种我们最初只能做的东西转变为某种我们可以说的东西,换言之,就是用"命题性知识"的形式对某种"技能性知识"进行整理。其次,表达主义是一种理性主义的表达主义,即就像实用主义的表达主义的描画那样,将隐含的东西清晰就是将隐含的东西概念化,或者说,清晰化的过程就是应用概念的过程。最后,表达主义是一种关系的(relational)表达主义,即被表达的东西和它的表达并非是单独地、孤立地得到理解的,而是前者奠基后者,后者表达前者,理解它们必须要考虑它们两者之间的关系。⑥

根据这种表达主义,对意向状态、语言表达式进行解释和说明,不仅要说明表达一个命题内容指的是什么,它是真的还是假的,还需要说明所

---

① Brandom R. *Making It Explicit: Reasoning, Representing, and Discursive Commitment*. Harvard University Press, 1994, p.70.
② Brandom R. *Making It Explicit: Reasoning, Representing, and Discursive Commitment*. Harvard University Press, 1994, p.70.
③ Brandom R. *Making It Explicit: Reasoning, Representing, and Discursive Commitment*. Harvard University Press, 1994, p.70.
④ Brandom R. "Inferentialism and Some of Its Challenges", *Philosophy and Phenomenological Research*, 2007, 74(3), p.651.
⑤ Brandom R. "Inferentialism and Some of Its Challenges", *Philosophy and Phenomenological Research*, 2007, 74(3), p.654.
⑥ Brandom R. *Articulating Reasons: An Introduction to Inferentialism*. Harvard University Press, 2000, pp.8-9.

表达的内容表征了哪些客观事物,说明所表征的事态和所表征的对象之间的关系。表达的范式是言说某物。言说某物,首要的是使用命题性的概念内容,然后才是命题性的概念内容被分解为次语句(如单独词项和谓项)所表达的内容;与之相反,表征主义往往从名称和它的承担者的关系出发,引出一个特殊的、本体性的事态类(category of states of affairs),并认为同单称词项表征对象的方式一样,这样的事态类由陈述句给以表征。① 而事实上,并非所有具有内容的表达式都能直接发挥表征作用,如纯形式语言、典型的逻辑语汇,尽管可以认为它们具有内容,但它们本身并不能代表或表征某物。

表达是使隐含的东西清晰化,在使之清晰中,规范推理主义的图景实际上启用了几种关于隐含性的观念。首先,借助断言使之清晰的东西,或者在断言中变得清晰的东西,如命题、可能的事实或者认知主体所言、所思或所相信的东西。其次,是我们能够谈论的仍然隐含于清晰断言中的东西,即推论的后果,例如,当我们做出断言"利奥是一头狮子"的时候,我们虽然没有由此做出断言"利奥是一头哺乳动物",但是"利奥是一头哺乳动物"作为"利奥是一头狮子"的推论后果是隐含其中的,因为在一组推论实践的语境下,认可或承诺一个可断言的命题,也就是隐含地认可或承诺了以此命题为前提推出的其他的一些命题。由于人们在说某个东西如此这般的时候,例如说"这件衣服是红色的"时候,并非在同样的意义上说"它是有颜色的""它不是绿色的",因此那些未被说出的推论的后果只能算作隐含的后果。此外,在不同但相关的意义上,一个清晰的断言(用"A"表示)自身包含了如下隐含的东西:(1) 与 A 有关的推理步法的恰当性;(2) 作为 A 的推论后果的那些其他的断言;(3) A 的概念内容,它由(1)的推理所阐明。②

理性主义的表达主义也拒斥有关逻辑的一些传统看法。按照这种表达主义,逻辑并不是对形式推理的研究,而是对发挥独特表达作用的语汇的推理作用的研究,"逻辑的任务首先是帮助我们言明关于由使用非逻辑语汇所表达的概念内容的东西,而不是证明关于由使用逻辑语汇所表达的概念内容的东西",按照这幅图景,包含逻辑语汇的推理的形式恰当性,依赖于包含非逻辑语汇的推理的实质恰当性,而不是相反,因此逻辑并不是正确推理的准则或标准,它可以帮助我们使支配所有语汇使用的推理承诺清晰,并因而

---

① Brandom R. *Articulating Reasons: An Introduction to Inferentialism*. Harvard University Press, 2000, pp.13 – 14.
② Brandom R. *Articulating Reasons: An Introduction to Inferentialism*. Harvard University Press, 2000, pp.18 – 19.

阐明所有的概念内容。①

综上可见，布兰顿在其学术起步阶段和学术研究过程中，既受到了弗雷格等分析哲学家分析哲学传统的影响，也受到了康德、维特根斯坦等欧陆哲学家最具代表性、理论深刻性的学术思想的影响。在分析哲学、实用主义、欧陆哲学等的影响下，布兰顿不仅饶有兴致地做着融合和批判的工作，同时开掘出自己的研究路向及研究论题，而与其理路和研究旨趣密切相关的理性主义、实用主义、表达主义等策略性承诺，更使得他的规范推理主义独具特色。

---

① Brandom R. *Articulating Reasons: An Introduction to Inferentialism*. Harvard University Press, 2000, p.30.

第二章　规范推理主义的语义基础：推理语义学

意义问题既是语言哲学和分析哲学中的核心问题，也是最复杂的问题。意义问题不仅与指称和真值紧密相连，还与人的心理、观念、信念以及行为等密切相关。对意义进行研究，学界有多种不同的理论取向，其中颇具代表性的有意义指称论、意义观念论、意义使用论、真值条件语义学和意义行为论。这5种意义理论分别从指称、观念、使用、真值以及行为的角度，对意义问题进行了深入的探讨，它们各自含有或多或少合理的因素，但也带有或大或小的片面性。与以上探究进路不同，布兰顿以推理为切入点以彰显对意义根本问题的不同理解。[①] 本章通过对布兰顿意义推理进路的分析以及对实质推理及其恰当性等的考察，一方面呈现推理语义学的理论形态及其独特之处，另一方面为规范推理主义奠定语义基础——推理语义学。[②]

第一节　推理语义学的形成路径：意义来自推理

布兰顿深受分析哲学的影响，作为分析哲学家之一，他首先关注的是语义学问题。传统的观点认为，语言表达式的意义或意向状态的内容来自它们与世界的对应关系。这是一种表征主义的解答，按照这种表征主义的理解，意义或内容来自它们对世界的再现：语句表征事态，单称词项等名称类的词项表征对象，谓项表征性质或对象的集合。

但塞拉斯的"所予神话"的批评使得这种表征主义路线受到致命打击。

[①] 武庆荣：《意义的推理路径选择》，《重庆理工大学学报（社会科学）》2015年第4期；武庆荣：《规则的重要性：逻辑推理主义的视野》，《科学技术哲学研究》2022年第2期。

[②] 武庆荣：《对布兰顿推理语义学的哲学审视》，《中国社会科学院研究生院学报》2015年第2期。

传统的经验论者认为经验知识具有自我确证、非推论的性质,因而将知识建立在知觉经验(所予)的基础之上。塞拉斯拒斥这种"所予神话"。他指出,如果没有概念的介入,知觉经验并不能为知识提供一个可靠的基础,知识的确证并不是"词与物"的对应关系,而是语言内部的推理阐明,这也就是说,对知识的言说只能在"理由空间"中才能得以进行。这正如他所言:"将一个片段或一个状态描述为知道的片段和状态,我们并不是在经验地描述那个片段和状态;我们是将它放置在确证和能够确证我们言辞的理由的逻辑空间中。"①由此可见,塞拉斯将理由空间与自然空间明确区分开来:理由空间是由互相之间具有推理联系的概念或意向状态如信念等构成的复杂关系网络,而自然空间的事物则以因果关系联系在一起,二者具有本质区别。在塞拉斯看来,经验主义者将知识的根基建立在知觉经验的基础之上,他们无疑混淆了因果关系与确证关系,因而只不过是一个"所予神话"。

虽然塞拉斯对"所予神话"的拒斥谈的是知识问题,但"它使人们意识到,语言处于规范空间,表象则只涉及自然领域,二者性质不同,因而表象无法说明语言的意义。布兰顿于是将目光转向实用主义,坚持'实践优先'原则,认为语言意义只能从语言使用那里得到说明,'做'先于'说','知道如何'先于'知道什么'"。②

布兰顿也深受维特根斯坦后期哲学思想的影响。在图像论框架下,维特根斯坦认为,意义独立于它的使用,但后期的维特根斯坦发现许多语词只有在一定的语言游戏中才具有意义。"我们可以说:只有已经知道如何用一个名称做某种事情的人才能有意义地问起这个名称。"③因此,意义不是孤立于语境而单独地指称事物和事态,意义是根植于生活实践中的语言的使用:"每一个符号就其自身而言似乎都是死的。是什么赋予了它以生命呢?——它的生命在于它的使用。"④

维特根斯坦对"使用"的界定是在语言游戏中进行的。同其他游戏一样,语言游戏也需要遵守一定的规则。因此,"'使用'一定是和规则连在一起的,一定是一种规范的行为,一定有正确和不正确的区分"。⑤ 语言游戏的规则决定了语言的使用,进而决定了语言表达式的意义。在维特根斯坦看来,"'遵守规则'也是一种实践。而认为自己在遵守规则并不就是遵守

---

① Sellars W. *Empiricism and the Philosophy of Mind*. Harvard University Press, 1997, p.76.
② 陈亚军:《将分析哲学奠定在实用主义的基础上》,《哲学研究》2012 年第 1 期。
③ Wittgenstein L. *Philosophical Investigations*. Blackwell, 1958, p.15.
④ Wittgenstein L. *Philosophical Investigations*. Blackwell, 1958, p.128.
⑤ 陈亚军:《将分析哲学奠定在实用主义的基础上》,《哲学研究》2012 年第 1 期。

规则。因而，人们不可能'私人地'遵守规则：否则，认为自己在遵守规则就和遵守规则是一回事了"。① 由此可见，维特根斯坦意义上的规则事实上是对规范的一种实用主义的理解。然而，虽然维特根斯坦洞见了语言实践的规范性特征，但一定程度上，他本人并没有发展出一套完整的意义使用理论以及系统的关于规范的说明，而布兰顿正是沿着维特根斯坦所指引的方向，将维特根斯坦关于语言意义与使用的基本洞见发展成一套系统的意义推理理论。

布兰顿意义上的"使用"具有特定的含义，是指使用概念形成一种推理的关联。在他看来，语言表达式的意义或意向状态的内容，来自语言表达式或概念的使用，也就是推理。当表达式或概念被说出、写下或想到的时候，它们无非是一些声音、一串符号、思维的一个片段，它们之所以有意义、能被理解，在于它们在推理中发挥着某种作用，和其他的表达式或概念构成了一定的推理关联，即其自身既可以作为理由，又需要理由。

布兰顿指出，概念的使用和内容必定处于推理的联系之中，如若不然，便不能在概念的使用者以及非概念的使用者如自动机器、动物之间做出明确的区分，以至将概念使用者真正的概念性活动同化掉。这是因为自动机器或动物和人一样，都有对各种环境刺激做出可靠的区别反应倾向，也就是说，就我们对环境刺激所做的可重复的不同反应而言，我们和那些自动机器或动物是一样的。比如当环境温度下降至 60 华氏度时，自动调温器会自动打开熔炉，或者当红色的事物出现的时候，一只训练有素的鹦鹉会发出"这是红色的"声音。显然，自动机器对环境所做出的反应或鹦鹉发出的"这是红色的"声音与人做出的相应的反应在意义上是不同的，自动机器或鹦鹉做出的反应只是对环境刺激所做出的区别反应，这种反应与环境刺激只具有一种因果上的关联，而人所做出的反应，不仅是环境刺激所引起的因果反应，还处于理由空间中，和其他概念构成推理上的联系。例如，一个概念使用者不仅知道温度下降了需要打开熔炉，他还应该知道"低温易导致感冒""低温不需要开冷气"，等等；若不然，则他并不能真正理解温度下降至 60 华氏度时的真正含义。所以，概念使用者的反应与非概念使用者的反应的区别在于，后者仅仅是反应性的表达，前者不仅涉及可靠的区别反应倾向，还涉及概念之间的推理阐明，涉及在予求理由的游戏中对概念的使用。

所以在这一点上，布兰顿十分认同塞拉斯的主张："让一种反应具有概念内容，也就是使它在做出断言和予求理由的推理游戏中发挥一种作用。

---

① Wittgenstein L. *Philosophical Investigations*. Blackwell, 1958, p.81.

把握或理解这样一个概念就是对它所涉其中的推理具有实践的掌握——在能够辨别（一种知道如何）的实践意义上，知道从一个概念的应用推出什么以及这个概念是从什么推出的。"① 而就自动机器或鹦鹉来说，可重复的可靠的区别反应并不涉及推理和确证的恰当性，因而它们的反应根本不是概念的或认知的事情。

基于以上对概念使用者和非概念使用者的推理的分界，布兰顿明确指出："除非一个人拥有许多概念，否则不可能拥有任何概念。"② "一个人要掌握任何一个概念，他就必须掌握许多概念。"③ 在推论实践中，由于掌握概念就是掌握与之相关的概念，知道它们之间的推理关系，因而概念本质上是推理阐明的。从此视角看，概念使用者所做出的概念性反应不仅是一种可靠的区别反应，还在于它在推理中发挥了某种确定的推理作用。因此，布兰顿指出，"拥有特定的概念内容就是在推理中发挥一种确定的作用"，④ 换言之，"概念内容就是推理作用"。⑤

综上可见，布兰顿的推理语义学有两个主要的、基本的观点：第一，概念的内容来自概念的使用，或者说推理。布兰顿遵循塞拉斯，认为"推理是一种做事"，⑥ 是一种使用概念的实践，语言表达式的意义或意向状态的内容来自它们的使用，或者说推理。第二，概念内容就是推理作用，原因在于，一个表达式具有赋予它的概念内容，是因为它处于实质推理中并在实质推理中发挥某种作用。⑦ 从以上两个方面来看，布兰顿对意义的推理理解和把握，不仅为概念内容的研究铺就了一条恰当的推理进路，而且在此基础上构架出符合其研究旨趣的推理语义学。⑧

---

① Brandom R. *Articulating Reasons: An Introduction to Inferentialism*. Harvard University Press, 2000, p.48.
② Brandom R. *Articulating Reasons: An Introduction to Inferentialism*. Harvard University Press, 2000, p.15.
③ Brandom R. *Articulating Reasons: An Introduction to Inferentialism*. Harvard University Press, 2000, p.49.
④ Brandom R. *Articulating Reasons: An Introduction to Inferentialism*. Harvard University Press, 2000, p.36.
⑤ Brandom R. *Articulating Reasons: An Introduction to Inferentialism*. Harvard University Press, 2000, p.56.
⑥ Brandom R. *Making It Explicit: Reasoning, Representing, and Discursive Commitment*. Harvard University Press, 1994, p.91.
⑦ Brandom R. *Making It Explicit: Reasoning, Representing, and Discursive Commitment*. Harvard University Press, 1994, p.102.
⑧ 武庆荣：《隐喻意义的一种规范推理主义的诠释》，《科学技术哲学研究》2023 年第 1 期。

第二节　推理语义学的推理选择：实质推理

根据推理语义学，概念内容来自推理。推理有两种：形式推理和实质推理。前者是指其有效性由其逻辑规则或逻辑形式决定的推理，例如，充分条件假言推理"如果 p，那么 q，p；所以 q"，这是一个有效的推理，它的有效性是由其分离规则决定的。而后者是指其恰当性本质上涉及其前提和结论的非逻辑的概念内容的推理，①例如，从"广州在北京的南边"衍推出"北京在广州的北边"，这个推理的恰当性依赖于概念"南边"和"北边"等内容。布兰顿反对关于逻辑的形式主义，他认可并强调的是实质推理，他认为，"认可这些推理是把握或掌握那些概念的一部分，与任何特定的逻辑能力完全无关"。②

一、从形式推理到实质推理

布兰顿明确指出，基于命题的语用优先性，意义分析的出发点应该首先开始于命题内容。③ 就推理语义学而言，概念内容是由推理关系决定的，而推理关系取决于推论实践，在推论实践中，实质推理是所有推理之基础，形式推理只是将恰当的实质推理加以形式化。

传统的形式主义以演绎推理作为标准，认为所有恰当性的实质推理都可以转化为有效的形式推理，强调推理的恰当与否，完全由形式决定，形式推理具有自主性。但卡洛(L. Caroll)有关阿基力士和大乌龟的辩论暴露了形式主义的缺失。④ 简而言之，即，

(1) $p \rightarrow q$

　　p

　　―――

　　q

---

① Brandom R. *Making It Explicit: Reasoning, Representing, and Discursive Commitment*. Harvard University Press, 1994, p.102.
② Brandom R. *Articulating Reasons: An Introduction to Inferentialism*. Harvard University Press, 2000, p.52.
③ Brandom R. *Making It Explicit: Reasoning, Representing, and Discursive Commitment*. Harvard University Press, 1994, pp.79 - 82.
④ Carroll L. "What the Tortoise Said to Achilles", *Mind*, 1895, 4(14), pp.278 - 280.我国台湾地区学者何志青在研究中也有相关论述。为简明或理解方便，逻辑符号等有所更改。

根据形式主义,如果纯粹从形式上看,要使(1)这样的推理有效,必须要有推理规则做支撑,即要在前提中增加充分条件假言推理的肯定前件规则"(p→q)∧p→q"才行得通。如此,(1)便转变成如下的推理:

(2) p→q
  p
  (p→q)∧p→q
  ―――――――
  q

但是,(2)在形式上仍有缺陷,因为没有规则可以告诉我们从 p→q、p 和 (p→q)∧p→q 这三个前提可以推出 q,换言之,我们必须要在前提中增加规则"(p→q)∧p∧((p→q)∧p→q)→q 才行"。……这导致了规则的无穷后退。

  规则后退的情形也出现在实质推理中。例如,从"天下雨"到"地会湿"的推理,于我们来说,这个推理似乎是一个好的推理,但是从标准的形式推理的角度看,要使这个推理的形式有效,除非给这个推理附加一个条件句,即"如果天下雨,那么地会湿"作为前提。可是,同前述形式推理的例子一样,这个新的推理在形式上仍然是有缺陷的推理,因为没有规则告诉我们,从"天下雨"和"如果天下雨,那么地会湿"可以推出"地会湿",而要使这个推理在形式上完整,必须在它的前提中增加相应的规则才行,即增加"'天下雨'和'如果天下雨,那么地会湿'可以推出'地会湿'"的规则才行……这样又造成了规则的无穷后退。因而,我们无法毫无缺陷地借由增加前提的方式将实质推理转化为形式推理,推理的恰当性不能够完全诉诸形式。

  形式主义的推理方法也受到了布兰顿的批评。他认为,形式推理方法"是用推理的原初的好(goodness)与条件句的真做了交换"。①"形式语义学独立于语用学的内容只是表面现象,实际上,形式语义学并不像一般认为的那样具有自主性,它也不可能独立于语用学的内容。"②因此,形式推理有关概念内容的说明必须由实质推理来设定。

  布兰顿拒斥关于逻辑的形式主义,这也反映了他对理性与逻辑之关系的看法。考虑从"天下雨"到"地会湿"这个推理,如果形式主义者把这个推理看作是省略前提的推理,那么也就是把认可这个推理的人看作认可了一

――――――――――
① Brandom R. *Making It Explicit: Reasoning, Representing, and Discursive Commitment*. Harvard University Press, 1994, p.98.
② 刘钢:《从形式推理走向实质推理:论布兰顿的推理主义语义学》,《哲学分析》2011 年第 4 期。

个承诺(即"如果天下雨,那么地会湿"),把此人看作具有脱离这一条件句的逻辑能力。根据这种形式主义的解释,若一个人缺少逻辑的能力,则他不可能有理性生物认可推理的能力。与之不同,布兰顿认为,理性的生物即便没有掌握逻辑语汇,只要他们有理性的能力,他们仍然有能力进行推理。因此,他拒斥关于逻辑的形式主义,他把实质推理看作无须增补条件前提的好的推理。①

同时,布兰顿认为,形式推理所考虑的并非推论实践中的意义问题,形式推理对表达式进行分析,往往首先将真值与表达式联系起来,由于形式推理主要关注的是表达式的结构形式及其真假值的描述与刻画,这种形式主义的语义说明方法显示了形式推理与表达式的内容及使用的脱节,因而这种语义说明方法并不能算作对语义学的真正说明,要对语义学进行说明,必须从形式语义学所垂青的形式推理回到哲学视域中的实质推理上去。

实质推理有三种类型。第一种是指,一个语句能够演绎地推出其他的语句。例如,"这朵花是红色的""这朵花是有颜色的"这两个语句之间的关系。第二种是指,一个语句能够归纳地推出另一个语句。例如,"铜是导电体""金属是导电体"这两个语句之间的关系。第三种是指,一个语句和另一个语句不相容。例如,"门前这棵树是枣树"和"门前这棵树是杏树"这两个语句之间的关系。根据布兰顿的强(strong)推理主义,所有这些推理都是断言得以推理阐明的一部分。需要强调的是,由于第三种实质推理关系,即不相容关系事实上并不是真正的推理关系,因而可将这样的不相容关系视为一种特殊的推理关系,即实质不相容蕴涵关系。②

在布兰顿看来,从形式推理转向实质推理,或者说从形式语义学转向哲学语义学——相对于他自己的理论来说,就是转向推理语义学,这样的语义学有助于理解语言实践的本性。布兰顿拒斥形式语义分析对意义的消解,他所建构的规范推理主义的语义说明策略是:在语义学方面,这种策略渴望用推理的术语最终使得意向内容的表征维度得到理解;在语用学方面,这种策略首先对隐含于实践中的规范进行描述,然后对它们与自然环境(naturalistic setting)的关系做出理解。③ 他认为,只有这种基于语用学基础上的语义学才称得上是对概念内容做出了真正的说明,这样的语义学才是恰当的。

---

① Wanderer J. *Robert Brandom*. Acumen Publishing Ltd., 2008, pp.109 – 110.
② Wanderer J. *Robert Brandom*. Acumen Publishing Ltd., 2008, pp.112 – 113.
③ Brandom R. *Making It Explicit: Reasoning, Representing, and Discursive Commitment*. Harvard University Press, 1994, p.149.

二、从推理的形式有效性到推理的实质恰当性

布兰顿认为，传统形式主义者以逻辑推理为基准，认为推理的阐明是一种逻辑的阐明，理解一个推理就是理解这个推理的逻辑形式，一个好的推理就是形式上有效的推理，因而所有恰当性的实质推理都可以通过适当的方式转变为形式上有效的推理。比如，在形式主义者看来，从"天将下雨"到"街道将会湿"这个推理，就是省略了前提"如果天将下雨，那么街道将会湿"的一个肯定前件式的充分条件假言推理，这个条件推理的有效性在于其推理形式的有效性，认可这个推理的有效性就是认可这个推理的推理形式，即充分条件假言推理的肯定前件式。这也就是说，所有好的推理都可以还原为形式上有效的推理，"实质推理然后被视为一种派生的范畴"。[1]

与形式主义者的推理说明策略相反，布兰顿遵循塞拉斯，把推理的正确性本质上涉及其前提和结论的非逻辑的概念内容的推理称为实质推理。在他看来，我们并不必然是依据推理的形式才把所有正确的推理视为正确的，实际上，我们可以把诸如从"匹兹堡在费城的西边"推出"费城在匹兹堡的东边"这样的推理当作实质上好的推理，即它们是好的推理在于它们前提和结论中的非逻辑语汇的内容，而不是它们的推理形式，我们在思考实践推理的时候就要采用这种非形式主义者的策略。[2] 这样做是因为，在这种策略下，推理的实质性一面才不会受到忽视，带有实质概念内容的推理才不会等同于没有任何实质概念内容的形式推理。

不仅如此，布兰顿明确指出，形式有效推理的概念可以以一种自然的方式根据实质正确推理的概念来界定，这种想法是：挑选出那种语汇的特殊子集如逻辑语汇，然后观察当推理中所有其他语汇被替换时，依然保持不变的推理的特征，如此，那种被当作固定的特权性的（privileged）语汇就界定了形式的概念。在这种意义上，一个推理就其形式而言是好推理，就在于它是实质上好的推理，并且通过替换转换，用非特权语汇替换相应的其他非特权语汇时，不会有实质上不好的推理出现。按照这种替换方式，"逻辑上好的推理概念是根据在先的实质上好的推理概念而得到说明的"。[3]

---

[1] Brandom R. *Making It Explicit: Reasoning, Representing, and Discursive Commitment*. Harvard University Press, 1994, p.98.

[2] Brandom R. *Articulating Reasons: An Introduction to Inferentialism*. Harvard University Press, 2000, p.85.

[3] Brandom R. *Articulating Reasons: An Introduction to Inferentialism*. Harvard University Press, 2000, pp.85-86.

布兰顿认为,如果这样来理解逻辑推理,那么达米特针对弗雷格逻辑思想的相关评论就是正确的。达米特认为,在语义解释顺序方面,弗雷格在19世纪90年代开创的传统把真值而不是推理作为首要的,这种逻辑的新方法是一种倒退。① 正是基于(实质)推理的重要性,布兰顿推理语义学所追求的策略是,从推理的恰当性出发对语义进行说明,当然,这既需要对那些恰当性进行说明,也需要对它的后果进行说明。②

在布兰顿看来,无论从何种意义上说,逻辑的理解都应当是一种隐含的理解,但问题是,"人们应该如何解释以规则或原则的形式而清晰的东西与在实践的恰当性中所隐含的东西之间的关系"。在说明隐含的东西与其清晰的表达之间的关系方面,形式主义者与实用主义者的思路之不同在于:前者首先开始于凭借其逻辑形式而准许的推理,然后将实质推理理解为省略推理;与之相反,后者首先开始于实质推理,然后解释逻辑语汇如何以一种清晰的方式表达那些隐含的推理承诺。③

布兰顿认可的是实用主义的语义解释策略,即将实质推理当作更基本的推理,将形式推理看作是其派生的范畴。可以说,他的这种选择是他实用主义主张的深层脉动。首先,偏好于实用主义的解释顺序,其一般的理由在于,只有以这样一种方式,人们才可能有望根据更原初的能力来理解相信行为或言说行为(believing or saying)。④ 其次,对我们在科学和日常生活中所使用的概念内容来说,实质推理是必不可少的推理的介入,形式推理虽然可以使之清晰,但没有它们,我们仍会认可这些实质推理。⑤ 最后,"一个重要之考虑是:形式有效推理的概念可以以一种自然的方式根据实质正确推理的概念来定义,而不存在相反的路径。"⑥

既然实质推理是最基本的推理,并且在布兰顿诠释其推理语义学时,又把实质恰当性推理当作是原初的,那么现在的问题是:一个实质推理是恰当性推理,其恰当性成立的条件是什么?

---

① Dummett M. *Frege: Philosophy of Language*. Harvard University Press, 1981, p.432.
② Brandom R. *Making It Explicit: Reasoning, Representing, and Discursive Commitment*. Harvard University Press, 1994, pp.96 - 97.
③ Brandom R. *Making It Explicit: Reasoning, Representing, and Discursive Commitment*. Harvard University Press, 1994, p.101.
④ Brandom R. *Making It Explicit: Reasoning, Representing, and Discursive Commitment*. Harvard University Press, 1994, p.101.
⑤ Brandom R. *Making It Explicit: Reasoning, Representing, and Discursive Commitment*. Harvard University Press, 1994, pp.103 - 104.
⑥ Brandom R. *Articulating Reasons: An Introduction to Inferentialism*. Harvard University Press, 2000, p.55.

一种见解是,"真"是一个恰当性推理所保有的东西。例如,如果两个语句是不相容的,那么会认为这两个语句不可能都是真的。然而,在推理主义者看来,这种解释并不成立,因为只有一个人拥有一个在先的、在概念上独立于推理概念的"真"之语义说明,它才会在解释上提供有用信息。因此,"真"同"指称"一样,它们都不是布兰顿规范推理主义的初始概念,都是需要加以说明的概念。①

另一种见解是,"理由"能够使得一个实质推理成为恰当性推理。但这种解释也遭到了布兰顿的拒斥。原因在于,布兰顿渴望根据规范语用学为推理的恰当性提供一种还原解释(reductive explanation),这种解释是还原的,在于作为解释项的语汇必须排除"是……的理由""确证了……"之类的意向性语汇或者语义性语汇。因此,除非用语言游戏的术语来进一步解释"理由"这个概念,否则也不能用"理由"这个概念来说明实质推理的恰当性。②

与以上两种见解不同,布兰顿认为,实质推理的恰当性取决于从其前提到结论的规范地位的保有,这些规范地位是由语言实践中的计分者的隐含的实践态度恰当地归属的:就演绎推理而言,若它是保有承诺的,则如果 S 对 p 做出承诺,那么 S 也要对 q 做出承诺;就归纳推理来说,若它是(初步认定)保有资格的,则如果 S 对 p 做出承诺并享有 p 的资格,那么 S 初步也享有 q 的资格;就不相容性来说,它是对资格的一种拒绝,即如果 S 对 p 做出承诺,那么 S 不享有 q 的资格。③

三、表达之理性与平衡

事实上,在初始的正确性推理上的分歧也体现了布兰顿与形式主义者对理性的不同理解。布兰顿认为,人作为理性的存在者与他物之不同在于人是智识的存在者,智识是一种能够使用概念进行表达的能力,具有理性就是"掌握推理的恰当性并因此服从更好理由效力的约束"。④ 但与传统的形式主义者把理性能力等同于逻辑的能力不同,在他看来,理性能力是一种能够区别恰当性推理与不当推理的予求理由的实践的能力,它是一种比逻辑能力更根本的能力。表达之理性(expressive rationality)能够以一种可被思

---

① Wanderer J. *Robert Brandom*. Acumen Publishing Ltd., 2008, p.115.
② Wanderer J. *Robert Brandom*. Acumen Publishing Ltd., 2008, p.115.
③ Wanderer J. *Robert Brandom*. Acumen Publishing Ltd., 2008, p.115.
④ Brandom R. *Making It Explicit: Reasoning, Representing, and Discursive Commitment*. Harvard University Press, 1994, p.98.

考或者言说的形式使隐含在实践中的东西清晰。① 借助表达之理性,我们同样有理由将实质推理当作更基本的推理。

但是,如果恰当的实质推理先于有效的形式推理,那么随之而来就会产生两个不容回避的问题:如何用恰当的实质推理说明有效的形式推理?形式推理有何作用?布兰顿对第一个问题的解答所诉诸的策略是:明确区分出特权语汇与非特权语汇。其解决思路是:首先以某种特定的方式明晰出一种特权语汇,这些特权语汇可以构成推理的形式框架;如果一个推理是恰当的实质推理,并且在其前提或结论中以非特权语汇替换非特权语汇后,这个推理仍是一个恰当的实质推理,那么这个推理就是形式上有效的推理;反过来说,如果一个推理是形式上有效的推理,那么它要满足两个条件:其一,它是实质上好的推理;其二,在它的前提和结论中用非特权语汇替换非特权语汇后,它不会变成一个实质上不好的推理。②

"显然,借助这样一种程序,什么推理由于其形式而被视为是有效的,取决于如何将语汇划分为这两个种类",③即将语汇划分为固定不变的语汇和可替换的语汇,其中固定不变的语汇是特权语汇,可替换的语汇是非特权语汇。这种划分存在两种可能的极端情形:一种是所有的语汇都被视为不可替换的语汇,这样就不可能以非特权语汇替换非特权语汇。如此一来,根据推理的固定不变的形式,所有实质上好的推理都是形式上有效的推理;另一种是所有的语汇都是可替换的语汇,在这种情形下,如果存在一些不好的推理,那么就没有好的推理存在,因为所有好的推理都可能通过某种替换变成不好的推理。④

如果固定不变的语汇是逻辑语汇,那么在恰当的推理中以非逻辑语汇替换非逻辑语汇其推理的性质并不发生改变,即它们是好的推理是因为它们的逻辑形式。但这种替换形式本质上并不仅仅局限于逻辑形式,人们完全可以选择诸如道德上的语汇作为推理的固定不变的语汇,即特权语汇,并借助替换机制,根据其形式选择出正确的道德形式的推理。换言之,这种替换机制完全具有普遍性。根据这种思考方式,逻辑语汇不能通过诉诸其形

---

① Brandom R. *Making It Explicit: Reasoning, Representing, and Discursive Commitment*. Harvard University Press, 1994, p.106.
② Brandom R. *Articulating Reasons: An Introduction to Inferentialism*. Harvard University Press, 2000, p.55.
③ Brandom R. *Making It Explicit: Reasoning, Representing, and Discursive Commitment*. Harvard University Press, 1994, p.104.
④ Brandom R. *Making It Explicit: Reasoning, Representing, and Discursive Commitment*. Harvard University Press, 1994, p.104.

式或者通过其介入推理的形式恰当性而被挑选出来。而如果我们想从实质推理中通过替换观念挑选出正确的逻辑形式,那么我们只有事先把某些语汇识别为不可替换的特殊的逻辑语汇。如此之后,在替换方式下寻求不变的推理特征的这种弗雷格式的语义策略便产生出逻辑上有效的推理的概念。因此,布兰顿指出,"推理的形式的好来自推理的实质的好并根据推理的实质的好而得到解释"。①

为了解答第二个问题,布兰顿区分了"说明"(explanation)和"阐明"(explication)。他认为"关键在于阐明不是说明",②说明一事物是将该事物化约至较基本的事物或层面,即用某些更加基本或初始的概念定义某个概念,而阐明则是将隐含的东西用语言清晰地表达出来,即使之清晰。布兰顿主张"使之清晰"具有"表达之理性":"使之清晰"就是将种种实践带入一种理性的控制,使得它们可以被思考或说出,使得它们可以进入理由空间中。就此而言,表达之理性是其他理性如表征的基础。③

布兰顿指出,用于阐明的语汇主要有三类:第一类,逻辑上的阐明语汇,如,¬、∧、∨、→、←、↔、∀、∃;第二类,语义上的阐明语汇,如,真(true)、指称(refer)、关于(of);第三类,语用上的阐明语汇,如断言(claims that)、相信(believes that)、意欲(intends that)。④ 就逻辑语汇而言,通过使用逻辑语汇,可以使阐明概念内容的隐含的推理承诺清晰。逻辑的要旨在于形式化实质推理,而不是对实质推理的说明。

因此,对第二个问题的解答便是,有效的形式推理可以借助其形式清晰阐明已有的恰当的实质推理。根据推理语义学,使用条件联结词"如果……那么……",可以有助于我们清晰地说出隐含的推理承诺;使用否定联结词"并非",可以帮助我们清晰地说出隐含的不相容的承诺。因此,恰当的实质推理和有效的形式推理是隐含和阐明的两个层面,实质推理先于形式推理,形式推理借助其形式使实质推理清晰。⑤

进而,布兰顿主张实践和言说两个层面具有互相依存的关系,两者具有"表达的平衡",表现在:其一,具有言语和行为能力的主体,能够将推论实

---

① Brandom R. *Making It Explicit: Reasoning, Representing, and Discursive Commitment*. Harvard University Press, 1994, pp.104 – 105.
② Brandom R. *Making It Explicit: Reasoning, Representing, and Discursive Commitment*. Harvard University Press, 1994, p.112.
③ 见我国台湾地区学者何志青在《推论证成与遵循规则》一文中的相关论述。
④ Brandom R. *Making It Explicit: Reasoning, Representing, and Discursive Commitment*. Harvard University Press, 1994, p.116.
⑤ 见我国台湾地区学者何志青在《推论证成与遵循规则》一文中的相关论述。

践中随之发生、仅仅是习惯性的"技能性知识"使之清晰,并将其转化为专题性的"命题性的知识",也就是说,推论实践者只有知道他们在实践中是如何做的,才有可能形成清晰的言说,即言说依赖于实践;其二,清晰的言说一旦建立,便可改变原有实践的规范和实用意义,而实践主体整体的"命题性知识"在其进行再实践之前也能够重构其先前的实践,因而实践依赖于言说。基于相同的想法,实质推理和形式推理之间、推理和条件联结词之间、实用意义和语义内容之间也具有这种表达的平衡,例如,实质推理和形式推理之间的交互依存关系:实质推理创生形式推理,形式推理使实质推理清晰。通常而言,表达之平衡可以存在于实践和言说、隐含和阐明之间。①

布兰顿在其《使之清晰:推理、表征和推论承诺》中希望建构一种具有表达之完全性(expressive completeness)的意义理论,即规范推理主义,这样的意义理论所详述的人类实践足以赋予表达式丰富的概念内容,以至于可以用这些表达式描述这种实践。根据规范推理主义,一个完整的(full)推论实践由两个层面组成:第一,基本的断言实践,这种实践将概念内容赋予非逻辑语汇;第二,引入广义的逻辑表达式的实践,这种实践是使基本的断言实践的特征和恰当性清晰化的实践。表达的完全性预设了表达的平衡,同时它本身也是诠释平衡(interpretive equilibrium)的先决条件。所谓诠释的平衡,即当一个共同体的成员能够把他们自己所采用的相同的态度归属于彼此时所达到的一种平衡。②

四、各种典型语汇的表达作用

"从规范推理主义的观点看,表达主义的方案(project)是使语言实践中隐含的内容清晰,"③其使之清晰的过程就是应用概念或语汇的过程。在此过程中,各种典型的阐明语汇如逻辑语汇、语义语汇、意向语汇、规范语汇具有独特的表达作用。

(一)逻辑语汇的表达作用

根据推理语义学,概念本质上是被推理阐明的,掌握或理解一个概念就是对它涉入其中的推理有实践的掌握,即知道从这个概念的应用中能够推

---

① 见我国台湾地区学者何志青在《推论证成与遵循规则》一文中的相关论述。
② Ocelák R. "Expressive Completeness in Brandom's *Making It Explicit*", *Organon F*, 2014, 21(3), pp.327 – 334.
③ Turbanti G. *Robert Brandom's Normative Inferentialism*. John Benjamins Publishing Company, 2017, p.88.

出什么,以及这个概念是从什么推出的。① 在此情形下,基本的逻辑语汇提供了主要的表达资源。例如,一个智力正常的成年人在将"逻辑学家"这个概念应用于"弗雷格"时,他就隐含地承诺了"人"这一概念对"弗雷格"这一概念的适用性;如果此人的语言足够丰富以至包含"如果……那么……""或者……或者……""并非……"等逻辑语汇的话,那么他就可以说:"如果弗雷格是逻辑学家,那么弗雷格是人""弗雷格或者是逻辑学家,或者是非逻辑学家""并非弗雷格是非逻辑学家"……从而使连接"弗雷格"这一概念内容的隐含的推理要素清晰。以这种方式,通过使用逻辑语汇,我们可以使阐明概念内容的隐含的推理承诺清晰,这是逻辑语汇所具有的独特的表达作用。②

条件联结词和否定联结词是两种最基本的逻辑语汇。条件联结词可被用来规范蕴含关系,在语言实践中引入它,可使语言实践者明确地认可某东西。例如,对从"天将下雨"到"街道将会湿"这个恰当的实质推理来说,通过引入"如果……那么……",可以将它表达为一个承诺"如果天将下雨,那么街道将会湿",换言之,通过使用"如果……那么……",语言实践者可以明确地表达出隐含于语言实践中的推理承诺。③ 因此,条件联结词的使用使得条件句的前件和后件之间的实质推理关系清晰化了,体现了条件联结词的逻辑表达作用。

否定联结词"并非"是另一种基本的逻辑语汇。引入否定式不仅使得清晰表达语句间的实质不相容成为可能,而且有助于对语句的内容做出贡献。④ 所谓否定:"对一个断言的否定就是其在推理上的最小不相容:¬P是实质上不相容于 P 的一切事物所衍推的东西。"或者说,如果认为¬P 与P 是不相容的,那么就是认为对¬P 的承诺排除了享有承诺 P 的资格。⑤ 例如,如果某人承诺了"街道是干的",那么他就被排除了享有承诺"街道是湿

---

① Brandom R. *Making It Explicit: Reasoning, Representing, and Discursive Commitment*. Harvard University Press, 1994, p.89.
② Brandom R. *Articulating Reasons: An Introduction to Inferentialism*. Harvard University Press, 2000, pp.19-20.
③ Brandom R. *Articulating Reasons: An Introduction to Inferentialism*. Harvard University Press, 2000, p.60; Koreň L. "Propositional Contents and the Logical Space", In *From Rules to Meanings: New Essays on Inferentialism*. Beran O, Kolman V and Koreň L (eds.). Routledge, 2018, p.200.
④ Brandom R. *Articulating Reasons: An Introduction to Inferentialism*. Harvard University Press, 2000, p.60.
⑤ Brandom R. *Articulating Reasons: An Introduction to Inferentialism*. Harvard University Press, 2000, p.147.原文"并非"用符号"~"表示,此处为了与前文保持一致,用符号"¬"表示。

的"的资格。所以,"否定"允许语言实践者"清晰地认可前逻辑的断言(prelogical claims)之间隐含的不相容关系"。①

因此,通过使用逻辑语汇,语言实践者可以明确地表达出隐含的推理承诺,这些推理承诺阐明的是由一般的、非逻辑的语汇所表达的概念的语义内容。这种对逻辑语汇之独特表达作用的说明,为关于逻辑的一种新的表达主义,即逻辑表达主义的形成奠定了基石。②

（二）语义语汇的表达作用

总体来看,布兰顿的规范推理主义对传统表征语义理论是排斥的,因为在他看来,传统语义语汇"真""指称"等既不适合在语义理论中扮演语义初始者的角色,也不能根据表征语义理论来解释它们。而他的推理语义学除了诉诸语句之间的推理关系对语词或语句的语义特征进行解释之外,也可以对传统语义语汇"真""指称"及其表达作用提供说明。

表征语汇"真"和"指称"是非推理主义语义理论的两个基本语词,其中"真"与语句相对应,"指称"与次语句相对应。通常认为,当我们说一个断言是真的,或者说一个语词指称一个对象的时候,我们是在很自然地用表征的术语来理解它们,即把"……是真的"看作表示了断言、信念或语句的性质,把"……指称……"理解为表示了语词和世界、语言之物与非语言之物之间的关系。然而,布兰顿指出,直指（deixis）预设了回指（anaphora）,一旦我们恰当地理解了"真"和"指称"的表达作用,我们就能清楚地看到"真""指称"并不适合作为语义理论的初始概念。③

根据规范推理主义,"真"和"指称"的表达作用在于其回指功能（anaphorical function）。所谓回指,是指殊型（tokenings）之间的一种关系。④根据这种关系,"一个殊型的内容取决于它与另一个殊型或一类殊型即其回指前件的关系"。⑤ 例如,在"我今天从图书馆借了《纯粹理性批判》,它的作者是康德"这个语句中,不仅"它"这一回指表达式殊型与其回指前件《纯粹理性批判》处于一种回指关系中,而且"它"的内容取决于它与其回指前件

---

① Beran O, Kolman V and Koreň L (eds.). *From Rules to Meanings: New Essays on Inferentialism*. Routledge, 2018, p.13.

② Brandom R. *Articulating Reasons: An Introduction to Inferentialism*. Harvard University Press, 2000, p.20.

③ Brandom R. *Making It Explicit: Reasoning, Representing, and Discursive Commitment*. Harvard University Press, 1994, p.458, pp.283-285.

④ Brandom R. *Making It Explicit: Reasoning, Representing, and Discursive Commitment*. Harvard University Press, 1994, p.303.

⑤ Brandom R. "Expressive vs. Explanatory Deflationism about Truth", In *What Is Truth?* Schantz R (ed.). Walter de Gruyter, 2002, p.104.

"《纯粹理性批判》"之间的回指关系,在这种回指关系下,若我们理解了这句话中"它"的回指前件《纯粹理性批判》的内容,我们也就理解了"它"这个回指依赖者所指称的内容。同理,在"弗雷格是现代逻辑的奠基人,我相信这个陈述是真的"这个语句中,"这个陈述是真的"是一个代语句(prosentence),它是对其回指前件即"弗雷格是现代逻辑的奠基人"的替代,它的内容回指依赖于它的回指前件即"弗雷格是现代逻辑的奠基人";在此,"……是真的"是一个代语句构造算子(prosentence-forming operator),按照这种方法,理解"真"在其中出现的语句是一个两阶段的过程:首先必须对此语句中的名词短语"这个陈述"进行处理,以确定它以什么语句殊型作为其回指前件;然后才能根据其回指前件的内容确定此语句的内容。①

按照布兰顿对"真"和"指称"的表达作用的回指说明,"真"作为一个算子,它适用于将语句名词化(norminalization),并生成代语句,这种代语句回指地依赖被名词化的语句殊型,例如,在"汤姆说'今天是星期六',汤姆的话是真的"这一语句中,名词短语"汤姆的话"是对"今天是星期六"这个语句的名词化,并且"汤姆的话是真的"是由"真"算子构造的代语句,此代语句的内容回指地依赖语句殊型"今天是星期六"的内容;同样地,"指称"也是一个算子,它适用于词项之类的殊型表达式,并生成代词,此代词回指地依赖被代词化的词项,例如,在"李明是一名在校大学生,他是国家奖学金的获得者"这一语句中,代词"他"指代并回指地依赖"李明"。因此,"真"和"指称"并不是一种"语词—世界"的或者语言之外(extralinguistic)的直接表征,而是一种语言之内的(intralinguistic)间接回指描述。② 借助这种间接的回指描述,布兰顿欲从语义外在论转向推理主义的语义内在论,以便从推理的角度理解"真"和"指称"。

根据这种回指理论,把一个表达式看作回指地依赖另一个表达式,就是把它看作从它的回指前件继承了它的替换推理作用(substitution-inferential role)。例如,如果某人说,"球球是一只狗",那么我们可以以此为前提并推出如下结论:"所以,它是一只哺乳动物。"在此,这个结论的真,一部分是由"它"恰当地替换其回指前件"球球"决定的。因此,从规范推理主义的视角看,"它""这""现在""我"以及"康德的这部著作"等都可以被推理地表达,而这也说明,索引表达式或限定摹状词都可以通过回指的应用被引入替换

---

① Brandom R. "Expressive vs. Explanatory Deflationism about Truth", In *What Is Truth?* Schantz R (ed.). Walter de Gruyter, 2002, pp.105 – 106.
② Brandom R. *Making It Explicit: Reasoning, Representing, and Discursive Commitment*. Harvard University Press, 1994, pp.305 – 306.

推理中,起着间接的推理作用并因而具有概念内容。①

在规范推理主义的背景下,回指的意义在于,"它使每一个对话者都能用记号的方式作出表达,把那些看起来被其他对话者独断地重现的话语加以再重现。在句子和词语的层面,这种再重现为在不同的承诺报告(包括推理)之间进行接触(交流)提供了最基本的条件"。② 而若没有回指,则索引表达式或限定摹状词无法选择其回指前件,不具有替换推理的意涵(substitution-inferential significance),也因此可能成为一些无意义的噪声或符号。当然,这并不是说直指不重要,而是回指比直指更重要。对语言来说,可以有回指机制而没有直指机制,但原则上不能只有直指机制而没有回指机制。③ 所以,正是由于回指的存在,语言不再是"语词—世界"式地直接表征,而是语言内部的推理阐明。

(三)意向语汇的表达作用

意向语汇是指那些用来谈论我们内在片段(internal episodes)之内容的语汇,④例如,"相信""期望""意图"等。诉诸意向语汇联结认知主体和命题,可以构成命题态度语句,例如,"张三相信地球是圆的"。在布兰顿看来,在语言实践中,意向语汇的表达作用在于,使推论实践者承诺的内容清晰化了。

一般说来,命题态度语句会带来指称晦暗(referential opaqueness)的问题。例如,命题态度语句"汤姆相信《概念文字》的作者是数理逻辑的奠基人",假如事实上汤姆确实相信《概念文字》的作者是数理逻辑的奠基人,但是他很可能不相信《概念文字》的作者就是弗雷格,在这种假设情况下,虽然汤姆确实相信《概念文字》的作者是数理逻辑的奠基人,但是"汤姆相信弗雷格是数理逻辑的奠基人",这个命题态度语句可能是错误的。

为了消除命题态度语句的歧义,在语言哲学中,通常的处理方法是对命题态度语句作从言(de dicto)信念和从物(de re)信念的区分,或者有时如布兰顿

---

① Brandom R. *Making It Explicit: Reasoning, Representing, and Discursive Commitment*. Harvard University Press, 1994, pp.620 - 621.

② 刘钢:《真理的话语理论基础:从达米特、布兰顿至哈贝马斯》,人民出版社 2015 年版,第 314 页。其中的"记号"即英文"tokening"的中译。或者参见:Brandom R. *Making It Explicit: Reasoning, Representing, and Discursive Commitment*. Harvard University Press, 1994, p.458。

③ Brandom R. *Making It Explicit: Reasoning, Representing, and Discursive Commitment*. Harvard University Press, 1994, p.621.

④ Turbanti G. *Robert Brandom's Normative Inferentialism*. John Benjamins Publishing Company, 2017, p.94.

所说,作 that—意向性(that-intentionality)和 of—意向性(of-intentionality)的区分。例如,对命题态度语句"汤姆相信《概念文字》的作者是数理逻辑的奠基人"分别用从言和从物的方式进行解读,则可以依次得到:"汤姆相信'《概念文字》的作者是数理逻辑的奠基人'""关于《概念文字》的作者,汤姆相信,他是数理逻辑的奠基人";其中,从言的解读表示通过"言(dictum)"归属信念的内容,从物的解读表示被归属的信念的内容是有关什么的。通常,这两种解读被理解为归属了两种不同的信念,以汤姆的信念归属为例,即在从言的情况下,它归属了一种一般性的信念,此信念是一个有关何人符合限定摹状词"《概念文字》的作者"的信念;在从物的情况下,它归属了一种特殊的信念,此信念关涉一个特定的个体,即弗雷格。[①]

与传统观点不同,布兰顿认为,从言和从物的区分并不是两种信念或信念内容的区分,而是两种归属的区分。[②] 为了更好地理解这两种归属的不同,我们最好的方法是从表达主义者关于"从句"的分析入手。仍以命题态度语句"汤姆相信《概念文字》的作者是数理逻辑的奠基人"为例,其中的从句即"《概念文字》的作者是数理逻辑的奠基人"的表达作用可以概括为是对汤姆的命题态度的归属,在此意义上,断言"汤姆相信《概念文字》的作者是数理逻辑的奠基人",也就意味着为汤姆归属了一个承诺即"《概念文字》的作者是数理逻辑的奠基人",并且这个从句详述了被归属的承诺的内容,这个被归属在从句中的内容是从言的。但在语言实践中,由于每个推论实践者所承认的承诺并不完全相同,因此即便归属者认同从"《概念文字》的作者是数理逻辑的奠基人"到"弗雷格是数理逻辑的奠基人"的替换推理,汤姆也可能不会认同这个推理,因为假如汤姆不认为"《概念文字》的作者是数理逻辑的奠基人"这个承诺的内容是有关弗雷格的,他也就不会承认"弗雷格是数理逻辑的奠基人"这个承诺,在这种情况下,归属者进行归属,显然不能以从言的方式进行,而必须以从物的方式进行,因为从物归属可以区分出归属者所承担的附属的承诺和被归属者所承认的承诺,即归属者可以把"汤姆相信《概念文字》的作者是数理逻辑的奠基人"从物归属为"关于弗雷格,汤姆相信,他是数理逻辑的奠基人"。[③] 通过这种从物归属的方式,

---

① Turbanti G. *Robert Brandom's Normative Inferentialism*. John Benjamins Publishing Company, 2017, pp.94-95.
② Brandom R. *Articulating Reasons: An Introduction to Inferentialism*. Harvard University Press, 2000, p.176.
③ 从归属者的视角看,若他认可《概念文字》的作者是弗雷格,则他可以将"汤姆相信《概念文字》的作者是数理逻辑的奠基人"从物归属为"关于《概念文字》的作者,汤姆相信,他是数理逻辑的奠基人",或者"关于弗雷格,汤姆相信,他是数理逻辑的奠基人"。

归属者区分了汤姆承诺的东西即"《概念文字》的作者是数理逻辑的奠基人",以及汤姆没有承诺但归属者承诺的东西即"弗雷格是《概念文字》的作者"。因此,在布兰顿的方法中,从言和从物之间的区分不是两种信念或信念内容的区分,而是两种不同归属方式或表达方式之间的区分;正是这两种不同的归属方式以及意向语汇的使用,使得推论实践者的不同视角(归属者的视角和被归属者的视角)以及推论实践者承诺的内容清晰化了。①

(四)规范语汇的表达作用

推理语义学对概念内容的推理诠释不仅涉及命题与命题之间的推理,即理论推理,也涉及实践推理。实践推理是指从信念推出意向(intention)的推理,用布兰顿的规范性术语表示,就是从信念承诺推出实践承诺的推理。② 其中,实践承诺是对行为(act)的承诺,它对应于意向。实践推理常常引起行动(action),例如,"会议结束了,我应该离开会场",所以"我走出会场"。实践推理涉及规范语汇(包括偏好表达式)如"应当""应该""要""意欲"等的使用。规范语汇的表达作用是"使对于实践推理的实质恰当性的认可清晰化了",或者"使推理承诺清晰化了"。③

根据规范推理主义,实践推理主要有三种类型,即审慎的或工具化的(prudential or instrumental)实践推理、制度化的(institutional)实践推理和无条件的(unconditional)实践推理,④它们分别与不同种类的规范或支持态度相对应,并由相应的"应该"加以清晰化。关于这三种实践推理,布兰顿分别举例如下:

(1)只有打开我的伞才能使我保持干燥,所以我应该打开我的伞。

(2)我是一位去上班的银行职员,所以我应该打领带。

(3)传播流言蜚语会在无意中伤害某个人,所以我不应该传播流言蜚语。

其中,(1)与工具性的"应该"相对应,是一种工具性的实践推理;其特征是:如果我们接受(1)为一个好的实践推理,那么我们也就隐含地归属例

---

① Brandom R. *Articulating Reasons: An Introduction to Inferentialism*. Harvard University Press, 2000, pp.175–178.

② Brandom R. *Making It Explicit: Reasoning, Representing, and Discursive Commitment*. Harvard University Press, 1994, pp.243–245.

③ Brandom R. *Articulating Reasons: An Introduction to Inferentialism*. Harvard University Press, 2000, pp.89–92.

④ 布兰顿强调,这三种实践推理表明了不同种类的规范如何对应于不同类型的实践推理,它们只是三个代表性的种类,而不是一个详尽无遗的清单。参见:Brandom R. *Articulating Reasons: An Introduction to Inferentialism*. Harvard University Press, 2000, p.91。

子中的"我"(以下用 A 来代替)一种不被淋湿的偏好;但值得注意的是,由于偏好因人而异,尽管我们认为(1)对 A 来说是好的实践推理,并不意味着我们认为它对其他人(比如那些想在雨中漫步的人)来说也是好的实践推理。(2)与制度性的"应该"相对应,是一种制度性的实践推理;其特征是:如果我们接受(2)为好的推理,那么我们也就隐含地承认了银行职员上班打领带的规范、规则或要求以及银行职员的社会制度化身份,在此情况下,如果我们认为(2)对 A 来说是好的实践推理,那么我们也会认为它对其他银行职员来说也是好的实践推理。(3)与无条件的"应该"相对应,是一种无条件的实践推理;其特征是:如果我们接受(3)为好的实践推理,那么我们也就隐含地承认了一种普遍的社会规范,在此情况下,如果我们认为(3)对 A 来说是好的实践推理,那么我们也会认为它对其他任何人来说都是好的实践推理,而不考虑这些人的意欲或偏好以及他们的社会身份。因此,布兰顿主张,不同种类的规范或支持态度是与不同类型的实践推理相对应的。①

根据规范推理主义,"应该"等规范语汇作为对实践承诺的承认,它们表达了推理结论的意味,从表达的意义上来说,它们的表达功能是使推理承诺清晰化。因为我们将一个实践推理看作是一个好的推理,也就是将这个实践推理的前提(即信念承诺)看作为这个实践推理的结论(即实践承诺)提供了理由;展示这样一个好的实践推理,也就是根据前提中所展示的信念承诺,展示出结论即实践承诺以及由它所引起的行动(如果有的话)是理性的或者是合理的。② 例如,实践推理"开张三的玩笑会伤害他,所以我不应该开他的玩笑",其中的实践承诺"我不应该开他的玩笑"之所以是合理的,是因为它有理由即"开张三的玩笑会伤害他"做支持,而"应该"的使用也使得从"开张三的玩笑会伤害他"到"我不应该开张三的玩笑"这个推理承诺清晰化了。

需要提醒的是,由于上述三种"应该"即工具性的"应该"、制度化的"应该"以及无条件的"应该"是不同类型的合理的"应该",它们的作用是使以上三种实践推理或者推理承诺清晰,因此布兰顿强调,我们理应不能如休谟主义者或康德主义者那样将它们同化为任何一种形式的"应该"。③

---

① Brandom R. *Articulating Reasons: An Introduction to Inferentialism*. Harvard University Press, 2000, pp.89－91.
② Brandom R. *Articulating Reasons: An Introduction to Inferentialism*. Harvard University Press, 2000, pp.91－92.
③ Brandom R. *Articulating Reasons: An Introduction to Inferentialism*. Harvard University Press, 2000, pp.91－92.

第三节　概念应用的非推理环境与后果

布兰顿的推理语义学是一种广义的推理语义学(a broadly inferential semantics),①广义推理语义学的想法受塞拉斯有关语言游戏中的三种步法或转换所启发,接受非语言性的应用环境(circumstances of application)与应用后果(consequences of application),其在语言输入之处包含知觉经验,其在语言退出之处包含行动意图。②

塞拉斯认为,任何语言或者语言游戏都具有三种必不可少的步法或转换:语言内部步法(inta-linguistic moves)、语言输入转换(language entry transitions)和语言退出转换(language departure transitions);③布兰顿称其为语言游戏的三种步法,即语言内部步法(intralinguistic moves)、语言输入步法(language entry moves)和语言退出步法(language exit moves)。④ 语言内部步法由推理步法构成,即在语言游戏中,通过采用一个命题态度对另一个命题态度做出回应,比如,由"这是红色的"推出"这是有颜色的"。语言输入步法由非推理的观察报告组成,即在语言游戏中,通过采用一个命题态度对相应的非语言情境做出回应,比如,当红色事物出现的时候,说出"这是红色的"。语言退出步法由行动构成,也就是说,根据某个陈述或信念承认一个实践承诺。比如老师说"下课了",而学生又不想待在教室,那么学生就会具有走出教室这样的相应意图,并做出走出教室这样的相应行动。根据塞拉斯的这种划分,我们一般而言的推理语义学所主张的推理仅限于"语言内部",因而相应地可称之为"狭义推理语义学",而布兰顿的推理语义学可纳入广义推理语义学范域。广义推理语义学主要以 G. 根岑(G. Gentzen)及达米特的理论为基础模型而构建。

---

① Brandom R. *Making It Explicit: Reasoning, Representing, and Discursive Commitment*. Harvard University Press, 1994, p.xxii.
② 见我国台湾地区学者何志青在《推论证成与遵循规则》一文中的相关论述。
③ Sellars W. "Some Reflections on Language Games", *Philosophy of Science*, 1954, 21(3), pp.210-222.或者参见: Sellars W. *In the Space of Reasons: Selected Essays of Wilfrid Sellars*. Scharp K and Brandom R (eds.). Harvard University Press, 2007, pp.87-88。
④ Brandom R. *Making It Explicit: Reasoning, Representing, and Discursive Commitment*. Harvard University Press, 1994, pp.234-235.为论述方便,关于语言游戏的三种步法或转换,后文主要采用布兰顿的用语。

一、达米特模式

概念内容是推理作用,这是布兰顿推理语义学的核心观点。为了进一步明确这一主张,布兰顿引介了"达米特模式(Dummett's model)"或曰"达米特之双面模式(Dummett's two-aspect model)"。根据这种模式,任何语言表达式或概念的使用都包含两个方面:正确应用之环境和恰当应用之后果。① 不仅如此,借助达米特双面模式,我们还可以指出某些意义理论的不足,比如,意义证实论的缺陷在于它只注重语言表达式或概念正确使用的环境,而忽略了其恰当应用的后果;而意义使用论正好与之相反。

事实上,虽然布兰顿将上述模式称为"达米特模式",但这一模式的始创者并非达米特,而源自德国数学家、逻辑学家根岑。根岑在界定逻辑联结词时,以一种标准的方式详述了逻辑联结词的推理作用,在此基础上,达米特把根岑有关逻辑联结词的思量扩大到一般的语词。

在根岑看来,逻辑联结词的界定包括两个互相依赖的方面:引入规则(introduction rules)和消去规则(elimination rules)。引入规则说明使用逻辑联结词进行推理的充分条件,消去规则说明使用逻辑联结词进行推理的必要后果。比如对于逻辑联结词"∧"②来说,其引入规则是:如果任何人承诺了 p,并且承诺了 q,那么也就承诺了 p∧q;其消去规则是:如果任何人承诺了 p∧q,那么也就既承诺 p 也承诺了 q。由此观之,引入规则是借助不包含待定义联结词的表达式,来说明一个人在对包含该联结词(其推理作用已被定义)的语句所表达的断言做出承诺时所处的环境,即衍推出它们的前提集;消去规则则是借助不包含这个联结词的表达式,来说明一个人在对包含该联结词(其推理作用已被定义)的语句所表达的断言做出承诺时的后果,即它们所衍推出的后果集。③ 一言蔽之,逻辑联结词的推理作用由其应用的环境与其应用的后果所共同决定。

显然,上述根岑模式仅仅局限于对逻辑联结词的界定上,真正将其模式从逻辑学引介到语义学并用以说明语言表达式或概念推理作用的是达米特。在布兰顿看来,"通过展示这一模式如何能够从逻辑联结词这种例子被一般化至为其他重要的语法范畴如语句、谓词、普通名词和单称词项这些表

---

① Brandom R. *Making It Explicit: Reasoning, Representing, and Discursive Commitment*. Harvard University Press, 1994, p.117.
② 原文献引文为"&",在此以现在逻辑中常用的"∧"代之。
③ Brandom R. *Making It Explicit: Reasoning, Representing, and Discursive Commitment*. Harvard University Press, 1994, pp.117-118.

达式的意义提供统一的处理,达米特对关于概念内容的推理主义方法做出了卓越的贡献"。① 就达米特模式而言,最直截了当的应用是说明由陈述句所表达的命题内容,即对命题内容来说,与引入规则对应的是断言它的充分条件的集合,与消去规则对应的是断言它的必要后果的集合。② 达米特也曾说:"学习使用一个既定形式的陈述,涉及学习两样东西:在什么条件下一个人有正当的理由做出这个陈述,以及什么东西构成了对它的接受,即接受它的后果。"③由此可以看出,达米特模式在以语言表达式或概念的推理作用说明其意义或内容方面,与根岑模式对逻辑联结词的界定在方法运用上是一致的。布兰顿认为,达米特之双面模式对规范推理主义十分重要,应用这一模式可以使隐含于实质推理中的语言表达式或概念的意义或内容清晰。

布兰顿的推理语义学主张概念内容由推理阐明中的产生、蕴含及不相容关系所决定,可以说主要是受根岑及达米特所影响。但与根岑及达米特基本上只重视形式推理不同,布兰顿重点关切的是从恰当应用环境到恰当应用后果的实质推理,④在他看来,"断定一个语句就是隐含地承担了一个对于从它的应用环境到它的应用后果的实质推理的正确性的承诺"。⑤ 这里的实质推理既涉及概念应用的环境,也涉及其应用的后果,而概念应用之环境与后果的论域不仅包括推理的环境与后果,也包括非推理的环境与后果,因此达米特模式不仅可以应用于具有概念内容的语言表达式,也可以进一步扩展将其应用于非推理的环境与后果。

二、非推理的环境与后果

由于布兰顿推理语义学所认可的推理是从正确应用环境到恰当应用后果的实质推理,而不是形式推理或逻辑推理,所以尽管实质推理中"环境"与"后果"分别对应于形式推理或逻辑推理中的"前提"和"结论",但两者所不同的是,实质推理中"环境"与"后果"的范域更为宽广,它们既可能是语言性的、推理性的,也可能是非语言性的、非推理性的。

---

① Brandom R. *Making It Explicit: Reasoning, Representing, and Discursive Commitment*. Harvard University Press, 1994, p.118.
② Brandom R. *Making It Explicit: Reasoning, Representing, and Discursive Commitment*. Harvard University Press, 1994, p.118.
③ Dummett M. *Frege: Philosophy of Language*. Harvard University Press, 1981, p.453.
④ 见我国台湾地区学者何志青在《推论证成与遵循规则》一文中的相关论述。
⑤ Brandom R. *Making It Explicit: Reasoning, Representing, and Discursive Commitment*. Harvard University Press, 1994, p.118.

在布兰顿看来,存在三种不同的推理主义,这三种推理主义均主张推理对理解概念内容具有特别重要的意义,理解这三种推理主义的主张及广义和狭义的推理阐明,对理解概念应用的非推理环境与后果具有很大助益。

首先,弱推理主义(weak inferentialism),其主张是:推理阐明对于特定的概念内容是必要的。其次,强推理主义(strong inferentialism),其主张是:广义的推理阐明对于特定的概念内容是充分的。最后,超推理主义(hyperinferentialism),其主张是:狭义的推理阐明对于所有种类的概念内容都是充分的。就布兰顿而言,他持有的是强推理主义的立场。①

强推理主义和超推理主义的一个主要不同是:前者把非推理的环境和后果作为其推理阐明的一部分。前章已述,尽管人类和鹦鹉都可以通过发出"这是红色的"声音,对可视的红色事物的出现做出可靠的区别反应,但人类关注的是这个断言在推理方面的必要后果,或者说,作为报告者的人类和鹦鹉之类的动物的不同在于,我们给人类报告者归属了一种可理解性,认为这样的断言不仅是发声反应,也是语言文字性的反应,人类能够理解他们所做出的这种反应。如果我们考虑做出这个断言的前提,那么这些前提必然包括了可视的红色事物的出现,但无疑这样的环境并不是语言性的;既然它们不是语言性的,当然也不可能是断言,因此只能称它们为非推理的环境。强推理主义把这种非推理的环境与推理的后果之间的关系也看作一种推理的关系,但超推理主义并不认可这样的推理关系。同样,在某些情况下,例如做出行动的情况下,实践承诺的后果包括行为的产生,这些行为本身也是非语言的、非推理的。例如,通过训练,一个理性之人能够通过急踩刹车对具有推理阐明的断言"交通信号灯是红色的"做出反应。根据强推理主义,这种概念应用的推理环境和非推理后果之间的关系也是一种推理关系,但超推理主义同样不认可这样的推理关系。②

根据强推理主义,既然概念应用的非推理的环境和后果都可以存在于推理关系之中,因此理应将它们纳入推理语义学中来考量。首先,非推理的环境。根据强推理主义,概念恰当应用的环境除了包括那些具有命题内容的断言之外,也包括那些非语言的、非推理的知觉环境。与非推理环境密切相关的是那些最不容易被推理模式所同化的经验概念。经验概念最核心的使用是在知觉和观察报告的表述中。观察报告是非语言环境引发的结果,

---

① Brandom R. *Making It Explicit: Reasoning, Representing, and Discursive Commitment*. Harvard University Press, 1994, p.131.

② Wanderer J. *Robert Brandom*. Acumen Publishing Ltd., 2008, p.111.

而不是由其他断言所推出的结论,它们的内容很大程度上来自那些掌握了经验概念的人在应用这些概念时所展示出的可靠的区别反应倾向。诉诸概念的恰当应用环境及其恰当的后果,经验概念可以被同化为关于概念内容的推理主义的理解。就此而言,概念应用的环境并不必然是语言的、推理的,它们也可以是非语言、非推理的环境,例如,"红色"这个概念,它的应用环境就包括可见的红色事物的出现。①

其次,非推理的后果。与概念应用的非推理环境类似,概念应用的后果也可以是非语言的、非推理的。行动作为非推理的后果,它们如同知觉和观察报告一样,也是一种可靠的区别反应,这种可靠的区别反应既可能是断言引起的,也可能是意向状态的结果。比如,当快要下雨的时候,如果路上的行人拥有"快要下雨了"这个信念,而他们又不想被淋湿,那么他们就具有想加快自己步伐的意图并做出加快自己步伐的行动。由此可见,布兰顿对非推理的后果的刻画也展示出了实践推理的一些特征,因为实践推理的结论往往能够引发行动。所以,在布兰顿看来,应用一个断言的恰当后果不仅可以包括推理地获得的信念,而且在进一步的意向状态的语境下,也可以包括非推理的反应行为。②

知觉和行动是广义推理语义学主要关注的两个向度。广义推理语义学之所以要论及传统推理语义学未涉及的知觉与行动,可能有两个方面的考虑:③一是有关意向性状态的规范性。布兰顿认为,"知觉和行动作为推论范域的入口和出口,受实践的恰当性所支配,此恰当性和支配推论范域内的纯推理步法的恰当性一样重要,且不可还原"。④ 这也即是说,推论范域的规范不只支配其范域内的推理步法,对于输入、输出范域的知觉和行动,亦负有监管之责。换言之,所有我们的认知活动及其前因后果均在规范的支配之下,如布兰顿所言"从上到下都是规范"。⑤ 二是布兰顿试图提出一种有关思想及语言之内容的完整理论。他认为完整的语义内容除了包括一般的命题内容以外,还应包括经验内容及实践内容,故而知觉和行动应该纳入

---

① Brandom R. *Making It Explicit: Reasoning, Representing, and Discursive Commitment*. Harvard University Press, 1994, pp.119-120.
② Brandom R. *Making It Explicit: Reasoning, Representing, and Discursive Commitment*. Harvard University Press, 1994, p.120.
③ 见我国台湾地区学者何志青在《推论证成与遵循规则》一文中的相关论述。
④ Brandom R. *Making It Explicit: Reasoning, Representing, and Discursive Commitment*. Harvard University Press, 1994, p.335.
⑤ Brandom R. *Making It Explicit: Reasoning, Representing, and Discursive Commitment*. Harvard University Press, 1994, p.44.

理论考量。这诚如他所言:"断言的经验的和实践的介入——在这种意义上即使那些纯理论性的断言,它们也是与具有直接经验和实践意涵的断言仅仅推理地联系在一起的——对它们的内容做出基本的贡献。只有一个模式涵盖了这两个非纯粹的推论阐明的推理维度,才有可能产生类似于自然语言陈述句所表达的命题内容。"①换言之,为了充分展现思想及语言的丰富意涵,概念理应包含三种内容:命题的、经验的和实践的。②

布兰顿的推理语义学主张,概念内容来自推理,概念内容是推理作用,实质推理处于基础地位,形式推理是一种派生的范畴,其作用是使实质推理清晰。使之清晰具有表达的理性,在此过程中,逻辑语汇、语义语汇等典型的阐明语汇发挥着独特的表达作用。而为了确保概念内容必不可少的经验维度和实践维度,推理语义学也必须将非语言的应用环境与应用后果纳入其理论之中。由于推理语义学主张概念的内容来自概念的使用或推理、"命题性知识是建立在技能性知识基础上的",③因此推理语义学也需要规范语用学为其提供奠基作用。

---

① Brandom R. *Making It Explicit: Reasoning, Representing, and Discursive Commitment*. Harvard University Press, 1994, p.234.
② 见我国台湾地区学者何志青在《推论证成与遵循规则》一文中的相关论述。
③ Brandom R. *Tales of the Mighty Dead: Historical Essays in the Metaphysics of Intentionality*. Harvard University Press, 2002, p.327.

第三章　规范推理主义的语用根基：规范语用学

与传统意义理论相比，布兰顿的规范推理主义的建构基于一种完全不同的路径。他成功地秉承了维特根斯坦的《哲学研究》和塞拉斯的《经验主义和心灵哲学》中的主张，认为概念的内容来自概念的使用，存在于概念与概念的推理关系中，而推理关系由社会的、规范的实践所决定，因此推理语义学必定要建基于规范语用学之上。

布兰顿在建构规范语用学的过程中，从理性主义和实用主义的立场出发，基于对人的智识本性以及概念性活动的规范性的考虑，继承和批判了包括康德、维特根斯坦、弗雷格、塞拉斯在内的许多哲学家的思想，因此具体分析规范语用学的建构缘起，展示规范语用学的形成路径、作用以及建构意义，对于整体把握规范推理主义的理论本质，厘清其发展脉络，洞察其演变特征，具有重要的认识论价值和方法论意义。[①] 本章是对规范推理主义的语用根基，即规范语用学较全面系统的刻画和分析。

第一节　规范语用学建构的缘起

布兰顿之所以建构规范语用学，其根本考虑在于，人本质上是智识的生物，智识涉及概念的使用，概念的使用受制于规范，加之概念的内容来自概念的使用，因此推理语义学需要规范语用学的奠基。

一、人的智识本性

布兰顿明确指出，把"我们"从万事万物中区分开来的是一种广义的认

[①] 武庆荣：《论布兰顿规范语用学的理论缘起、实质及其作用》，《中南大学学报（社会科学版）》2015年第1期。

知能力,这种认知能力是一种理由和理解的能力,即智识。智识不同于感知,两者的区别在于,"感知是我们与非语言的动物如猫所共享的东西——在醒着的意义上的觉识能力",但"智识涉及理解或智力,而非应激性或觉醒"。① 理解智识可以两种不同的方式:一种是根据推理,另一种是根据真。

首先,以推理的方式理解智识就是把我们置放于理由的逻辑空间之中,为各种使用概念的活动给出理由并寻求理由。理由具有一种规范性,作为理性的生物,我们受到各种理由的约束,受制于理由的权威,这种权威对我们来说具有一种规范的作用。我们的态度和行为展示出可被理解的内容是因为它们处于理由空间和推理的阐明中。在这种意义上,理解就是对理由的把握,就是对理论的和实践的推理恰当性的掌握。把我们看作具有智识的理性存在者,也就是认为我们生活和活动在理由空间之中。②

其次,以真之方式理解智识就是把我们看作真之追求者和谈论者,理解概念内容也就是理解它们成真的必要和充分条件。我们是真之信念持有者和行动主体,"相信行为就是持真的行为"(believing is taking-true),"做出行动就是使真的行为"。是智识者,就是拥有诸如信念、欲求和意图这样的意向状态。这些意向状态具有概念内容,在于在什么情境下我们所相信的、所欲求的、所意图的东西是真的,理解这样一种内容就是把握它成真的必要和充分条件。③

以推理和真之方式理解智识,它们拥有一个共同的特征,即我们能够提供作为理由的东西与我们能够持真或使真的东西,它们都具有一种命题性的概念内容,这种命题性的概念内容可以通过使用陈述句来表达、通过使用"that"从句来归派。命题内容不仅存在于推理关系中,而且也具有真值条件。④ 命题内容是概念使用的核心,当我们受到环境的刺激时,我们不仅可以对环境刺激做出区别性的反应,而且作为智识者,我们可以通过恰当地使用概念以形成具有命题内容的知觉判断;而当我们行动时,我们可以通过改

---

① Brandom R. *Making It Explicit: Reasoning, Representing, and Discursive Commitment*. Harvard University Press, 1994, p.5.
② Brandom R. *Making It Explicit: Reasoning, Representing, and Discursive Commitment*. Harvard University Press, 1994, p.5.
③ Brandom R. *Making It Explicit: Reasoning, Representing, and Discursive Commitment*. Harvard University Press, 1994, p.5.
④ Brandom R. *Making It Explicit: Reasoning, Representing, and Discursive Commitment*. Harvard University Press, 1994, pp.5-6.

变周遭环境以回应我们使用概念所形成的判断。"智识、推论意向性都在兜售概念(concept-mongering)",①因而人与他物之不同在于能够使用概念进行推论实践。

所以,人具有智识就体现在人是使用概念的理性存在者,理性的存在者受理由的约束,受理由独特效力的支配,理由的独特效力是一种规范的效力。② 在此意义上,人的活动与其他生物的活动之不同在于,人的活动是受规范支配的概念性的活动。

二、概念性活动的规范性

在布兰顿看来,人的活动是一种概念性的活动,概念性活动与非概念性活动的本质区别在于规范性,原因在于,赋予概念以内容的实践隐含地包含着规范,这些规范涉及概念使用的多个方面,比如,如何正确使用表达式,在什么情形下执行言语行为是恰当的,这样的行为的恰当后果是什么,等等。而历史地看,康德、弗雷格和维特根斯坦等都曾谈及概念性活动的规范性,在这方面,布兰顿规范语用学的建构深受他们思想的影响。③

布兰顿指出,概念性活动具有规范性这一思想很大程度上要归功于康德,康德的主要革新之一是引介了概念性活动由其规范特性识别的观念,康德的基本洞见是:理解判断和行动首先要根据我们为之负责的特定方式。在康德看来,概念具有规则的形式,④概念"按照其形式任何时候都是某种共相的东西,它被用作规则"。⑤ 规则详细说明了如何恰当地或正确地应用或使用概念,在这种意义上,"知性,即概念的能力,是把握规则的能力——是理解它们所决定的正确应用和错误应用之间的区别的能力"。⑥ 概念作为规则规定了我们如何判断和行动,判断和行动具有概念内容,判断和行动受制于根据规则的评价;达成一种意向状态或执行一个意向性的行动相应地也就具有一种规范的意涵。康德既把概念的使用看作一种规范性的活

---

① Brandom R. *Making It Explicit: Reasoning, Representing, and Discursive Commitment*. Harvard University Press, 1994, p.8.
② Brandom R. *Making It Explicit: Reasoning, Representing, and Discursive Commitment*. Harvard University Press, 1994, pp.4–5.
③ Brandom R. *Making It Explicit: Reasoning, Representing, and Discursive Commitment*. Harvard University Press, 1994, p.xiii.
④ Brandom R. *Making It Explicit: Reasoning, Representing, and Discursive Commitment*. Harvard University Press, 1994, p.8.
⑤ 〔德〕康德:《纯粹理性批判》,邓晓芒译,人民出版社2004年版,第119页。
⑥ Brandom R. *Making It Explicit: Reasoning, Representing, and Discursive Commitment*. Harvard University Press, 1994, p.8.

动,又把概念使用者看作规范性的生物或受规则支配的生物。① 基于康德关于概念应用的规范性方面的深刻洞见,布兰顿认为,康德的"主要革命不是哥白尼式的革命,而是他的规范转向,将概念推论活动看作是某种我们必须以规范术语加以理解的东西"。②

弗雷格在批判心理主义(psychologism)的过程中,对康德有关概念的规范性思想进行了传承。弗雷格在《算术基础》一书中旗帜鲜明地宣称:"要把心理学的东西和逻辑的东西,主观的东西和客观的东西明确区分开来。"③他的反心理主义主张贯穿其逻辑纲领的全过程,是其逻辑观的显著特色和基本立场之一。在他看来,逻辑是对真之规律的研究,同伦理学一样,也可以称它为规范的科学,对逻辑来说,重要的是真之规律,而不是自然规律,自然规律是说明事件实际发生过程的规律,自然过程既不真也不假,不过是一些过程而已;同几何学或物理学一样,逻辑也不是进行心理学研究的合适领域,若我们用心理学的构想来理解逻辑,就会把确证信念的理由与实际产生它的原因混为一谈,在这种情况下,真正的确证是不可能的,取而代之的将是描述信念是如何得到的,而这与逻辑的任务背道而驰,毕竟逻辑所讨论的是人们必须如何做才能不偏离真的问题。④ 因此,他强调,"关注概念和判断的内容,与关注正确应用或不正确应用概念、正确做出或不正确做出判断的可能性是分不开的,无论这种正确性是根据真还是根据推理的好来构思的"。⑤

虽然弗雷格对概念内容做了大量研究,但他的关切是基于语义的而不是基于语用的。在20世纪,真正对概念规范语用意涵这个论题进行辩护的是后期的维特根斯坦。维特根斯坦初始持这样的洞见:"我们对意义、理解、意图或相信某事的状态和行为的普通理解,是将它们理解为承诺或迫使我们以各种方式行动和思考的状态和行动。"这也就是说,不仅意义和理解具有规范性,信念、意图这样的具有意向内容的状态也具有规范性,即一种规范之"力"(force)。但规范力并非等同于因果力,规范力决定了人们如何行

---

① Brandom R. *Making It Explicit: Reasoning, Representing, and Discursive Commitment*. Harvard University Press, 1994, pp.8–9.
② 陈亚军:《德国古典哲学、美国实用主义及推论主义语义学——罗伯特·布兰顿教授访谈(上)》,《哲学分析》2010年第1期。
③ 〔德〕G. 弗雷格:《算术基础》,王路译,王炳文校,商务印书馆2001年版,第8页。
④ Frege G. *Gottlob Frege: Posthumous Writings*. Hermes H, Kambartel F, and Kaulbach F (eds.). Basil Blackwell, 1979, pp.126–149.
⑤ Brandom R. *Making It Explicit: Reasoning, Representing, and Discursive Commitment*. Harvard University Press, 1994, p.13.

动才是恰当的,因果力则决定了人们事实上在做什么。① 这正如 S. 克里普克(S. Kripke)所指出的:"意义及意图与将来行动的关系是规范性的,不是描述性的。"②

综上,布兰顿认为,以上三位哲学家拥有的一个重要的、共同的洞见,就是概念使用具有一种独特的规范性。概念内容具有规范的意涵,概念使用有正确和错误之分、恰当与不当之别,掌握一个概念,就是掌握一种规范。规范具有一种规范力,只要我们使用概念,我们就会受到这种规范力的支配和约束,规范力不是因果力,它规定了我们有义务做什么或被强制做什么,而不是事实上做什么。就此而言,将概念内容之规范意涵与因果意涵区分开来对恰当使用概念至关重要。

鉴于规范之于概念的重要性,于是我们不得不追问的是,规范来自哪儿?布兰顿认为,规范不是来自理性原则,而是来自实践,"命题性知识"来自"技能性知识",语义学最终要追溯到语用学,语言表达式的意义或意向状态的内容只有在它们的实际使用中才能最终得到说明。③ 因此,对布兰顿来说,为规范推理主义建构起它的语用根基规范语用学是必要的。

第二节 规范语用学的基本进路和理论建构

基于对智识以及概念性活动的规范性分析,在继承和批判康德、弗雷格和后期维特根斯坦等人的思想和广泛汲取分析哲学以及实用主义等成果的基础上,布兰顿最后选择了以"规范语用学"为模式对理性进行重新建构。④

一、从显性规范到隐性规范

前文已述,概念的本质特征在于其规范性,但如何理解规范,不同的哲学家给出了不同的答案。比如,有的哲学家将规范理解为规则,有的将规范理解为规律。布兰顿在批判和继承中提出了对规范的一种实用主义的理解。

---

① Brandom R. *Making It Explicit: Reasoning, Representing, and Discursive Commitment*. Harvard University Press, 1994, pp.13 – 14.
② Kripke S. *Wittgenstein on Rules and Private Language*. Harvard University Press, 1982, p.37.
③ 陈亚军:《布兰顿与〈使之清晰〉(四)》,《中国社会科学报》2012 年 2 月 6 日。
④ 武庆荣:《语言实践的规范之维——论布兰顿规范语用学的基本进路与理论建构》,《科学技术哲学研究》2015 年第 3 期。

布兰顿指出，康德的核心洞见是概念使用的规范性，其主要革新是他的规范转向，这种规范转向使得概念具有一种超出经验个体的普遍必然性。但如果追问起规范的起源，康德对此并没有进一步深究。① 规则主义（regulism）将规范等同于清晰的规则或原则。"根据康德和弗雷格所共有的这种理智主义的、柏拉图式的规范观，评价正确性总是至少隐含地参照了一条规则或原则，这条规则或原则通过明确地这样说来确定什么是正确的。"②"这种将规范等同于清晰规则的做法，遭到布兰顿的反对。他认为，在维特根斯坦和塞拉斯的'无穷倒退论证'之后，诉诸清晰规则来解释规范来源的道路已经走不通了。"③

维特根斯坦在其《哲学研究》中讨论了规则遵循问题，布兰顿将其概括为规则后退论证。此论证如下："一条规定如何正确做事的规则必须适用于特定的环境，并且在特定环境中应用一条规则本身就是本质上可能做对或做错的事情。一条规则、原则或一个命令只有在确定如何正确应用它的实践环境中才对行为具有规范意涵。因为对于任一特定的行为和任一规则来说，都有适用该规则以禁止该行为的方法，也有适用该规则以允许或要求该行为的方法。规则只有在正确应用时才能确定行为的恰当性。"④在此情形下，就需要对规则的正确应用进行说明。如果根据规则主义者对规范的理解，那么就需要另一条规则对应用规则的正确性进行说明，维特根斯坦称这种说明为"诠释"，但给出规则的诠释并不能一劳永逸地解决规范的自洽问题。这正如维特根斯坦所言："任何诠释连同它所诠释的东西一起仍悬于空中，不能给它提供任何支撑。"⑤因为诠释本身也有正确和错误之分，这样又需要其他的诠释来说明其应用的正确性，如此以至无穷后退。因此维特根斯坦主张规则的恰当性要依赖于更原初的实践的恰当性，规则并不应用于规则本身，由清晰的规则支配的行为的恰当性依赖于由实践支配的恰当性。换言之，以规则的形式清晰的规范预设了隐含在实践中的规范。所以，把实践的应用的恰当性诉诸受规则支配的恰当性本身就是一种后退。

塞拉斯提供了另一种规则的无穷后退论证。他指出，"似乎可以说，一

---

① 陈亚军：《德国古典哲学、美国实用主义及推论主义语义学——罗伯特·布兰顿教授访谈（上）》，《哲学分析》2010年第1期。
② Brandom R. *Making It Explicit: Reasoning, Representing, and Discursive Commitment*. Harvard University Press, 1994, p.20.
③ 陈亚军：《将分析哲学奠定在实用主义的基础上》，《哲学研究》2012年第1期。
④ Brandom R. *Making It Explicit: Reasoning, Representing, and Discursive Commitment*. Harvard University Press, 1994, p.20.
⑤ Wittgenstein L. *Philosophical Investigations*. Blackwell, 1958, p.80.

门语言就是一个表达式的系统,表达式的使用受制于某些规则。因此,学习使用一门语言,似乎就是学习遵从其表达式使用的规则。然而,照现在的情形,这个论题会招致一个显而易见的、极具破坏性的反驳"。① 概言之,这个反驳是:把"正确"看作"依规则的正确"会产生一个我们所熟悉的后退。塞拉斯的论证如下:

  论点:学习使用一门语言(L)就是学习遵守语言(L)的各种规则。
  但是,命令做一个行动(A)的规则是一门语言中的一个语句,这门语言包含了关于 A 的表达式。
  因此,命令使用一个语言表达式(E)的规则是一门语言中的一个语句,这门语言包含了关于 E 的一个表达式,——换句话说,是元语言中的一个语句。
  因此,学习遵守 L 的规则预设了使用元语言(ML)——L 的规则是由这门元语言阐述的——能力。
  所以,学习使用一门语言(L)预设了已经学会使用一门元语言(ML)。同样的道理,已经学会使用 ML 预设了已经学会使用一门元元语言(MML),等等。
  但这是不可能的(一种恶性的后退)。
  结论:上述论点是荒谬的,必须被拒斥。②

由此可见,塞拉斯从对象语言和元语言的视角对规则的无穷后退进行了论证:元语言表达了有关对象语言中概念恰当应用的规则,但是这些规则也必须被应用,因此元元语言表达了有关应用元语言规则之规则⋯⋯这也就是说,对象语言的规则要由元语言来说明,而元语言中的规则又要由元元语言来说明,这样便陷入一种无穷后退之中。

  为了避免规则主义的困境,另一种将规范理解为规律性(regularity)的规律主义(regularism)走上了历史的舞台。规律主义者认为,如果把隐含着规范的实践简单地理解为行为的规律性,那么实践者就不需要事先理解些什么;如果能够将这样的行为规律性看作由隐含的规范支配的实践,那么就不会产生规则的无穷后退或规则循环的问题。这也就是说,在规律主义者看来,合乎规律的就是规范的,尽管隐含于行为规律中的规范能够以规则的

---

① Sellars W. "Some Reflections on Language Games", *Philosophy of Science*, 1954, 21(3), p.204.
② Sellars W. "Some Reflections on Language Games", *Philosophy of Science*, 1954, 21(3), p.204.

形式被清晰地表达出来,但这并不必然要求做出规律行为的实践主体能够表达它们,实践主体可以在完全不知道规则的情形下做出符合规范的行为。①

布兰顿指出,这是一种谈论隐含的规范就是谈论规律的观点。显而易见,这种关于规范的规律主义避免了规则主义所导致的无穷后退,但这种规律主义消除了受规范评价约束之行为与受物理法则约束之行为之间的差别。然而,如康德所言:"在自然界,在无生命以及有生命的世界中,一切都依规则而生……整个自然界事实上只是一个依规则而出现的关系网络,不存在无规则的东西。"②所以,如果根据物理法则,每样事物都是有规律地在运动,那么在什么特殊意义上意向状态能够包含我们前述所言特定的规范意涵呢?③

在布兰顿看来,要想保有概念性活动的规范意涵,必须能够在实际上做什么和应该做什么之间做出应有的区分,必须为错误的可能性预留出空间,因为我们所做的事情或者我们认为正确的事情可能依据某个规则或实践,最后成为不正确或不恰当的事情。正确的事情或者恰当的事情、义务性的事情或者被许可的事情、承诺做的事情或者有资格做的事情,这些都是规范性的事情,如果不在实际上做什么和应该做什么之间做出区分,那么概念性活动的规范意涵这个洞见也会丢失殆尽。④

规律主义处理问题的方法是把正确与不正确行为之间的区分等同于规律的和无规律的行为之间的区分。根据规律主义,实践中隐含的规范只是行为所展现的模式(pattern);违反规范就是破坏了模式、做出了无规律的行为。按照规律主义者的这种解释,用纯描述性的术语详述模式或规律是可能的,因此允许用规律的行为与不规律的行为之间的关系代替正确行为与不正确行为之间的规范区分。规律主义的这种处理方法受到了维特根斯坦的批驳。由前文可知,维特根斯坦反规则主义的著名论证是关于规则的无穷后退论证,而在此,他反规律主义的论证是布兰顿称为"不公正改划选区"(gerrymandering)的论证。⑤

---

① Brandom R. *Making It Explicit: Reasoning, Representing, and Discursive Commitment*. Harvard University Press, 1994, pp.26 – 27.
② Kant I. *Logic*. Hartman R S and Schwarz W (trans.). Dover Publications, 1974, p.3.
③ Brandom R. *Making It Explicit: Reasoning, Representing, and Discursive Commitment*. Harvard University Press, 1994, p.27.
④ Brandom R. *Making It Explicit: Reasoning, Representing, and Discursive Commitment*. Harvard University Press, 1994, p.27.
⑤ Brandom R. *Making It Explicit: Reasoning, Representing, and Discursive Commitment*. Harvard University Press, 1994, pp.27 – 28.

维特根斯坦认为规律主义的主要问题是：任何一组特定的行为都展现出许多规律,这些已展现的规律与这些已经产生的行为相一致,但与一些还未产生的行为可能不相符合;将一个行为视为非规律的是就一个特定的规律而言的;将任何其他行为视为规律的是就原来的某些规律而言的,将其视为非规律的是就其他规律而言的。也就是说,规律主义者通过考察已发生的行为并找出其展现的规律,再根据此规律来判定未来行为是规律的还是非规律的,并因而是正确的还是非正确的,以此来解决如何理解做什么和应该做什么之间的规范区分问题。然而,这种方法在维特根斯坦看来于事无补,因为根本不存在由过去的行为所展现的这样的规律:它们可以用来判定未来的一些行为是规律的或是不规律的,并因此是正确的或不正确的;换言之,规律主义者要想根据规律的行为与非规律的行为确定正确的行为与不正确的行为,他们必须能够提供一种方法,这种方法能够从所有的已展现的规律中挑选出特权规律并加以遵从,但规律主义者并不能为此提供任何可行的建议。①

不仅如此,在布兰顿看来,在如何挑选出正确的规律的问题上,即使规律主义者诉诸实践主体的行为倾向也无济于事。原因在于:其一,"没有人会在违背自己倾向的意义上错误地行事";其二,"谈论'违背'倾向是不正当地将规范语汇引入一种纯描述的语境中";其三,"如果一个人倾向于做的任何东西都因此被认为是正确的,那么正确与错误的区分,因而所有的规范效力就丧失殆尽了"。因此,通过诉诸倾向以挑选或优待一个独特的规律,并不能从不公正改划选区的反对中挽救规律主义。②

综上,维特根斯坦和塞拉斯的论证表明,将规范等同于规则的规则主义以及将规范看作规律的规律主义两者都不是对规范的一种自洽性的说明。事实上,将规范理解为规则会让规范本身变得难以理解,而将规范理解为实践中隐含的规律,则是把规范还原为物理法则,使意向状态和行为失去其应有的规范意涵。同时,规则的无穷后退论证以及反规律主义的结果表明,存在一个实用主义的规范概念,原因在于,隐含在实践中的行为的原初正确性是先于并被以清晰的规则或原则的形式所预设。所以,在维特根斯坦看来,规范的起源和诠释都离不开实践,"'遵守规则'也是一种实践"。③

---

① Brandom R. *Making It Explicit: Reasoning, Representing, and Discursive Commitment*. Harvard University Press, 1994, p.28.

② Brandom R. *Making It Explicit: Reasoning, Representing, and Discursive Commitment*. Harvard University Press, 1994, p.29.

③ Wittgenstein L. *Philosophical Investigations*. Blackwell, 1958, p.81.

这种规范的实用主义的观点为布兰顿所接纳。为了更好地理解清晰的规范与隐含的规范之间的关系,布兰顿对技能性知识和命题性知识做出了明确的区分。首先,技能性知识是隐含的,"知道如何做某事是实践能力的问题,知道如何就是有一种可靠的能力。因此,一个人知道如何骑自行车、应用概念、进行推理等,就能够在其实践中、在做出行为和评价行为中区分做这些事情的正确的和错误的方式"。[1] 其次,命题性知识是清晰的,"与隐性的技能性知识对应的显性的命题性知识是以规则或原则的方式对实践能力的一种理论表述或表达……"[2]

总之,通过以上论证,布兰顿向人们展示出"说"是对"做"的清晰表达,清晰的规范是对实践中隐含的规范的清晰表达。在他看来,规范不是来自理性原则,而是来自社会实践;社会实践中隐含的规范决定了后来以规则或原则面貌出现的清晰的规范。[3]

二、从规范地位到规范态度

通过批判两种错误的规范理解模式,布兰顿为我们指明了一条通向规范的实用主义路径。在他看来,规范来自社会实践,规范的原初形式是实践中隐含的规范,它是后来以规则或原则面貌出现的清晰之规范的基础。但对他来说,以上对隐含之规范的理解和说明还只是冰山一角,实践中隐含的规范仍有待于进一步清晰,而他使之清晰的方式是诉诸意向状态或行为的规范地位[4]以及评价规范地位的规范态度。

根据布兰顿的观点,概念性活动具有规范性意涵,规范的原初形式是隐性的,因而要达成对概念性活动规范意涵的理解和说明,首先必须凸显概念性活动的规范维度或者说规范地位,其方法主要有以下几种:

第一,从合理性(rationality)的角度识别意向性的规范维度。例如,如果一个人相信天将下雨,并且走到树下是他唯一不被淋湿的方式,那么他为了确保身体不被淋湿,他应该走到树下。换言之,他的意向状态决定了他走到树下这个行动的合理性,并且这种合理性选择否认了此行为具有道义上的、

---

[1] Brandom R. *Making It Explicit: Reasoning, Representing, and Discursive Commitment*. Harvard University Press, 1994, p.23.

[2] Brandom R. *Making It Explicit: Reasoning, Representing, and Discursive Commitment*. Harvard University Press, 1994, p.23.

[3] 陈亚军:《布兰顿与〈使之清晰〉(四)》,《中国社会科学报》2012 年 2 月 6 日。

[4] 所谓规范地位,就是一个意向状态或行为的正确或错误、合理或不合理、真或假这样的评价地位。转引自孙小龙:《规范、推论与社会实践——罗伯特·布兰顿语言哲学研究》,南京大学博士论文,2011 年。

政治上的或者说审美上的恰当性。所以,布兰顿认为,将合理性的范畴包含在意向性的说明中,这是识别意向性之规范维度的一种方式。①

第二,从意向状态的功能作用(functional role)角度思考意向状态的规范维度。在布兰顿看来,在处理知觉和行动的过程中,如果人们从意向状态的功能作用角度来探讨它们,那么也会凸显意向状态的规范维度。因为在一个系统中详述某个意向状态的功能作用也就是说明根据它应该如何行动,以及应用它应该如何与其他意向状态形式互动,换言之,谈论功能作用也就是谈论规范性。当然,他也明确指出,在解释意向状态的意义时,对意向状态的规范功能作用进行说明,并不否认可以对意向状态的因果功能作用提供说明,只不过意向状态的规范功能作用的说明和因果功能作用的说明处于不同的层次,因果功能作用的说明预设了规范功能作用的说明,两者具有本质上的区别,因而不可用意向状态的因果功能作用的说明掩盖或替代其规范功能作用的解释。②

第三,从理由的角度呈现意向归属的规范维度。根据规范推理主义,意向状态和行为具有内容离不开"更好理由的效力"(force of the better reason)。这种更好理由的"效力"是予求理由的社会实践的核心,是一种规范性的效力,涉及:一个人承诺要承认什么进一步的信念,一个人应该得出什么结论,一个人承诺或有资格说什么或者做什么。谈论人们必须行事的理由,不是谈论人们如何做或者想要如何行动,而是他们应该如何行动,他们应该承认什么。理解合理性和意向状态,就必须理解这种与理由有关的"应该"的效力。③

第四,从真之角度凸显意向归属的规范维度。如果意向状态和行为的命题内容不是根据它们对理由的可及性,而是诉诸它们成真的条件来思考的,那么意向归属的规范维度同样显而易见。真和合理性是正确性的两种形式,对它们的评价都是规范性评价。当询问一个信念是不是真的时候,也就是在某种意义上询问它是不是恰当的。人们谈论真,其目的是为了评估意向状态或行为履行某种责任的程度。真是断言和信念的恰当目标(the proper goal),如果人们不能领会真这个概念应用的规范意涵,人们也不可能

---

① Brandom R. *Making It Explicit: Reasoning, Representing, and Discursive Commitment*. Harvard University Press, 1994, p.15.
② Brandom R. *Making It Explicit: Reasoning, Representing, and Discursive Commitment*. Harvard University Press, 1994, p.16.
③ Brandom R. *Making It Explicit: Reasoning, Representing, and Discursive Commitment*. Harvard University Press, 1994, p.17.

理解真这个概念。①

第五，从"表征"或"关于"的维度理解意向状态的规范意涵。一个信念或一个断言表征了什么或者是关于什么的，提出这样的问题就是以一种特殊的方式对待它，把它理解为对它所表征的东西、所关于的东西的正确性负责，即谈论表征也就是谈论信念或断言是否正确地表征了被表征的东西。②

以上这几种概念性活动规范维度的理解和说明，虽然都与意向状态和行为的正确性这样的评价标准有关，但实际上它们分别关涉两种不同的正确性：一是与真或者表征相关的应用的正确性；二是与评价合理性相关的推理的正确性。这正如布兰顿所言："应用的正确性是在评价真或者表征的总标题下被讨论的；推理的正确性是在评价合理性的总标题下被讨论的。"③尽管以上几种方式存在不同，但它们的共同之处在于都使用了"应该""合理""正确"等规范性语汇，都凸显出了概念性活动的规范维度。

以上借助意向状态和行为的规范地位呈现了概念性活动的规范维度。但作为规范的存在者，人类并非直接受制于规范，而是受人类所持有的规范的观念的约束。因此，对实践中隐含的规范的理解和说明，"不仅要看做了什么——那些可能符合或者不可能符合规范（恰当的或者不恰当的）的行为——而且要看对恰当性的评价。这些评价是把行为接受为或者看作为正确或错误的态度"。④ 换言之，理解和说明隐含的规范，不仅要借助概念性活动的规范地位，而且要诉诸归属和承认规范地位的推论实践者的规范态度。

布兰顿指出，康德在对我们规范性的存在者进行说明的过程中明确主张了两个基本的论题：一是认为我们在判断和行动中所表现出的意向性特征具有一种本质上的规范维度；二是把规范等同于清晰的规则或原则。布兰顿认同康德的第一个论题，拒斥他的第二个论题。与此同时，布兰顿指出，康德的以上两个论题与他的第三个论题，即有关规范态度的论题并非分离的，而是紧密相连的。康德认为，自然界中的一切都是根据规则而生成的，我们是规范性的存在者在于我们受规则的制约，作为自然之物，我们根

---

① Brandom R. *Making It Explicit: Reasoning, Representing, and Discursive Commitment*. Harvard University Press, 1994, p.17.
② Brandom R. *Making It Explicit: Reasoning, Representing, and Discursive Commitment*. Harvard University Press, 1994, pp.17–18.
③ Brandom R. *Making It Explicit: Reasoning, Representing, and Discursive Commitment*. Harvard University Press, 1994, p.18.
④ Brandom R. *Making It Explicit: Reasoning, Representing, and Discursive Commitment*. Harvard University Press, 1994, p.63.

据规则行动，作为理性的存在者，我们根据我们所持有的规则的观念而行动。① 由此可见，在康德意义上，自由王国中的生物与自然王国中的生物之区别在于，前者能够根据所持有的规则的观念行事，后者只能根据规则行事。这也就是说，作为规范的存在者，我们并非直接受规则的制约，而是受我们所持有的规则的观念的约束。因此，在这种意义上，成为规范的存在者就是成为规范态度的主体，就是能够承认行为的恰当和不当，就是能够把一个行为视为正确的或者错误的。②

但布兰顿面对的挑战是：如何既能够保留规范态度这个洞见，又能够规避康德理智主义的规则主义的主张，而代之以维特根斯坦的关于规范的实用主义的理解。为了达成这个目标，布兰顿认为，我们在采用一种规范的实践态度的时候，例如给一个行为归属一个规范意涵或者规范地位的时候，不能把实际的评价行为等同于被评价的行为，换言之，就是要把行为评价本身与做出这个行为的实践区分开来。因为如果在实践中把一个行为视为正确的等同于实际做出这个行为，那么根据这种同一性，在实践中承认一个规范的唯一方式就是服从它、根据它有规律地去行动，但是，若如此，就不可能把行为看作错误的，③这样又会陷入规律主义，从而无法真正体现意向状态或行为的规范意涵。

由此可见，在布兰顿的理论意义上，对概念性活动的规范意涵进行刻画不仅需要借助规范地位，而且需要诉诸规范态度。也就是说，根据各种规则，不仅我们的行为本身有正确或错误之分，而且在我们的实践中，我们可以根据各种规则把它们视为正确的或错误的。使用"评价"意味着对规范意涵的一个指派，即在最基本的情形下视为正确的或错误的。而为了容纳维特根斯坦关于规范的实用主义的观点，必须将评价理解为做事，将规范态度解释为在评价者的实践中以某种方式隐含的东西，而不能明确为认可一个命题。④ 因为如果规范态度被理解为命题性的清晰的信念或承诺，那么规则的无穷后退现象又会出现。

既然规范必须借助规范态度才能得以说明，而规范态度本身又被理解为

---

① Brandom R. *Making It Explicit: Reasoning, Representing, and Discursive Commitment*. Harvard University Press, 1994, p.30.
② Brandom R. *Making It Explicit: Reasoning, Representing, and Discursive Commitment*. Harvard University Press, 1994, p.32.
③ Brandom R. *Making It Explicit: Reasoning, Representing, and Discursive Commitment*. Harvard University Press, 1994, pp.32-33.
④ Brandom R. *Making It Explicit: Reasoning, Representing, and Discursive Commitment*. Harvard University Press, 1994, p.33.

是以某种方式隐含于评价者的实践中的东西,那么如何才能说明这种规范态度呢?布兰顿认为,要解决这个问题必须诉诸"奖惩"(sanction)这个概念。奖惩包括奖励和惩罚两个方面。根据奖惩这种评价方式,"人们通过奖励一个行为而把它看作是正确的或恰当的,通过惩罚一个行为而视其为错误的或不当的"。① 理解奖惩可以采取两种不同的方式:一种是自然的方式,例如,用棍棒鞭挞违规者;另一种是规范的方式,例如,取消违规者参加某个庆典的资格。②

以自然的方式理解奖惩的一个范例是 J. 豪格兰(J. Haugeland)根据社会倾向对实践规范的说明,即一种因循主义(conformism)的说明。③ 根据因循主义,共同体成员不仅遵循他们互相之间所模仿的行为,而且也互相奖惩对方的行为,以使他们未来的行为更可能地符合那些自然产生的标准,这是一种根据行为的强化对规范态度的说明和理解。根据这种说明方法,如果一个行为被看作正确的,那么就对做出这个行为的人采取积极的奖惩,即正面的强化,以使此人在相同的情形下再做出同样的行为;而如果一个行为被认为是错误的,则对做出此行为的人采取消极的奖惩,以便下次在相同的情形出现的情况下,行为者不再做出这样的行为。④

然而,布兰顿指出,因循主义是一种规律的理论,但不是一种简单的规律理论,因为它并非诉诸行为的规律来确认规范。他不认同这种因循主义的规律理论,其原因有如下两方面:一方面,因循主义只诉诸积极的和消极的强化模式来支持奖惩的观念,从而支持实际的规范态度的观念,这仅仅推迟了不公正改划选区的问题,它仍然无法解决如何从许多被强化的规律中挑选出特权规律这个一如既往的问题;另一方面,因循主义没有充分重视康德关于根据规则行动与根据规则之观念行动之间的区分,而由于评价、奖惩本身也是可评价的,它们也有正确和错误之别。因此,如果根据规范态度来理解规范地位,就不应该以实际上做出的奖惩来理解规范地位,而应该以应当做出的奖惩或正确的奖惩来理解规范地位,否则由此建立的规范就不是真正的规范。⑤

---

① Brandom R. *Making It Explicit: Reasoning, Representing, and Discursive Commitment*. Harvard University Press, 1994, p.34.
② Brandom R. *Making It Explicit: Reasoning, Representing, and Discursive Commitment*. Harvard University Press, 1994, pp.34 – 43.
③ Haugeland J. "Heidegger on Being a Person", *Noûs*, 1982, 16(1), pp.15 – 26.
④ Brandom R. *Making It Explicit: Reasoning, Representing, and Discursive Commitment*. Harvard University Press, 1994, pp.34 – 35.
⑤ Brandom R. *Making It Explicit: Reasoning, Representing, and Discursive Commitment*. Harvard University Press, 1994, pp.35 – 36.

与隐含的规范相关的另一个奖惩理论是公共评价的规律理论。公共评价理论（communal assessment theory）主张，在社会实践中，共同体成员所做的行为应由个体所属的共同体来评价，而不能由个体来评价，在这种情形下，共同体所做的评价被视为可靠的公共态度，共同体所认同的规律被视为规范。但布兰顿认为，这种诉诸公共的评价态度的观点仍然不能说明实践中隐含的规范。首先，这种观点所依赖的公共行为、评价或者裁决的观念是虚构的。公共评价的理论家倾向于将共同体人格化，认为共同体能够做个体所能做的事情，例如，使用规则、评价行为等，但这种说明方式的困难在于，评价、认同、接受等都是个体首先要做的事情，虽然某些共同体可以通过开会等形式表决一个公共观点或行为，但这种事情都是特例，在任何情形下，这些行为都很难解释一般的规范或者更特殊的概念的、意向的或语言的规范。其次，这种理论也犯了规律主义的错误，即将规范概念引入了一种还原的、非规范的规律理论中，抹杀了实际上做的事情与应该做的事情之间的区分，因此根本不可能真正解释实践中隐含的规范。①

因此，无论是因循主义还是公共评价理论，不管它们是诉诸社会的规律，还是着眼于态度或者评价的规律，抑或是依赖公共评价的规律，它们都是一种关于规范的规律理论，它们都"试图用非规范的原料烘焙一种规范的蛋糕"，或者说，它们都试图将规范的东西还原为非规范的东西。除存在不公正改划选区的问题外，各种规律理论还可能存在以下两方面的问题：一是不能产出真正的规范产品；二是使用了一些规范的原材料。基于以上分析，布兰顿认为，将实践的评价理解为奖惩与以非规范的用语（如"强化"）来理解奖惩是两种不同的事情，对隐含于实践中的规范进行说明，不必采用自然的方式而完全可以采用规范的方式，因为"根据应用奖惩的倾向来阐明规范态度，本身并非将规范的还原为非规范的——它只是一种规范对另一种规范的交换"。②

为了便于理解自然方式与规范方式的异同，布兰顿举例如下：设想有一个前语言共同体，这个共同体有一个正在实行的实践规范，如进入一间特殊小茅屋的人有义务出示一片来自某种树上的树叶。如果该共同体某个成员未出示这种特定的树叶而进入了这间特殊的小茅屋，那么他就违反了这个规范，他就要受到惩罚。若采用自然的惩罚方式，则可以用棍棒鞭挞他，

---

① Brandom R. *Making It Explicit: Reasoning, Representing, and Discursive Commitment*. Harvard University Press, 1994, pp.37-41.
② Brandom R. *Making It Explicit: Reasoning, Representing, and Discursive Commitment*. Harvard University Press, 1994, pp.41-42.

对他进行消极的强化;若采用规范的惩罚方式,则可以通过做出另一个行为而使违反者受到惩罚,如不允许他参加每周一次的节日庆典。在后一种情形下,违反的规范意涵是用规范性语汇进行说明的,对违反规范的惩罚是通过改变其他规范地位来实现的。①

以规范的方式理解奖惩,一个规范可以依赖于另一个规范。为了更易于理解这种依赖关系,布兰顿对奖惩做了进一步的界定。如果对一个行为的奖惩或评价只能以规范性的术语进行说明,那么这种奖惩就是内在于可被识别的规范系统中的,称为内在奖惩;相反,如果对一个行为的奖惩或评价进行说明,完全依靠的是各共同体成员所做的行为或者倾向于做的行为,即仅用非规范性的用语进行说明,而不提及他们行为的具体规范地位,那么这种奖惩就是外在于可被识别的规范系统的,称为外在奖惩。根据这种区分,一个规范依赖另一个规范,这种情况只出现在内在奖惩的情形下。在内在奖惩的情形下,与一种规范地位(例如,进入小茅屋的恰当性)相对应的规范态度,是由规范的内在奖惩来表达的、是根据其他种类的规范地位(例如参加节日庆典的恰当性)来详述的。由于内在奖惩可以根据规范地位来阐明,而规范地位本身又是由涉及其他规范的内在奖惩来阐明的,因此根据这种奖惩样式,一个规范对另一个规范的依赖就可以被扩展、分支形成一个复杂的各种规范地位互相依赖的网络。②

所以,尽管共同体可以以一种原子主义的方式一个一个地归属由外在奖惩所承认的规范,但在内在奖惩的情形下,归属一个规范也需要归属它所依赖的规范,显然,这种依赖关系将一种整体要素(holistic element)引入了对共同体行为之规范意涵的归属中。按照这种理解,说明规范地位和规范态度,不需要再诉诸非规范的特定的倾向,如行为倾向、评价倾向、个体倾向或共同体倾向等,而只需要使用规范性用语,与其他规范形成一定关联,构成一个规范的整体。③

三、从评价到规范的社会建构

如果借助规范态度来说明隐含的规范,那么"阐明规范的一种方法是将

---

① Brandom R. *Making It Explicit: Reasoning, Representing, and Discursive Commitment.* Harvard University Press, 1994, p.43.
② Brandom R. *Making It Explicit: Reasoning, Representing, and Discursive Commitment.* Harvard University Press, 1994, p.44.
③ Brandom R. *Making It Explicit: Reasoning, Representing, and Discursive Commitment.* Harvard University Press, 1994, pp.44-45.

它们理解为由那些在其实践中承认它们的人的实践态度建立的"。① 但这种基于实践态度对隐含的规范的说明存在的问题是：如何才能满足概念规范的客观性要求？因为正如布兰顿所言："评价本身是可能正确地或错误地做的事情。"这就是说，规范态度本身也有正确与错误之别。所以，如果不在正确的评价和错误的评价之间做出区分，那么被评价的行为受到据以评价它们的规范的支配，就是无意义的。②

维特根斯坦主张，谈论实践中隐含的规范要求为规范地位和规范态度的区分留有空间，他反对那种可以根据实际做出的评价倾向建立规则的可能性。如他所说："人们在这里会说：在我看来是正确的无论什么东西都是正确的。而这只意味着我们在这里不能谈论'正确'。"③这也说明规范地位和规范态度之间存在着本质的区别，布兰顿十分认同这一点。④

维特根斯坦认为，要在规范态度和规范地位之间做出区分，必须将隐含有规范的实践看成社会实践。为了更好地反观和理解维特根斯坦的这一观点，布兰顿引介了 C. 赖特（C. Wright）的有关说明。赖特认为，个体对概念的运用不仅有正误之分，同时个体对概念应用正确性的评价也有正误之别，因此建立概念规范所依赖的实践的规范态度，并非个体的实践的规范态度，而是整个共同体的规范态度，即整个共同体所做出的公共评价。根据这种理解，尽管个体的行为和个体的规范态度可能是正确的或错误的，但共同体的评价是隐含于共同体的实践中的，它们不可能出错。⑤

然而，布兰顿指出，尽管赖特确保了在规范地位和个体的规范态度之间做出了明确的区分，但他却抹杀了规范地位和整个共同体的规范态度之间的差别。虽然现实社会中存在着由社会的规范态度建构起来的规范，如一个恰当的问候手势，但这种理解排除了集体共同出错的可能性，因此理应不能将概念规范理解为这种类型。不这样做的一个充分理由是：概念理解的一个根本特征在于它们包含了客观的承诺，概念使用的正确与否并不依赖于任何人在任何时候所做出的评价，规范地位与规范态度具有本质的区别，

---

① Brandom R. *Making It Explicit: Reasoning, Representing, and Discursive Commitment*. Harvard University Press, 1994, p.63.
② Brandom R. *Making It Explicit: Reasoning, Representing, and Discursive Commitment*. Harvard University Press, 1994, pp.52-53.
③ 〔奥〕维特根斯坦：《哲学研究》，李步楼译，商务印书馆2000年版，第138页。
④ Brandom R. *Making It Explicit: Reasoning, Representing, and Discursive Commitment*. Harvard University Press, 1994, pp.52-53.
⑤ Brandom R. *Making It Explicit: Reasoning, Representing, and Discursive Commitment*. Harvard University Press, 1994, p.53.

规范地位不能等同于规范态度,无论这种规范态度是个体的还是共同体的,规范地位具有客观性,概念规范也具有客观性。而赖特由于将规范地位与整个共同体的规范态度相等同,从某种意义上说,他丢弃了概念规范的客观性这一维度。①

为了从隐含有规范的社会实践中分析出概念规范的客观性,布兰顿指出,当恰当理解概念规范的客观性的时候,规范所隐含于其中的实践必定是社会实践,且离不开对概念内容的客观表征维度的说明,而对概念的表征维度进行说明又依赖于求理由之推论实践的社会阐明。在此情况下,强调自身承认一个承诺与归属一个承诺给他人之间社会视角的区分,可以使得理解概念规范的客观性成为可能,而这既需要把规范地位和规范态度(包括整个共同体的规范态度)区分开,也需要把规范地位理解为是由实践的规范态度以及共同体成员的评价所建构的。②

四、规范现象主义策略及其受到的诘难

由前述可知,关于规范,布兰顿主要提供了一个三层次的解释。首先,以规则的形式存在的清晰的规范预设了一种隐含在实践中的更基本的规范形式;其次,规范地位取决于规范态度;最后,解释规范态度需要诉诸积极的和消极的社会奖惩。一言以蔽之,布兰顿追求的是一种规范现象主义(normative phenomenalism)的策略,即根据规范态度解释规范地位。③

但 K. 格吕尔(K. Glüer)等人认为,布兰顿的这种规范现象主义的观点会导致规范的恶性后退。格吕尔等人的主要论证是:根据布兰顿的实用主义的现象主义,解释规范地位需要诉诸规范性的评价,从此观点看,评价先于规范地位;由于评价本身本质上是规范的,即评价需要具有规范地位才能成其为评价,因此对于任何特定的评价,都需要其他的规范来建立其本身的规范地位,在此情况下,由于建立任何规范都需要在先地建立无数的规范,所以布兰顿并不能摆脱规范恶性后退的困境。④

关于规范后退问题,布兰顿已预计到人们可能会有这样的担忧,如他所述:"好像关于社会实践建构规范地位的这个解释,正在一个无用的圆圈里

---

① Brandom R. *Making It Explicit: Reasoning, Representing, and Discursive Commitment*. Harvard University Press, 1994, pp.53 – 54.
② Brandom R. *Making It Explicit: Reasoning, Representing, and Discursive Commitment*. Harvard University Press, 1994, pp.54 – 55.
③ Brandom R. *Making It Explicit: Reasoning, Representing, and Discursive Commitment*. Harvard University Press, 1994, pp.627 – 628.
④ Glüer K and Wikforss Å. "Against Content Normativity", *Mind*, 2009, 118(469), p.63.

四处行进(往好了说,没有启发性;往坏了说,是恶性循环和不一致)。"① 但在他看来,"我们总是处于予求理由的游戏中。我们居住在一个规范的空间中,正是在这些隐含着规范的实践中,我们构架(frame)我们的问题、相互解释、评估概念应用的恰当性"。② 予求理由的实践是一种社会实践,它本质上包含着实践主体自身承担承诺和归属承诺给他人之间社会视角的不同,因而隐含着规范。这种隐含在实践中的规范是由共同体成员对彼此的规范地位进行相互认定的社会实践建构的,而不是由那种现有的清晰的社会规范或者共同体的规范态度建构的。③ 将规范的建构溯源到"我—你"结构的社会实践,这是布兰顿借以走出规则主义和规律主义的困境、规避规范之恶性后退问题的一条实用主义的现象主义路径。

另外,布兰顿也指出,确证的无穷后退是不可能的。以资格的确证为例,对资格后退问题的担忧是一种基础主义的担忧,可以通过诉诸基本的语用承诺,即承诺将资格看作隐含于社会实践中的规范地位,来对此做出回应。因为在予求理由的社会实践中,一个断言或一个承诺的资格并不总是需要证明的,在此情况下,即使证明承诺之资格的所有方法都是后退的,即取决于资格的继承,但一般来说,只有归属资格时,才会出现这种基础主义的问题;而如果许多断言在被证明有误之前被认为是无误的,那么除非有人有合理的理由证明这些断言是错误的,否则可以将它们视为被赋予了资格的承诺,如此,关于后退的全局性威胁就消失了。④ 同理,规范也不例外,即为了确定某个规范是正确的或者被确证的,我们也可以在我们确证的社会实践中进行理性的辩论。

诉诸塞拉斯式的解释性的融贯论,B. D. 李(B. D. Lee)对布兰顿这种有关规范的现象主义方法也提供了有力的辩护。⑤ 在 B. D. 李看来,在我们的一生中,我们有各种各样的认知目的,其中获得真理并避免谬误是我们的重要目的之一;但判断一个信念是真的或假的,我们不能脱离我们的概念框

---

① Brandom R. *Making It Explicit: Reasoning, Representing, and Discursive Commitment*. Harvard University Press, 1994, p.627.
② Brandom R. *Making It Explicit: Reasoning, Representing, and Discursive Commitment*. Harvard University Press, 1994, p.648.
③ Brandom R. *Making It Explicit: Reasoning, Representing, and Discursive Commitment*. Harvard University Press, 1994, pp.58-62.
④ Brandom R. *Making It Explicit: Reasoning, Representing, and Discursive Commitment*. Harvard University Press, 1994, p.177.
⑤ Lee B D. "A Kantian-Brandomian View of Concepts and the Problem of a Regress of Norms", *International Journal of Philosophical Studies*, 2019, 27(4), pp.537-540.

架,或者说,概念框架为我们辩护或批驳一个断言提供了规范、标准或规则——这也表明,解决任何确证问题都不可避免地要诉诸我们的概念框架。部分出于这个原因,塞拉斯认为,对于我们的认知目的来说,我们所能做的最好的事情就是从内部逐步改进我们的概念框架(conceptual framework)或者我们关于世界的图景(world picture),特别是,他主张一种解释性的融贯论,诚如他所言:"我们的目的是熟练地使用世界图景的三个基本组成部分:(a)被观察的对象和事件,(b)未被观察的对象和事件,(c)法则上的联系,以获得具有最大'解释一致性'的世界图景。"①

根据塞拉斯的这种观点,实现我们认知目的的最好方法是改进我们的概念框架,以便最大化其解释的融贯性,特别是使无法解释的事件最小化、成功的预测最大化。因此,根据这种解释性的融贯论,如果我们可以通过修正一个信念来推进我们概念框架的解释一致性,那么为了我们的认知目的,我们应该修正它。在这一点上,评价规范的标准与评价关于世界的信念的标准并没有根本上的区别。由于解决任何确证问题都需要依赖概念框架,加之确证一个给定的规范是否正确是一个理性的问题,因此确证一个规范,我们只能依靠我们的概念框架。②

塞拉斯式的解释性的融贯论的优势在于,它是一种动态的社会确证模式,表现在:一方面,在我们确证或被要求确证的社会实践中,我们的概念框架是逐步得以改进的;另一方面,我们对确证的评估是相对于我们当前获得的证据或理由而言的,在未来,也可能有一些不利的证据或理由出现,因此一个目前被认为是合理的信念,也可能在未来由于不利证据或理由的出现而失去其积极的确证地位,在现实中,这样的情况不乏其例。例如,以前人们认可"所有天鹅都是白色的",但由于后来人们发现了黑天鹅的存在,这个信念也就不再合理了;再如,目前公认太阳系有八大行星,但我们不能完全排除未来的科学家可能会借助一些相反的证据或理由来反驳这一断言的合理性。这说明,对于我们拥有的任何一个信念来说,诉诸我们持续不断的、动态的确证实践,如果没有相反的证据或理由证明它是假的,那么当前来说它是合理的,它也因此可以在我们的社会实践中拥有其积极的确证地

---

① Lee B D. "The Truth-Conduciveness Problem of Coherentism and a Sellarsian Explanatory Coherence Theory", *International Journal of Philosophical Studies*, 2017, 25(1), pp.64 – 66; Sellars W. "Some Reflections on Language Games", *Philosophy of Science*, 1954, 21(3), p.226.

② Lee B D. "A Kantian-Brandomian View of Concepts and the Problem of a Regress of Norms", *International Journal of Philosophical Studies*, 2019, 27(4), p.538.

位；如果有相反的证据或理由证明它是假的，那么它是不合理的，它也因此会在我们的社会实践中失去其积极的确证地位。①

就规范而言，根据塞拉斯式的主体间的、动态的确证的社会实践论，我们可以粗略地把一个规范看作已被确证的规范。首先，我们能够理性地讨论它，看它是不是被确证的规范；其次，对它的所有反驳都能够在我们确证的社会实践中被驳斥；最后，确证这个规范，我们除了诉诸其他不被怀疑的规范以外，没有其他方法可用，因此如果有人基于其他不被怀疑的规范提出了一个合理的质疑，那么此人就成功地挑战了这个规范。例如，设想一个规范"N"，截至目前，假设它一直成功地被用作我们社会实践中一个足够好的规范，并且没有可靠的证据或理由认为"N"是一个有问题的规范，在这种情况下，"N"在我们确证的社会实践中可以保持其积极的确证地位，并因此我们可以将举证责任转移给质疑该规范的挑战者，如此，我们也就避免了前述规范的后退问题。②

但要注意的是，在对实践中规范的隐含承认方面，布兰顿的观点和B. D. 李的观点并不一致。具体而言，为了避免后退问题，布兰顿认可的是一种实用主义的规范观，即以清晰的规则的形式存在的规范预设了一种隐含在实践中的更基本的规范形式；此外，他认为，在我们确证的社会实践中至少有一些规范具有默认的、积极的确证地位。与之不同，在 B. D. 李看来，即使一个规范 N 确实具有默认的确证地位，但解释 N 为什么有这样的默认的确证地位，或者为什么它可能是正确的，这不仅是一个合理的要求，而且回应此要求，我们除了根据我们概念框架中的其他规范来评估 N 的正确性，没有其他方法，换言之，要确证 N 的正确性，我们仍然需要以融贯论的方式进行。③

总体来说，笔者比较认同布兰顿解决规范后退问题的方案；同时，由于布兰顿的规范推理主义是比较系统全面跟进塞拉斯的语言游戏理论的，加之两者都采用社会实践的方法谈论分析哲学的传统话题，笔者认为，诉诸塞拉斯的解释性的融贯论，也可以给予布兰顿有关规范问题的解决一定程度的辩护。

---

① Lee B D. "The Truth-Conduciveness Problem of Coherentism and a Sellarsian Explanatory Coherence Theory", *International Journal of Philosophical Studies*, 2017, 25(1), p.66.
② Lee B D. "A Kantian-Brandomian View of Concepts and the Problem of a Regress of Norms", *International Journal of Philosophical Studies*, 2019, 27(4), p.539.
③ Lee B D. "A Kantian-Brandomian View of Concepts and the Problem of a Regress of Norms", *International Journal of Philosophical Studies*, 2019, 27(4), p.540.

第三节 规范语用学对推理语义学的奠基作用

布兰顿规范推理主义的中心论题是对语言的本性或概念的本性进行探究,涉及两个方面:一是概念的使用;二是概念的内容。与之相应,其研究主要涉及两个领域:语用学和语义学。但这两者何者说明在先,其本身就蕴含着一个重要的、策略性的方法论问题。布兰顿认同后期维特根斯坦在其《哲学研究》中提出的"意义在于使用"的主张,认为语言表达式的意义来自它们的使用:"表达式通过它们在实践中的使用而意味它们所意味的。"① 对他而言,语用学是根本的,语义学是从属的,是基于语用学的语义学,这正如他指出的:"命题性知识是建立在技能性知识基础上的",②"语义学必须回应语用学"。③ 相对于他的理论来说,便是推理语义学必须奠基于规范语用学之上。

语义学必须回应语用学包含两个层面的含义:一方面,语义学的目的在于为语言表达式、意向状态或行为的语用意涵提供说明,即通过归属语义内容给语言表达式、意向状态、态度和行为,以确定它们在各种语境里出现的语用意涵。比如,如何能够恰当或正确地使用具有语义内容的语言表达式,在什么情况下人们获得的具有语义内容的意向状态和态度是恰如其分的,人们应该如何或有义务继续行动等,这些语用意涵都是由特定的命题内容决定的。④ 另一方面,与上述语义说明方向相反的是:通过语言表达式、意向状态或行为的语用意涵赋予它们语义内容。具体而言,语言表达式所具有的语义内容如何由它们的使用所赋予,意向状态、态度和行为所具有的意向内容如何由它们在实践中发挥的作用所赋予。这是一种概念内容来自概念使用的思想,也是一种实用主义的说明策略。⑤

如此一来,我们发现布兰顿同时坚持了两种相反的说明方向:从语义

---

① Brandom R. *Making It Explicit: Reasoning, Representing, and Discursive Commitment*. Harvard University Press, 1994, p.134.
② Brandom R. *Tales of the Mighty Dead: Historical Essays in the Metaphysics of Intentionality*. Harvard University Press, 2002, p.327.
③ Brandom R. *Making It Explicit: Reasoning, Representing, and Discursive Commitment*. Harvard University Press, 1994, p.83.
④ Brandom R. *Making It Explicit: Reasoning, Representing, and Discursive Commitment*. Harvard University Press, 1994, p.83.
⑤ Brandom R. *Making It Explicit: Reasoning, Representing, and Discursive Commitment*. Harvard University Press, 1994, pp.133-134.

学到语用学的说明方向以及从语用学到语义学的说明方向。表面上看,这似乎是一对矛盾,但布兰顿特别指出这两个方面并不相冲突。因为语义内容对语用意涵的说明是一种局部的(local)说明,而语用意涵对语义内容的说明是一种全局的(global)说明,所以相对来说后者才是一种决定性的说明进路。① 也就是说,他并不否认语义内容对语用意涵的说明作用,但他认为这种说明是从属的,如果从更广阔的语用环境考虑,他更认同的是一种实用主义的语义说明策略,即用语用学来说明语义学,或者说以语用学来奠基语义学。

根据布兰顿的实用主义的语义说明策略,从语义理论的视角看,推理的恰当性是我们对语义内容进行说明的出发点或初始者,从语用理论的视角看,推理的恰当性又是隐含于推论实践中并在推论实践中被解释的。换言之,推理的恰当性在语义理论中是未被说明的初始概念,它需要在语用理论中借助推论实践得到说明。如此一来,诉诸"推理的恰当性",规范推理主义不仅将语义学和语用学关联了起来,而且实现了语用学对语义学的奠基作用。②

总而言之,布兰顿认为,当表达式在实践中被使用时就开始意味着它们所意味的东西,而意向状态和态度具有概念内容是因为它们在其持有者的行为体系中发挥着作用;理解概念内容需要诉诸推理的恰当性,而理解推理的恰当性又需要诉诸在实践中建立的规范态度。如此,从人们做什么到人们意味什么,从人们的实践到人们的意向状态和语言表达式的内容,一条理论路线因而被获得。"以这种方式,一种适当的语用理论能够为一种推理主义的语义理论提供基础。"③

第四节 规范语用学建构的哲学意蕴

布兰顿的规范推理主义是当今语言哲学中较为典型的代表,它在积极汲取英美分析哲学和实用主义传统的基础上,力图在理论与实践相统一的

---

① Brandom R. *Making It Explicit: Reasoning, Representing, and Discursive Commitment*. Harvard University Press, 1994, p.133.
② Brandom R. *Making It Explicit: Reasoning, Representing, and Discursive Commitment*. Harvard University Press, 1994, pp.133–134.
③ Brandom R. *Making It Explicit: Reasoning, Representing, and Discursive Commitment*. Harvard University Press, 1994, p.134.

基础上,以推理为切入点彰显对意义问题的不同理解,从而为概念之本性的探究寻求一条新的理路。他的规范语用学在其整个规范推理主义中具有重要的和基础性的作用：规范语用学不仅为推理语义学提供了奠基作用,而且正是规范语用学的建构,才使得规范推理主义以一种精确的方式,将原本似乎完全对立的不同哲学传统、立场综合在一起,从而建立起较具体系性、创造性的关于概念内容和使用的理论。规范语用学除了在布兰顿规范推理主义中的建基作用之外,它对当代哲学的发展也具有较为深远的意义。①具体而言：

第一,从语言哲学的观点看,规范语用学除了作为推理语义学的一个理论支撑之外,它还给语言哲学中意义和使用问题的研究提供了一条新的思路。传统语义学的主要关切对象是语言表达式,语用学的主要关切对象是语言的使用者,这种情形导致语义学和语用学长期处于一种割据状态。而布兰顿通过规范语用学的建构,将融贯、实践、社会这三个在哲学中扮演重要角色且一定程度上又相互分离的概念有机地综合为一个整体,在人、语言和世界的关系上展示出一幅全新的图景。这无疑为语义学和语用学的整合提供了一条新的途径。

第二,规范语用学为我们重新认识人的理性能力提供了新的视角。常言道："人是理性的动物。"但是在对"理性"的理解问题上,布兰顿和传统的理性主义者不同。传统理性主义者认为,人的理性能力是一种逻辑推理的能力。而布兰顿指出,理性能力不仅不同于非概念生物的反应能力,它也有别于概念生物的逻辑能力。理性能力是一种使概念使用者和非概念使用者区分开来的广义的认知能力,是一种理由和理解的能力,这种理由和理解的能力不必预设先有逻辑的能力,它是一种推论实践的能力,是使用概念进行表达的能力,这种理性能力是每一个参与语言共同体交流和沟通的人必须具备的能力。而逻辑能力是比理性能力更高级的能力,它是一种使我们的推论实践清晰的能力。

第三,规范语用学中的规范手法凸显了人类社会实践的规范性。"规范"是规范语用学中的一个核心概念,在规范推理主义中占据着独特而重要的地位。规范推理主义主张,人类使用概念的实践具有规范性,语言表达式或意向状态之所以具有语义内容在于其具有语用意涵,而语义内容之所以具有语用意涵又在于社会实践中所隐含的规范,规范性无法还原为因果性;

---

① 武庆荣：《语言实践的规范之维——论布兰顿规范语用学的基本进路与理论建构》,《科学技术哲学研究》2015 年第 3 期。

而当恰当地理解概念规范的客观性时,又离不开对概念内容客观表征维度的说明,而对概念内容的表征维度进行说明又依赖于对予求理由之推论实践的社会的阐明。显然,这种依赖关系使得语言实践的规范性、社会性和客观性维度无一缺失,避免了因果论者将规范维度还原为因果维度这一缺憾。

综上,在布兰顿建构规范语用学的过程中:首先,他强调了人的智识本性以及人的概念性活动的规范性特征;其次,布兰顿认为以规则、原则或断言形式清晰的规范依赖于实践中隐含的规范;再次,他将规范或规范地位理解为是由那些在实践中承认它们的人的实践态度建构的;最后,由于规范态度或评价本身也有正误之别,因此理解概念规范的客观性必须诉诸予求理由的推论实践,从社会阐明的维度来理解。由此建构的规范语用学不仅为推理语义学奠定了基础,而且在整合语义学和语用学、说明人的理性能力、凸显人类社会实践的规范性方面给我们以启迪。它的理论视角、研究路径以及方法论手段无疑会对当代哲学的发展产生深广的影响。我们将在第四至七章对建基于这种规范语用学之上的规范推理主义的具体内容进行阐述。

第四章　规范推理主义的语言实践论

"语言转向"后,语义学成了语言哲学的核心,但布兰顿并不赞成将语用学排除在外,他认为应该将两者统一起来,他关联其推理语义学和规范语用学所诉诸的就是予求理由的社会实践,即语言实践(linguistic practice)。① 本章主要目的是,借助语言实践这种特殊的社会实践,说明断言等言语行为如何获得语用意涵以及如何被赋予概念内容等,并展现布兰顿结合其推理语义学和规范语用学对语言实践的规范推理主义说明。

第一节　语言实践概述

布兰顿指出,语言实践是人类这种智识动物的基本活动,是一种受规范支配的特定的社会实践。然而,并非人类的每个社会实践都是语言实践。将一个社会实践称为特定的语言实践在于,它包含着断言性的言语行为。这正如布兰顿所言:"语言实践是指那些具有言说之实践意涵的某些做事。"②

一、断言和推理

断言和推理是语言实践的基本构成成分。布兰顿指出,虽然智力正常的成年人和鹦鹉之类的动物都可以对出现的红色事物做出一定的区别反应,例如,发出"这是红色的"声音,但两者的不同在于,鹦鹉的回应并不是一种语言实践,它们所发出的"这是红色的"声音并不具有断言和推理的意蕴,它们并不知道"这是红色的"和其他表达式之间的推理阐明,它们不能从

---

① 布兰顿也称之为推论实践(discursive practice)。
② Brandom R. *Between Saying and Doing: Towards an Analytic Pragmatism*. Oxford University Press, 2008, p.41.

"这是红色的"衍推出"这是有颜色的",也不会认为"这是红色的"与"这是绿色的"两者不相容。① 而人所发出的"这是红色的"声音,不仅是对环境刺激所做出的一种区别性的反应,具有断言的意蕴,而且还处于规范和理由的空间中,能够和"这是有颜色的""这不是绿色的"等断言构成推理的联系。

做出一个断言是予求理由之游戏中基本的一步,断言自身既能作为理由被提供,也需要理由证实自身。② 断言是具有命题内容的言语行为,尽管言语行为有命令、许诺、询问、道歉等多种形式,但断言是基础,所有其他言语行为都依赖断言,例如,命令这种言语行为,如命令某人关上门,除非人们有能力断言"门是关着的",否则无人能够执行这样一个言语行为。③ 因此,识别一个行为是否为言语行为,可以根据其是否具有断言的行为功能。"许诺"这种言语行为也依赖断言,因为许诺不只是责任的承担,同时它们也是通过清晰地说出或描述出承诺做什么而承担如此责任的行为,例如,若我许诺给某人买支笔,事实上我就承诺了"我买笔"这个断言为真,理解"我给某人买支笔"这个许诺,离不开对"我买笔"这个断言的理解。同样,"询问"这种言语行为也依赖断言,例如,询问"今天是星期五吗?"对这个询问的理解依赖于对"今天是星期五"或者"今天不是星期五"这两个断言的理解。一言以蔽之,断言是基本的言语行为,也是界定语言实践和社会实践之不同的标尺。④

尽管理解其他言语行为需要依赖断言,但断言本身并非游离于社会实践之外;相反,只有我们把断言纳入社会实践中,社会实践才有可能成为语言实践。而将一个行为看作断言的行为,断言者需要对断言在语言实践中的作用有所掌握。在语言实践中,断言具有双重的作用,它既可以作为理由为其他断言提供根据或理由,它自身也需要理由证实自身。由于断言可以在推理中发挥前提和结论的作用,因此断言也是推理的基本构成成分。

由于鹦鹉对其发声行为缺乏理由性的理解和把握,因此我们不能把鹦鹉的发声行为看作断言行为。这正如布兰顿所阐明的:我们可以设想,一只鹦鹉能够基于感知发出"此样品是红色的"的声音,然而我们并不认为它对此做出了断定,也不认为它在语言实践中走出了一步,之所以如此,在于它没有觉察到"此样品是红色的"的推理蕴含,也没觉察到它做如此发声,它

---

① Brandom R. *Making It Explicit: Reasoning, Representing, and Discursive Commitment*. Harvard University Press, 1994, p.89.
② Brandom R. *Making It Explicit: Reasoning, Representing, and Discursive Commitment*. Harvard University Press, 1994, p.141.
③ Wanderer J. *Robert Brandom*. Acumen Publishing Ltd., 2008, p.20.
④ Brandom R. *Making It Explicit: Reasoning, Representing, and Discursive Commitment*. Harvard University Press, 1994, pp.172–173.

向自身承诺什么；与之不同，当人类做出"此样品是红色的"的时候，我们也就对一些推理结果做出了自己的承诺，如"此样品是有颜色的""此样品不是绿色的"等。①

由此可见，断言与推理密不可分。例如，"熊猫是动物"这个断言，它不仅有其推理的后果如"熊猫是生物"，而且它本身也是其他断言如"熊猫不是植物""熊猫是哺乳动物"等广义推理的结果。因此，在与其他断言相联系的推理网络中，断言在推理网络中总是占据着一席之地。就此而言，理解一个断言也就是对其涉及的推理有实践的把握。

综上，社会实践之为语言实践需要满足两个相互关联的特征：第一，要将断言这种言语行为纳入社会实践中；第二，要关注断言的内容，即断言在推理关系网络中所发挥的作用。② 根据这种理解，布兰顿指出，"许多维特根斯坦的语言游戏（sprachspiele）并不是真正的语言游戏。它们只是发声实践，而不是语言实践"。③ 例如，根据维特根斯坦的描述，设想有一种语言，它由语词"石块""石柱""石板""石梁"构成，这种语言是建筑工 A 和他的助手 B 之间用于交流的语言；当 A 喊出这些语词时，B 就把他已经学会的如此这般称呼的石料递给 A，维特根斯坦把这种语言设想为一种完全的原始语言。④ 对此，布兰顿反驳："石块""石柱"等称呼只是一些适当的称谓，它们只是根据实践以一种方式得以恰当反应的信号（signals），⑤这种所谓的语言既不能称之为使用概念的语言，同时由于其具体的行为意义之间不存在推理上的联系，因此也不是真正的语言实践。⑥

二、道义地位与道义态度

在布兰顿的理论意义上，语言实践和推论实践具有相同的意蕴："我称为语言的或推论的实践是那些有可能做出断定或断言的实践。"⑦推论实践

---

① Brandom R. *Articulating Reasons: An Introduction to Inferentialism*. Harvard University Press, 2000, pp.191–192.
② Wanderer J. *Robert Brandom*. Acumen Publishing Ltd., 2008, p.22.
③ Brandom R. *Between Saying and Doing: Towards an Analytic Pragmatism*. Oxford University Press, 2008, p.42.
④ 〔奥〕维特根斯坦：《哲学研究》，李步楼译，商务印书馆 2000 年版，第 4 页。
⑤ Brandom R. *Between Saying and Doing: Towards an Analytic Pragmatism*. Oxford University Press, 2008, p.42.
⑥ 陈亚军访谈，周靖整理：《匹兹堡问学录：围绕〈使之清晰〉与布兰顿的对谈》，复旦大学出版社 2017 年版，第 107 页。
⑦ Brandom R. *Between Saying and Doing: Towards an Analytic Pragmatism*. Oxford University Press, 2008, p.42.

的核心是予求理由的游戏。推论实践隐含着规范，它本质上包含对推理步法正确或不正确、恰当或不恰当的评价。① 换言之，推论实践不仅涉及行为是否合适或者是否恰当，即道义地位，而且涉及实践主体对行为的评价，即道义态度。承诺和资格是两种基本的道义地位，归属和承诺是两种基本的道义态度，一个人可以归属和承担各种承诺和资格。②

首先，道义地位。最基本的道义地位有两种，即承诺和资格。所谓承诺，是指"被断言性的言语行为所承担，单凭这种言语行为任何东西都能够被当作理由而提出"的东西；所谓资格，是指"当理由被寻求或要求时，处在争议中的东西"。③ 就承诺而言，做出承诺即意味着具有一种规范地位或者道义地位，而在某种意义上做承诺要做的事情是恰当的，则在另一种意义上做有资格去做的事情也是恰当的。通过引入承诺和资格的概念，布兰顿认为，这样可以有效地改进达米特的双面语用学，这正如他指出的："这允许在语言实践中对功能作用进行更加细致的说明，而不是使用单一分类（single-sorted）的行为之环境和后果的恰当性概念。"④

由于承诺与义务（obligation）具有相似性，资格与许可（permission）具有相似性，因此承诺和资格分别对应于传统道义逻辑的义务和许可。但是，布兰顿避开了义务和许可这两个传统的概念，究其原因，一方面，义务和许可这两个传统的术语存在如下的瑕疵：在传统的规范图景中，义务和许可的唯一来源是上级的命令或法令，即上级通过命令或法令将义务加诸下属或将许可提供给下属，这样一来，人们有义务做什么或被许可做什么的问题就不知不觉地变为了谁有权强加这些规范地位的问题，这样就将义务和许可这两个概念和权威的等级制度联系在了一起，而这是布兰顿不愿接受的。另一方面，在道义逻辑中，人们通常把义务或许可两者之一当作是原初的，对另一个概念进行定义通常采用的是"否定"的形式，例如，若我们把义务看作是原初的，并用它定义许可，则可如下表述：如果某人没有义务不去做某事，那么某人被许可做某事。同理，如果把许可当作是原初的，并用它定义义务，则又可如下表述：如果某人没有被许可不做某事，那么某人有义务做

---

① Brandom R. *Making It Explicit: Reasoning, Representing, and Discursive Commitment.* Harvard University Press, 1994, p.159.
② Brandom R. *Making It Explicit: Reasoning, Representing, and Discursive Commitment.* Harvard University Press, 1994, pp.159 – 163.
③ Brandom R. *Articulating Reasons: An Introduction to Inferentialism.* Harvard University Press, 2000, p.195.
④ Brandom R. *Making It Explicit: Reasoning, Representing, and Discursive Commitment.* Harvard University Press, 1994, p.159.

某事；但布兰顿认为，这种根据一种道义地位定义另一种道义地位的定义方式是根本错误的，因为它引用了未经说明的"否定"的概念。①

为了规避权威的等级制以及避免使用未经说明的"否定"概念，布兰顿的策略是，"同时从承诺和资格开始，即同时从准许和义务开始，通过它们之间的关系，即它们之间的相容性来定义'否定'这一概念"。②"否定"即布兰顿所言的不相容性(incompatibility)：如果承诺一个断言排除了对另一个断言的资格，则这两个断言是相互不相容的。③

布兰顿指出，假设我们能够理解承诺和资格的潜在道义地位，那么它们所引发的承诺的实质不相容性概念会直接导致关于这些承诺内容的概念。例如，如果承诺 p 能够不相容地衍推出承诺 q，那么每个与 q 不相容的东西都与 p 不相容，举例来说，由"伍尔夫是一条狗"能够不相容地衍推出"伍尔夫是一个哺乳动物"，在于每个与"它是哺乳动物"不相容的东西也与"它是狗"不相容。由此可见，从处理道义地位的语用学到处理它们内容的语义学，实质不相容的概念为此提供了一条路径。④

总之，承诺和资格是两种基本的道义地位或规范地位，不仅如此，承诺和资格也是人类推论实践中两种基本的社会地位。例如，如果某人在合同上签了名，那么他就向自己承诺了该做什么样的事情；如果某人获得了某种职业资格证书，如律师执业资格证书，那么他就有资格做那些没有律师执业资格证书的人所不能做的事情。⑤

其次，道义态度。承诺和资格在推论实践中固然重要，但它们并非这个世界自然之物的一部分，它们是道义态度或规范态度的产物，是由个体互相归属道义地位、识别或承认道义地位而构成的社会地位。换言之，在人类开始拥有承担、归属等道义态度之前，承诺和资格并不存在。例如，就承诺而言，若纯粹把承诺考虑为自然之物而不是道义态度的产物，那么合同的签署

---

① Brandom R. *Making It Explicit: Reasoning, Representing, and Discursive Commitment*. Harvard University Press, 1994, p.160.
② 陈亚军访谈，周靖整理：《匹兹堡问学录：围绕〈使之清晰〉与布兰顿的对谈》，复旦大学出版社 2017 年版，第 102 页。
③ Brandom R. *Making It Explicit: Reasoning, Representing, and Discursive Commitment*. Harvard University Press, 1994, p.160.
④ Brandom R. *Making It Explicit: Reasoning, Representing, and Discursive Commitment*. Harvard University Press, 1994, pp.160-161.
⑤ 陈亚军访谈，周靖整理：《匹兹堡问学录：围绕〈使之清晰〉与布兰顿的对谈》，复旦大学出版社 2017 年版，第 102 页。

就仅仅是手的运动和墨水在纸上的沉积了。①

最基本的道义态度有两种,即归属和承担。归属是将道义地位如承诺和资格给予他人的态度,承担是将道义地位如承诺和资格归派给自己的态度。借助一些人为简化的基本规范实践,可以说明道义态度是如何建立道义地位的。首先是资格。例如,当某人购买电影票时,售票员将电影票售卖给他,也就是赋予他资格以行使某行为,例如进电影院看电影;而检票员就是资格的归属者,他认可或承认这张电影票,他通过把此票看作一种授权而使它获得授权,并因此建立了看电影者的相应的资格。② 其次是承诺。例如一个人服兵役,根据这种规范实践,当一个人递交了入伍申请书并被正式接收为新兵后,此人就承诺了服兵役。服兵役这种行为事实上同签署合同一样,如果一个人在合同上签了名,那么他就有责任做合同约定的事项;同样的道理,一个人参了军就要承担其因地位变化而必然伴有的所有的承诺,如果他不履行这些承诺,他就会受到相应的惩罚。在此,承诺的意涵是根据那些归属它们的人的实践态度来理解的,即通过他人有关此人承诺的实践态度,能够理解此人的道义地位,即他承诺了什么。③

在布兰顿看来,道义地位和道义态度在实践中是相互联系的,这种联系在许诺(promising)这种承担承诺的实践中可以得到更清晰的表现。许诺是承担承诺的一种方式。许诺的特征是:第一,许诺者通过清晰地言说明确指出自己承诺做什么;第二,许诺通常是对某人做出的,受诺者是有资格追究许诺者责任的人。④ 许诺是一枚硬币的两个面,它既包含了承诺的维度,也包含着相应的资格的维度。从许诺者的视角看,他做出一个许诺,他就要承担因许诺行为而产生的责任,即履行他许下的承诺;从受诺者的视角看,他依赖许诺者做出的许诺行为而享有一种资格,即当许诺者未履行其许下的承诺时,他有资格追究许诺者不履行承诺的责任。对许诺者不履行承诺的惩罚有两种方式:一种是自然的方式或外在奖惩的方式,如用棍棒打他;另一种是规范的方式或内在奖惩的方式,如不允许他进出某个场所。一言蔽之,从许诺这种简单的实践中我们可以看出,承诺和资格这两种道义地

---

① Brandom R. *Making It Explicit: Reasoning, Representing, and Discursive Commitment.* Harvard University Press, 1994, p.161.
② Brandom R. *Making It Explicit: Reasoning, Representing, and Discursive Commitment.* Harvard University Press, 1994, p.161.
③ Brandom R. *Making It Explicit: Reasoning, Representing, and Discursive Commitment.* Harvard University Press, 1994, pp.162-163.
④ Brandom R. *Making It Explicit: Reasoning, Representing, and Discursive Commitment.* Harvard University Press, 1994, pp.163-164.

位、承担和归属这两种道义态度总是密切联系在一起的,它们的相互联系构成了有规范的社会实践。

第二节 语言实践推理阐明的三个维度

根据规范推理主义,成为语言实践是成为规范性的社会实践的必要不充分条件,因为规范性的社会实践还必须是有着联结意涵(significance of association)的言语行为以及有着那些联结之间的推论关系的意义的步法(moves)。① 而语言实践能够赋予在其实践中发挥适当作用的语言表达式、意向状态、态度、行为以命题性的内容,语言实践的基本模式还必须根据广义推理阐明的三个维度之间的相互作用来理解。

一、广义推理阐明的第一个维度涉及三种推理关系

第一种推理关系是承诺的继承。即如果承诺一个断言是承诺另一个断言的后果,则称这种关系为承诺的继承,也称之为承诺的推理关系或保有承诺的(commitment-preserving)推理关系。人们常用的演绎推理、逻辑上有效的推理都是这种推理关系的最好表现,不仅如此,实质上好的推理,比如"广州在北京的南面,因此北京在广州的北面""这个书桌是白色的,因此它不是灰色的""现在听到雷声,因此在此之前看到过闪电"等推理也具有这样的推理关系。这种承诺的推理关系的特点是:任何人承诺了这种推理的前提,也就因此承诺了这种推理的后果。②

第二种关系是资格的继承。如果赋予资格给一个断言就是赋予资格给另一个断言的结果,则称这种关系为资格的继承,也称之为许可的推理关系或保有资格(entitlement-preserving)的推理关系。人们常用的与经验密切相关的归纳推理就是这种推理关系的恰当使用。在归纳推理中,如果不存在反例的话,推理的前提能够赋予人们资格以承诺此推理的结论,但并不强迫人们做出这样的承诺,因为承诺的资格可能会与推理的结论不相容,例如,"这是一根干燥的、做工考究的火柴",这个断言能够作为一个正当的理由赋予某人资格以做出如下断言:"若摩擦这根火柴,则它将会燃烧",但是这个

---

① 陈亚军访谈,周靖整理:《匹兹堡问学录:围绕〈使之清晰〉与布兰顿的对谈》,复旦大学出版社2017年版,第99页。
② Brandom R. *Making It Explicit: Reasoning, Representing, and Discursive Commitment.* Harvard University Press, 1994, p.168.

前提并没有承诺某人能够得出这样的结论,因为在温度较低的情况下,摩擦这根火柴,它并不一定能够燃烧。①

第三种关系是不相容关系。尽管承诺和资格这两种道义地位之间的相互作用是断言以及推理实践之模式的核心,但在规范推理主义的理论背景下,与命题内容相等同的广义推理作用不仅涉及这些内容之间的保有承诺和资格的推理关系,而且涉及不相容关系。两个断言具有实质不相容的内容,是指承诺了其中的一个断言就排除了对另一个断言的资格,换言之,如果某人对某个断言做出了承诺,那么他便无法对另一个断言做出承诺或者不享有另一个断言的资格。② 例如,如果某人承诺了"苏格拉底死了"这个断言,那么他就没有资格再做出"苏格拉底还活着"这个断言,因为"苏格拉底死了"和"苏格拉底还活着"这两个断言是不相容的。

总之,在布兰顿看来,语言实践存在着三种推理关系:承诺的继承关系、资格的继承关系以及不相容关系。在此,他采用的解释策略始于建立承诺和资格这两种道义地位的实践,而后展示这些实践如何通过它们所处的道义的推理关系和不相容关系将具体的命题内容赋予那些可断言之东西的。③

二、广义推理阐明的第二个维度涉及道义地位的伴随性继承(concomitant inheritance)和交流性继承(communicative inheritance)之间的区分

伴随性继承和交流性继承之间的不同是将断言用作推理前提的个人使用与人际使用之间的社会的不同。就断言的个人使用而言,如前文所述,承担一个承诺或者获得一个资格会对具有这些规范地位的人产生影响。具体而言,首先,根据保有承诺的推理关系,一个承诺必然带来作为后果的其他伴随性承诺;其次,在恰当的许可推理关系或保有资格的推理关系中,赋予一个承诺以资格能够使得其他承诺具有资格;最后,根据不相容关系,获得一个承诺可能会因此丧失此前有权享有的伴随承诺的资格。就断言的人际使用来说,道义地位的改变也有社会性的推论后果,即交流性的继承。例如,如果一个言语交流者在公共场合说出一个真语句,那么其他言语交流者

---

① Brandom R. *Making It Explicit: Reasoning, Representing, and Discursive Commitment*. Harvard University Press, 1994, pp.168-169.
② Brandom R. *Making It Explicit: Reasoning, Representing, and Discursive Commitment*. Harvard University Press, 1994, p.169.
③ Brandom R. *Making It Explicit: Reasoning, Representing, and Discursive Commitment*. Harvard University Press, 1994, p.169.

就可以以此语句为前提做进一步的断言。从说者的视角看,承认自己承担的一个断言性承诺,具有许可或赋予他人资格以归属此承诺的社会后果;从听者的角度看,听者采取这种道义态度,反过来又会对听者有资格承担的承诺有后果上的影响。简言之,说者说出一个真断言,也就是把它看作适合其他人将之视为真断言而说出来,在此意义上,断言得以交流成功,在于承诺的人际间的继承。①

三、广义推理阐明的第三个维度是,推论权威与相应的责任相联系,并且前者依赖后者

其原因在于,做出一个断言涉及一种认可(endorsement),这种认可包含两个方面:其一,断言性承诺的权威,因为在断言性的实践中,一个断言者做出一个真断言,他要许可或授权自己或他人能够做出进一步的断言,这些进一步的断言既包括他自己作为说者一方的伴随性承诺(即推理性的后果),也包括他的听众一方的断言(即交流性的后果);其二,断言性承诺的责任,因为在断言性的实践中,一个断言者做出一个断言,他不仅要授予自己和他人可以做进一步的断言的资格,而且要承担相应的责任,即当做出的断言受到质疑或挑战的时候,他需要承担一种辩护的责任以证明他具有资格,如果该断言得到辩护,并且通过确证它能够证实对它拥有资格,那么对它的认可就能够具有真正的权威、可被继承的资格。而由于资格的继承只有在断言者拥有资格的情境下才是合理的,即只有人们有资格做出断言,才能授权自己或他人做出进一步的断言,若授权做出的断言受到质疑,那么断言者的权威也因此可能受到质疑,所以,从这方面来看,为做出的断言提供辩护,也就是一定程度上为自己拥有的资格提供辩护,换言之,推论的权威依赖推论的责任。②

当然,以上关于语言实践推理阐明的三个维度并不是孤立的,而是具有一定的联系,要阐明第二个维度首先必须阐明第一个维度,即道义地位的三种推理关系;要阐明第三个维度即推论的权威与相应的责任的关系,必须先阐明第一个维度和第二个维度,即道义地位的伴随性继承和交流性继承的关系;由此,借助推理阐明三个维度之间的相互关联及作用,不仅语言实践的基本模式得以被推理地阐明,而且语言实践的道义计分模式也被隐含地呈现了出来。

---

① Brandom R. *Making It Explicit: Reasoning, Representing, and Discursive Commitment*. Harvard University Press, 1994, pp.169-170.
② Brandom R. *Making It Explicit: Reasoning, Representing, and Discursive Commitment*. Harvard University Press, 1994, pp.170-173.

第三节　语言实践的道义计分模式

布兰顿指出,语言实践或推论实践本质上是社会性的实践,其"首要而基本的事情是计分";[①]通过语言实践者,借助计分隐喻这种模式,可以说明言语行为的语用意涵及语义内容。[②]

一、刘易斯的语言游戏计分模式

布兰顿的语言实践计分模式是建立于 D. 刘易斯(D. Lewis)的语言游戏计分模式基础之上的。在《语言游戏中的计分》一文中,刘易斯借助棒球比赛的计分模式诠释了其语言游戏的计分思想,以借此说明规则对语言游戏的支配性。[③]

在刘易斯看来,在一场顺利进行的棒球比赛中,比赛的任一阶段都有一个得分,这个得分可用七元数组$\langle r_v, r_h, h, i, s, b, o \rangle$表示,这个七元数组的符号意义是：$r_v$为客队的得分,$r_h$为主队的得分,$h$代表的是某局比赛的上半局或是下半局($h$的取值是 1 或 2,1 代表上半局,2 代表下半局),i代表的是第几局比赛,s代表有几个好球,b代表有几个坏球,o代表有几人出局。

棒球比赛的构成性规则有两种：

第一,关于得分变化的说明。最初的得分是$\langle 0, 0, 1, 1, 0, 0, 0 \rangle$。此后,如果在时间$t$的得分是$s$,并且如果在时间$t$和时间$t'$之间参赛者的行为表现是$m$,那么参赛者在时间$t'$的得分就是$s'$,此得分$s'$是由$s$和$m$以某种方式决定的。

第二,关于恰当比赛的说明。"如果在时间t的得分是s,并且如果在时间t和时间t'之间参赛者的行为表现是m,那么参赛者的行为是错误的。(恰当性依赖得分：两个好球之后所进行的恰当比赛不同于三个好球之后所进行的恰当比赛。)根据这些规则所进行的非错误比赛就是恰当的比赛。"[④]

[①] 陈亚军访谈,周靖整理：《匹兹堡问学录：围绕〈使之清晰〉与布兰顿的对谈》,复旦大学出版社 2017 年版,第 119 页。

[②] Brandom R. *Making It Explicit: Reasoning, Representing, and Discursive Commitment*. Harvard University Press, 1994, pp.180 – 198.

[③] Lewis D. "Scorekeeping in a Language Game", *Journal of Philosophical Logic*, 1979, 8(1), pp.339 – 359.

[④] Lewis D. "Scorekeeping in a Language Game", *Journal of Philosophical Logic*, 1979, 8(1), pp.342 – 343.

刘易斯指出,尽管以上两种规则并不具有定义的形式,但它们被认为类似于定义。而从更充分的意义上说,"得分"和"恰当比赛"的定义需要借助"得分函数"的概念。所谓"得分函数",即自变量为比赛阶段、因变量为比赛阶段的得分这样的函数。在他看来,一旦我们定义了得分函数,我们也因此定义了比赛任一阶段的得分以及所有它的组成部分。例如,在比赛的某一阶段,若有两个参赛选手出局,当且仅当这个得分函数指派给此比赛阶段一个得分,这个得分是一个七元数组,这个七元数组的第七个构成成分,即"o"的数值是2。同样,一旦定义了得分函数,我们也因此能够定义"恰当比赛":在比赛阶段,当且仅当参赛选手在此比赛阶段的行为与此比赛阶段的得分具有某某联系,这样的比赛才是"恰当比赛"。①

与棒球比赛的计分模式类似,刘易斯认为,会话或其他语言交互过程等语言游戏受隐含的规范的支配,会话等语言游戏也可以用计分函数这种形式使之清晰。以会话为例,会话与棒球比赛的相似之处主要是:第一,与棒球比赛得分的构成成分一样,会话得分的构成成分也是抽象的实体,只不过棒球比赛得分的构成成分是数值,而会话得分的构成成分可以不是数值,而是被预设的命题的集合等。第二,会话的恰当性也依赖得分。当语句被说出时,不仅它们的真值或它们的可接受性依赖会话阶段的会话得分成分,而且在可接受性方面发挥作用的其他语句成分如次语句、专名、谓项等,其内涵和外延也依赖会话阶段的会话得分成分。第三,会话得分的变化或多或少也受规则的支配。会话得分的变化规则是:如果在时间 t 会话得分是 s,并且如果在时间 t 和时间 t' 之间会话过程是 c,那么在时间 t' 的得分就是 s',此得分 s' 由 s 和 c 以某种方式共同决定。第四,一定程度上,会话得分由会话的历史以及详述其变化的规则决定,这些规则被视为构成性规则,借助构成性规则可以定义会话得分函数,即其自变量为会话阶段、因变量为 n -元组的恰当实体这样的函数。②

总之,刘易斯认为,会话是一种受规则制约的语言游戏。在会话中,会话者预设的命题是否恰当、可允许的行动和不可允许的行动之间的界限是否明了、什么言语行为是恰当的等,都可以通过相应的得分来说明。

二、道义计分与言语行为的语用意涵

布兰顿语言实践推论模式一个备受瞩目的地方是它的计分隐喻的思

---

① Lewis D. "Scorekeeping in a Language Game", *Journal of Philosophical Logic*, 1979, 8(1), p.343.

② Lewis D. "Scorekeeping in a Language Game", *Journal of Philosophical Logic*, 1979, 8(1), pp.345-346.

想。如上文所述,他关于语言实践的计分思想源于刘易斯对语言游戏的计分;他指出,"在此所描述的语言实践可以根据得分函数来阐明,这种得分函数决定了会话的每一阶段的道义得分是如何制约什么行为是恰当的以及各种行为的后果是什么"。[1]

根据规范推理主义,"予求理由之游戏的一部分就是通过归属承诺和资格追踪其他游戏者的承诺和资格"。[2] 承诺和资格都是道义得分,道义计分就是对道义地位的计分。为了将这种"计分"隐喻的思想运用于语言实践,受刘易斯有关思想的启发,布兰顿也考察了语言实践的道义计分和棒球比赛的计分的相似之处。首先,在形式描述方面,在棒球比赛中,比赛得分的构成成分(例如,作为好球、坏球或出局的行为状态)是通过它们在计分过程中发挥的作用来界定的;在语言实践中,道义得分的构成成分(例如,关于承诺和资格的道义地位)是由它们能够用来跟踪推理步法的方式来定义的;以这种方式,"语言实践中的承诺概念起着类似于棒球中的好球的作用:每一个都是人为的计分手段"。其次,在实质刻画方面,在棒球比赛中,比赛得分的每一个构成成分都有实质的一面;从实质的一面来说,可以将一个特定的行为表现描述为好球、坏球或出局;这种实质方面在刘易斯关于得分变化的公式中是通过"行为表现 m"来表征的,"行为表现 m"描述了从比赛的一个阶段到下一个阶段使得分发生变化的行为;在语言实践中,语言实践者的话语可以算作其承担的承诺,或者算作其遵从了另一个断言者的权威,或者算作其援用了非推理的反应性的权威;在此,由于进行实质描述需要引用更多的概念,因此这些被引用的概念就为计分的概念提供了实质的内容。[3]

此外,关于承诺和资格的语言计分与关于得分权威的两个方面也有类似之处:一方面,计分者的道义态度决定得分;另一方面,计分是一件可能做对或做错的事情,计分者态度的形成本身也受规范的制约。当然,尽管计分者的道义态度的形成受制于规范,但通常它并非受清晰的规则所支配,这一点已为维特根斯坦和塞拉斯关于规则的无穷后退论证所阐明。[4]

道义计分实践与棒球比赛的一个基本不同是:前者具有一种计分的视

---

[1] Brandom R. *Making It Explicit: Reasoning, Representing, and Discursive Commitment*. Harvard University Press, 1994, p.182.

[2] Brandom R. *Making It Explicit: Reasoning, Representing, and Discursive Commitment*. Harvard University Press, 1994, p.185.

[3] Brandom R. *Making It Explicit: Reasoning, Representing, and Discursive Commitment*. Harvard University Press, 1994, pp.183–184.

[4] Brandom R. *Making It Explicit: Reasoning, Representing, and Discursive Commitment*. Harvard University Press, 1994, p.184.

角性,这也是理解道义得分客观性的所在。在棒球比赛中,在比赛的每一阶段,只有一个官方的分值被认为是整个比赛的分值或者参赛团队的分值。但在道义计分实践中,在会话的每一阶段,每个会话者都会被指派一个不同的分值。因为在会话的每一阶段,会话者通过互相归属承诺和资格,不断追踪彼此的承诺和资格,在此情况下,每个会话者不仅会给其他会话者归属承诺和资格,每个会话者也会被指派不同的承诺和资格,每个会话者的道义得分就是与其有关的承诺和资格,而由于每个会话者被指派的承诺和资格不同,因此他们的得分也不同。当然,在语言实践中,由于几乎每个个体差不多都承诺诸如"2+2=4""红色是一种颜色"等断言,并拥有对这些断言的资格,因此也不排除会话者的道义得分有很大范围的相同部分,但是,通常每个个体并不具有完全相同的信念或知识,因此在很大程度上每个会话者的道义得分又是不同的。此外,就像每个会话者在会话的每一阶段都被归属不同的道义地位一样,每个会话者在会话的每一阶段也都有不同的道义态度,当会话者承担、承认或归属一个承诺或资格时,它都会改变道义分值。一言以蔽之,语言计分实践是视角性的,在会话的每一阶段,不仅每个会话者有不同的道义得分,而且每个会话者都进行道义计分。①

例如,考虑一个简单的语言实践或者一个会话。② 在此会话中,有 A、B、C 三人,由于会话中的每个参与者可能有不同的信念,所以他们各自必须对每个参与者进行单独打分。假设 A 说出一个语句 p,并且 B 认为 A 的话语具有断言的效力,且 B 理解 p,即 B 知道 p 的内容。在此情况下,首先,B 必须给 A 归属一个信念承诺。其次,由于 A 的这个承诺和 A 承担的其他承诺相结合可以推出 A 的其他承诺,所以 B 也要将所有这些推出的承诺归属给 A。再次,B 必须对 A 的承诺执行不相容检查,如果 B 在检查过程中发现 A 的承诺中存在不相容的情况,那么他必须取消不相容承诺的资格。然后,B 必须给 A 的这些推出的承诺归属资格,在此过程中,B 要继续执行不相容检查,以确保他不会将资格归属给两个不相容的承诺;如果 B 查明 A 有资格享有通过推理推出的承诺,那么 B 要归属资格给这些承诺。最后,B 必须评价 A 对 p 的资格,如果 B 认为 A 对 p 享有资格,那么他就要给 A 归属资

---

① Brandom R. *Making It Explicit: Reasoning, Representing, and Discursive Commitment*. Harvard University Press, 1994, p.185.
② 我们可以把会话任一时刻的得分看作是一个集合,这个集合的元素是与会话参与者有关的承诺和资格。参见:Scharp K A. "Scorekeeping in a Defective Language Game", In *The Pragmatics of Making It Explicit*. Stekeler-Weithofer P (ed.). John Benjamins Publishing Company, 2008, pp.192–193。

格。而后，B 可以将他自己和会话中的另一个参与者 C 视为能够自由地承认同样的承诺……①由此可见，在会话中，不仅会话者需要互相进行道义计分，而且每个会话者也具有不同的道义地位和道义态度，而这些都体现了语言计分实践的视角性。

根据这种语言实践的道义计分模式，一个言语行为的语用意涵在于它和道义得分的相互作用方式，即当前的得分如何影响执行这个言语行为的恰当性，执行这个言语行为反过来又是如何影响得分的。在语言实践中，"谈论"和"思考"都是在计分，道义得分就是各个会话参与者的一组组承诺和资格；在会话的每一阶段，会话者被允许做什么或者有责任做什么都依赖道义得分。理解和掌握言语行为的语用意涵，需要能够借助道义得分来分辨言语行为的恰当应用环境和恰当应用后果。②

例如，当我看到外面下雨了，顺口说了句"天在下雨"，于我而言，这便是一个承诺，而"街道湿了"这个断言，不管我是否认同它，在后果上它仍是我的承诺，我对它具有资格；并且，在天正在下雨的情境下，我还会对一些没有承诺过的东西如"阳台晾晒的衣服要收屋里去"具有资格。当然，一个人的言语行为不仅可以改变他自己的承诺和资格，也有可能改变其他人的承诺和资格。例如，当某人听到我说"天在下雨"的时候，他不仅可以把"天在下雨"归属给我并通过这个断言承担这个承诺，还可以通过认同我的承诺而在我这儿继承资格；而没有听到我说"天在下雨"的人，此时他们既不会改变我所具有的承诺和资格，也不会改变他们自己所具有的承诺和资格。③ 在此，归属承诺和资格都是在计分，会话参与者所做的每一个言语行为都会改变他们所具有的承诺和资格，因而也会改变他们的得分，理解一个言语行为的语用意涵需要考虑它对不同会话参与者道义态度的改变，或者它对会话参与者道义地位即承诺和资格的影响。

然而，布兰顿也指出，一个断言的语用意涵远远超出了其他计分者在道义态度上的改变，因为断言还具有一种被推理地阐明的内容。例如，在某会话中，有 A、B、C 三人，若 B 承担了一个承诺 p（例如，天在下雨），则他也要承担由此承诺推理出的后果 q（例如，地面湿了）；相应地，若 A 将承诺 p 归

---

① Scharp K A. "Scorekeeping in a Defective Language Game", In *The Pragmatics of Making It Explicit*. Stekeler-Weithofer P (ed.). John Benjamins Publishing Company, 2008, pp.192 – 194.
② Brandom R. *Making It Explicit: Reasoning, Representing, and Discursive Commitment*. Harvard University Press, 1994, pp.182 – 183.
③ 陈亚军访谈，周靖整理：《匹兹堡问学录：围绕〈使之清晰〉与布兰顿的对谈》，复旦大学出版社 2017 年版，第 116~119 页。

属给 B,则他也应该将其推理的后果 q 归属给 B;而若 B 承诺了 p,则他也就排除了承担与 p 不相容的承诺 r 的资格,在此情况下,A 也应该拒绝给承诺 r 归属资格。除了 B 的承诺具有这些内容间的、个人的(intercontent, intrapersonal)计分后果之外,B 的承诺也有与 A 的态度有关的内容内部的人际的(intracontent interpersonal)后果,因为如果 A 认为 B 对承诺 p 具有资格,那么 A 认为 C 对承诺 p 也具有资格。由此可见,借助对语言实践中的各个会话者道义地位的计分,言语行为对各个会话者实践态度的影响,既依赖于他们先前的得分,也离不开该言语行为所表达的内容。[1]

三、概念内容的推理阐明

根据语言实践的道义计分模式,理解言语行为的语用意涵需要诉诸会话者道义态度的改变。除此之外,借助语言实践的道义计分模式,也可以诠释言语行为的概念内容及其表征维度。

由于规范推理主义主张概念内容来自推理,概念内容是推理作用,因此在规范推理主义的背景下,详述与语句相关的具有推理性的命题内容,首先必须指明它在三种不同的广义推理的结构(broadly inferential structure),即承诺的推理(committive inferences)、许可的推理(permissive inferences)以及不相容性(incompatibilities)中所起到的作用。[2] 承诺的推理、许可的推理和不相容性分别代表三种不同的推理形式,例如,若 p 表示一个命题性的内容,那么这三种不同的推理形式可表示为:p 是从什么前提推出的,从 p 能推出什么结论,对 p 做出承诺也就排除了对什么做出承诺,或者说 p 是与什么相排斥的。这三种推理形式都涉及了道义地位的改变。[3] 这样,记录承诺和资格的社会计分实践就把与 p 相关的表达式在这些推理中的推理作用赋予了该表达式,这诚如布兰顿所言:"社会的道义计分提供了一种解释,解释了表达式必须如何被使用,才具有与它们相关联——不是由理论家的规定而是由诠释其语言行为的实践者的实践态度所关联——的这种内容。"[4]这也表明,对

---

[1] Brandom R. *Making It Explicit: Reasoning, Representing, and Discursive Commitment*. Harvard University Press, 1994, p.186.
[2] 布兰顿之所以称"承诺的推理""许可的推理"以及"不相容性"为广义的推理,是因为这三种推理形式都涉及了对话者的道义地位的改变。参见:Brandom R. *Making It Explicit: Reasoning, Representing, and Discursive Commitment*. Harvard University Press, 1994, p.188。
[3] Brandom R. *Making It Explicit: Reasoning, Representing, and Discursive Commitment*. Harvard University Press, 1994, p.188.
[4] Brandom R. *Making It Explicit: Reasoning, Representing, and Discursive Commitment*. Harvard University Press, 1994, p.190.

断言的概念内容进行说明,离不开语言实践的道义计分模式。

同时,布兰顿指出,除了承诺的推理、许可的推理以及不相容性这三种广义的推理,也可将观察报告所展示的那种权威视为广义推理,因而可将观察报告放在"广义推理"这个标题下来理解。因为就归属此种权威的归属者而言,这种权威涉及权威归属者的可靠性推理,归属这种权威也就是隐含地认可了报告者的可靠性,而"把某人看作一位可靠的报告者,就是认为此报告者的承诺足以使他享有该承诺的资格"。①

这样,加上观察报告这种默认的资格,说明言语行为概念内容的道义计分,其广义的推理就有四种,即承诺的推理、许可的推理、不相容性和可靠性推理。这四种广义推理的恰当性一旦与承诺和资格这两种道义地位联系在一起,就具有了双重的意义:第一,它使我们理解社会的计分实践如何能够将推理作用赋予表达式成为可能;第二,这四种广义推理的恰当性与它们所涉及的两种道义地位之间的联系意味着,一旦根据这些推理的恰当性将被推理阐明的概念内容与表达式相关联,那么就有可能"根据一种统一的模式(uniform pattern)"得出以断言的方式说出它们所具有的意涵。②

由此可见,诉诸道义计分实践,不仅可以说明言语行为的概念内容,而且可以解释言语行为的语用意涵,而联结言语行为之语义内容和语用意涵的关键在于"推理"这个概念。体现在:一方面,根据推理可以理解概念的语义内容,即可将概念的语义内容理解为其在推理中起到的推理作用;另一方面,由于语言实践也是一种推论实践,根据推理的恰当性也可以理解断言的语用意涵。③ 相反,推理维度的缺失,隐含在社会实践中的规范既不能被理解为赋予了命题性的内容,也不能被理解为建立了断言性的意涵,并因此不能被理解为是它在真正地支配着语言实践。④ 所以,推理不仅是规范推理主义的核心概念,也是语言实践的关键要素。道义计分既是对语言实践者的承诺和资格进行计分,也是对其做出的推理是否满足承诺的推理、许可的推理、不相容性和可靠性推理这几种推理形式进行的跟踪,其目的是确保

---

① Brandom R. *Making It Explicit: Reasoning, Representing, and Discursive Commitment*. Harvard University Press, 1994, pp.188–189.
② Brandom R. *Making It Explicit: Reasoning, Representing, and Discursive Commitment*. Harvard University Press, 1994, p.190.
③ Brandom R. *Making It Explicit: Reasoning, Representing, and Discursive Commitment*. Harvard University Press, 1994, p.190.
④ Brandom R. *Making It Explicit: Reasoning, Representing, and Discursive Commitment*. Harvard University Press, 1994, p.200.

推理是可证明的或者可辩护的,①在此情况下,语言实践者做出的可被认可的或者可被接受的推理,一定程度上必定是那些实质恰当性的推理或者形式有效的推理。

此外,布兰顿指出,概念内容也具有表征性的内容,对表征内容及其客观性进行说明,也离不开语言实践的道义计分。因为规范推理主义拒斥表征主义,在它放弃了表征主义的指称理论之后,概念内容的表征维度及其客观性也只有借助在语言实践内部展开的道义计分才能被理解或说明。也就是说,理解概念内容的表征维度及其客观性也离不开语言实践的道义计分这个规范语用学的语境。②

四、概念内容的社会视角性

根据规范推理主义,概念的或语义的内容是在语言实践或推论实践中被清晰化的。在道义计分的语言实践中,断言是一种承诺,在归属承诺时,由于语言实践者通常并不具有相同的附属承诺,以致同样的表达式在归属者和被归属者那里常常并不表达相同的断言,因此在详述概念内容时必须考虑归属者和被归属者推论视角的不同,而这也决定了概念内容本质上具有一种社会视角性。③

从规范推理主义的视角看,说明概念内容的社会视角性需要使用特定的语句,诉诸承诺的归属。④ 传统上,承诺或信念的归属有两种方式:一种是从言的方式,另一种是从物的方式。在布兰顿看来,无论哪一种方式,当一位语言实践者(在此也是归属者或计分者,用"A"表示)给一位信念持有者(即说者或断言者,用"S"表示)归属一个承诺时,他需要做两件事情:一是给 S 归属一个承诺,二是 A 自己承担另一个承诺。例如,以从言的归属为例,假如 S 断言(S 也相信)"第一位来访者已到办公室",那么 A 可以以从言的方式将之表述为"S 断言第一位来访者已到办公室",其中,"第一位来访者已到办公室"是 A 归属给 S 的承诺——这也是 S 承担的承诺,而"S 断言第一位来访者已到办公室"则是 A 承担的承诺(因为做出一个断言就意味着做出一个承诺);而若 A 用从物归属的方式对此进行表示,则为"关于

---

① 刘钢:《真理的话语理论基础:从达米特、布兰顿至哈贝马斯》,人民出版社 2015 年版,第 352 页。
② Brandom R. *Making It Explicit: Reasoning, Representing, and Discursive Commitment*. Harvard University Press, 1994, p.78.
③ Brandom R. *Making It Explicit: Reasoning, Representing, and Discursive Commitment*. Harvard University Press, 1994, pp.586-592.
④ 在哲学传统上,通常称为信念的归属。

来访者,S 断言他已到办公室",其中,宾语从句"他已到办公室"是从言部分,这部分内容是归属者 A 为断言者 S 所归属的承诺,而"来访者"是从物部分,它是归属者 A 所担的承诺的一部分。由此可见,归属承诺或者概念内容,可以明显体现不同语言实践者的视角(归属者的视角和被归属者的视角)的不同和转换,呈现出了一种"我—你"形式的语言实践。①

此例也表明,当以归属的方式使承诺的内容清晰的时候,归属者可以采用从言和从物这两种不同的语言风格。而这也意味着任何一个承诺都可能有与详述方式相对应的推理的意涵;具体是哪种方式下的推理意涵,这取决于归属者是以断言者的辅助承诺为前提,还是以他自己承担的承诺为前提。用道义计分的术语表示,即当归属者(也是计分者)将一个承诺归属给断言者时,他持有两个计分簿:一个是根据断言者的附属承诺,对断言者所承担的承诺进行计分;另一个是根据他即归属者的附属承诺,对断言者所承担的承诺进行计分。由于归属者能够根据不同的附属承诺追踪断言的不同的语用意涵,因此他对概念内容的视角性就有了实践上的认识和理解。②

概言之,在语言实践或者道义计分实践中,承诺或者概念具有内容,是因为它们在予求理由的实践中扮演着推理的前提和结论的作用;而承诺或概念的内容具有视角性,是因为对它们的推理阐明具有一种不可还原的社会维度——这也是语义理论必须服从于语用理论的结果,其背后隐含的是布兰顿对方法论实用主义(methodological pragmatism)的承诺。方法论实用主义表达的是这样一个承诺,即"谈论语言表达式所表达的内容或者语言表达式所具有的意义,其关键是至少解释它们使用的一些特征"。③ 概念内容的社会视角性正是语义学与语用学之密切联系的一种结构表现,这也是方法论实用主义所要求的。④

总之,布兰顿语言实践的道义计分模式的重要性在于:首先,通过语言实践者的道义计分,可以确证一种言语行为是否具有意义。其次,道义计分是一种具有普遍性的语用学规范,有了道义计分的机制,就能走出基于习惯的承诺来理解言语行为的语用学意义的经验主义语用学。再次,言语行为的概念内容、表征维度及其客观性可以借助道义计分来确定,而无须借助指

---

① Brandom R. *Making It Explicit: Reasoning, Representing, and Discursive Commitment*. Harvard University Press, 1994, p.590.
② Wanderer J. *Robert Brandom*. Acumen Publishing Ltd., 2008, p.158.
③ Brandom R. "Pragmatics and Pragmatisms", In *Hilary Putnam: Pragmatism and Realism*. Conant J and Zeglen U (eds.). Routledge, 2002, p.42.
④ Brandom R. *Making It Explicit: Reasoning, Representing, and Discursive Commitment*. Harvard University Press, 1994, pp.592 – 593.

称、真值等这些语义学概念,从而走出了与表征主义不同的理路。① 最后,概念内容的社会视角性体现了一种主体间性,其背后隐含着对一种方法论实用主义的承诺,避免了表征主义语义理论极其关注概念的内容而很少提及概念的使用的不足。因此,与刘易斯的计分概念相比,布兰顿的计分概念含义更为宽广:它不仅能够用来诠释断言性的言语行为的语用意涵、语义内容等,它还可以用来理解信念等心理状态的本性及其表征内容、确证概念内容的客观性等。

第四节 语言实践的输入口和输出口

布兰顿为把语用学和广义的推理语义学结合起来,提出了语言实践的道义计分模式。② 这种道义的计分模式不仅可以用来说明意向状态和语言表达式的语用意涵和语义内容,而且可以进一步将其运用于阐释知觉和行动上。知觉和行动是语言实践必不可少的构成部分,并且"知觉和行动作为通向推论范域的输入口和退出推论范域的输出口,它们受实践的恰当性所支配,此恰当性和支配推论范域内的纯推理步法之恰当性一样重要,且不可还原。"③这也就是说,推论范域之规范不只支配其范域内的推理步法,对于输入、输出范域的知觉和行动,亦负有监管之责。换言之,所有我们的认知活动及其前因后果均在规范的支配之下,都可以用语言实践的道义计分模式来说明。

知觉和行动分别是概念内容的经验维度和实践维度的来源。④ 规范推理主义主张,完整的语义理论除了包括一般的命题内容以外,还理应包括经验内容及实践内容,故而知觉和行动应该纳入其理论考量。这诚如布兰顿所言:"断言的经验的和实践的介入——在这种意义上即使那些纯理论性的断言,它们也是与具有直接经验意涵和实践意涵的断言仅仅推理地联系在一起的——对它们的内容做出基本的贡献。只有一个模式涵盖了这两个非

---

① 刘钢:《真理的话语理论基础:从达米特、布兰顿至哈贝马斯》,人民出版社2015年版,第348页。
② Brandom R. *Making It Explicit: Reasoning, Representing, and Discursive Commitment*. Harvard University Press, 1994, p.xxii.
③ Brandom R. *Making It Explicit: Reasoning, Representing, and Discursive Commitment*. Harvard University Press, 1994, p.335.
④ Brandom R. *Making It Explicit: Reasoning, Representing, and Discursive Commitment*. Harvard University Press, 1994, p.142.

纯粹的推论阐明的推理维度,才有可能产生类似于自然语言陈述句所表达的命题内容。"①

一、观察报告与非推理的权威

规范推理主义主张,语言实践是一个融贯的推论系统,其中的断言都处于推理阐明中,即每一个断言都可以作为理由来确证其他的断言,而每一个断言本身也需要理由来确证自身。换言之,语言实践是一个由理由的链条构联起来的推论实践。在这样的语言实践中,交流和确证是予求理由的语言实践的两个密不可分的方面,尽管在非推理的反应权威(noninferential responsive authority)缺失的情况下,也可以理解它们,但我们的实践并非总是这样,它并非一个封闭的循环系统,我们的语言实践还包含观察报告这种经验内容的维度。②

观察报告是我们知觉的产物,知觉在我们所熟悉的观察能力的运用中发挥着重要作用。观察报告不是一般意义上的推理性的断言,它是我们的知觉对非推理环境的一种反应,因而也被称为非推理的报告。关于观察报告,布兰顿将其解释为符合如下两个条件的语言表现(performances):③

第一个条件,观察报告产生于可靠的区别反应倾向(reliable differential responsive dispositions)。这种倾向也是那些不能获得观察知识的事物所具有的,包括那些具有感知但不从事认知的生物(即那些不能对理由做出反应的生物)以及无生命的东西,例如铁,铁在潮湿的环境下生锈就是它对所处的潮湿环境做出的可靠的反应。

第二个条件,要在观察中挑选出有效的倾向性后果作为道义实践,即予求理由的游戏中的推理步法。因为把它们置于这样的环境条件下,这些反应不只是一些反应,它们也是一些具有概念内容的断言。

以上两个条件是我们有能力获得观察知识的充分条件。其中,第二个条件规定了倾向性后果成为断言的条件,第一个条件能够确保这些断言都是可靠正确的。

观察报告是观察者对其知觉判断的呈现。观察依赖于观察者的可靠性

---

① Brandom R. *Making It Explicit: Reasoning, Representing, and Discursive Commitment*. Harvard University Press, 1994, p.234.
② Brandom R. *Making It Explicit: Reasoning, Representing, and Discursive Commitment*. Harvard University Press, 1994, pp.221-222.
③ McDowell J. "Brandom on Observation", In *Reading Brandom: On Making It Explicit*. Weiss B and Wanderer J (eds.). Routledge, 2010, p.129.

倾向,观察者通过承认某些类型的承诺,对各种事态做出不同的反应。例如,在恰当的环境下,一个有能力的观察者通过承认"有一个红色的球"这个承诺而对一个可视的红色球的出现做出反应。观察报告的内容既有推理阐明的一面,也有它们非推理诱发的一面,前者是它们的概念内容,后者是它们的经验内容或者说经验维度。①

观察报告能够起着非确证的确证者(unjustified justifiers)的作用,即可把它们看作具有一种可废止的默认地位,就如同赋予了其资格一样。观察报告具有默认的资格的地位,在于它们是由观察者可靠的区别反应倾向引发的,或者说,观察报告的资格来自报告者可靠的区别反应倾向。具有资格的观察报告不仅可借助推理或者交流进入语言实践中,而且能够在语言实践中发挥着推理前提和结论的作用。因此,观察可以阻止推理的无穷后退,在此意义上,观察也为经验知识提供了基础,这诚如塞拉斯所言:"关于事实的非推理的知识……构成了所有事实断言的最终上诉法庭。"②

非推理的观察报告具有一种权威,即具有确证其他断言的能力。观察报告的权威需要两个维度的共同协作:其一,它们是观察者运用其可靠的区别反应倾向的产物;其二,观察者做出这个反应就相当于认可一个断言、承认一个带有某一内容的承诺。③ 在此意义上,观察报告要具有知识的权威,不但必须是可靠的,而且必须被认定是可靠的。

同塞拉斯一样,布兰顿认为,观察报告的权威取决于言语行为所表达的非言语的知觉的片段,这只是一个所予神话。然而,在一些细节上,布兰顿并非完全赞同塞拉斯的观点。他认为,塞拉斯的正确之处是:一个可靠的区别反应具有知识的权威,要求做出这个知识断言的人必须处于理由空间之中,必须能够理解这个断言,并因而必须理解它在推理中的作用,从而将它的使用理解为推理确证的前提和结论。当然,这并不是说,知觉报告者在每一场合下都必须能够将其断言确证为是对观察知识的表达,而是即使知觉报告者不能确证其观察报告,但其观察报告是由他可靠的信念形成机制产生的,在这种情形下,通过诉诸其他语言实践者所认可的断言,也可将其观察报告视为对观察知识的表达。此外,"知识的归属不仅需要可靠性,而

---

① Brandom R. *Making It Explicit: Reasoning, Representing, and Discursive Commitment*. Harvard University Press, 1994, p.235.
② Brandom R. *Making It Explicit: Reasoning, Representing, and Discursive Commitment*. Harvard University Press, 1994, p.222.
③ Brandom R. *Making It Explicit: Reasoning, Representing, and Discursive Commitment*. Harvard University Press, 1994, p.223.

且至少需要隐含地认可一种推理,这种推理是对可靠性的实践的承认"。塞拉斯的失误之处在于:"认可这种推理的人必须是承担观察知识断言的那个人。"但根据规范推理主义,观察报告具有知识的权威,并不需要观察者本人实际认可其中的可靠性推理,因为归属知识是一种复合的道义态度,它不仅包括归属承诺,而且涉及承担承诺。就观察知识而言,观察知识的归属者必须把可靠性归属给观察者,归属这样的可靠性就是认可从观察者非推理地承担的承诺到他人认可这个观察知识断言的推理,这也就是说,观察者在对环境做出反应时,他并不必须把他自己看作某个知觉事物的可靠的报告者,也不必认可上述可靠性推理,但是将观察知识归属给他的那个人必须把他看作可靠的。①

例如,有一个训练有素的观察者,他能够通过观察某种树叶可靠地识辨出角树。但当他面对一棵角树时,他可能仍然不确信他所做出的观察报告"这是一棵角树"是可靠的,在这种情况下,他可能有一个真信念,即"在他面前有一棵角树",而由于他完全无法确证这个断言,乃至他否认自己是可靠的有关角树的非推理的报告者。即便如此,那些认为他是可靠的角树报告者的人,仍会将"在他面前有一棵角树"这样的观察知识归属给他,即使这与他的声明是相反的。这是因为,尽管使他的观察报告具有知识权威的是他的可靠性这个事实,但他的断言的权威以及他的可靠性都是由归属者的态度决定的,而不受他自己对可靠性态度的制约。换言之,他的观察知识的地位或权威是外在于他的态度的。② 这也说明,"观察的权威是另一种复合的道义地位:归属它既涉及归属承诺和资格,也涉及通过认可可靠性推理来承担或承认它们"。③

在语言实践中,如果一个会话者给另一个会话者的一个断言归属非推理的或者观察的权威,事实上也就承认它具有一种特殊的资格。这种特殊的资格可借由个人的内容间的推理以及人际的内容内部的交流来继承,由此,断言就可能具有一种非推理报告的意涵。④ 就此而言,语言实践模式理应将观察报告及其非推理权威纳入其理论考量。

总之,观察报告的权威是由归属者的道义态度决定的,归属者的道义态

---

① Brandom R. *Making It Explicit: Reasoning, Representing, and Discursive Commitment*. Harvard University Press, 1994, p.220.
② Brandom R. *Making It Explicit: Reasoning, Representing, and Discursive Commitment*. Harvard University Press, 1994, p.219.
③ Brandom R. *Making It Explicit: Reasoning, Representing, and Discursive Commitment*. Harvard University Press, 1994, p.227.
④ Brandom R. *Making It Explicit: Reasoning, Representing, and Discursive Commitment*. Harvard University Press, 1994, p.226.

度建立了观察报告的道义地位,决定了它的可靠性。观察报告既构成了予求理由的推论实践,即语言实践的一部分,观察报告所涉及的可靠性推理也决定了它的语用意涵并赋予了它概念内容,展现了概念内容的经验维度。

二、实践承诺与实践推理

受塞拉斯有关语言游戏中的三种步法,即语言内部步法、语言输入步法和语言退出步法所启发,布兰顿的语言实践的道义计分模式也接受非语言性的应用环境与应用后果,即在语言输入之处包含知觉经验,在语言退出之处包含深思熟虑的(deliberate)行动。

一般说来,推论承诺有两种:认知承诺(cognitive commitment)和实践承诺(practical commitment)。承认这两种承诺就是采用分别与相信(believing)和意图(intending)对应的道义态度。其中,实践承诺是对行动的承诺,其内容是使断言成真(making-true),理解实践承诺及其内容需要在包含持真的(taking-true)断言的语境下,这也就是说,根据持真的断言可以理解实践承诺,在此意义上,认知承诺与实践承诺相比,前者具有一种解释的优先性。[1]

布兰顿指出,理解语言实践的实践维度可以借助如下两个观点:第一个观点,实践承诺与信念承诺一样本质上都是被推理地阐明的,它们既处于自身的推理关系中,也存在于与信念承诺的推理关系中;第二个观点,通过类比所承认的信念承诺和由知觉所引起的事态之间的非推理关系,可以理解所承认的实践承诺和由意向行动所引起的事态之间的非推理关系。[2]

实践承诺是对行动的承诺,将实践承诺添加到语言实践中能够丰富一般的命题内容。而语言实践只有涵盖经验和实践这两个非纯粹的推论阐明的推理维度,才有可能生成类似于自然语言陈述句所表达的命题内容。[3]

在语言实践的道义计分模式中,理解行动所处的位置,最好的方式是把行动与知觉相类比。根据塞拉斯有关语言游戏的三种步法可知,语言输入步法由非推理的观察报告构成,语言退出步法由深思熟虑的行动构成。[4]

第一,非推理报告作为语言的输入,它们是一些包含道义计分态度变化

---

[1] Brandom R. *Making It Explicit: Reasoning, Representing, and Discursive Commitment*. Harvard University Press, 1994, p.233.
[2] Brandom R. *Making It Explicit: Reasoning, Representing, and Discursive Commitment*. Harvard University Press, 1994, pp.233 – 234.
[3] Brandom R. *Making It Explicit: Reasoning, Representing, and Discursive Commitment*. Harvard University Press, 1994, p.234.
[4] Brandom R. *Making It Explicit: Reasoning, Representing, and Discursive Commitment*. Harvard University Press, 1994, pp.235 – 237.

的反应,这些反应是由本身并不包含道义得分变化的刺激引起的。与知觉观察,即语言的输入相类似,意向行动即语言或推论计分的输出,它们也包含道义计分态度的变化,在行动中,道义态度的改变,特别是,承认实践承诺作为刺激可引发非语言的行为。①

第二,观察依赖可靠的倾向,通过承认某些类型的承诺,即通过采用道义态度并因此改变道义得分的方式,对各种事态做出不同的反应。例如,一个有能力的观察者在恰当的环境下通过承认一个承诺,比如"教室里有一台多媒体电脑",能够对教室里可视的多媒体电脑做出反应。与之类同,行动也依赖可靠的倾向,通过引起的各种事态,对承认的某些类型的承诺做出不同的反应。例如,一个有能力的行动者在恰当的环境下通过按电脑开关来回应获得的承诺"按电脑开关"。②

第三,观察需要可靠的反应倾向来获得被承认的承诺,而行动需要可靠的反应倾向来履行被承认的承诺。在第一种情况下,可靠性涉及所回应的事态与所承认的承诺的内容之间的关系;在第二种情况下,可靠性涉及所承认的承诺的内容与所引起的事态之间的关系。在每一种情况下,可靠性的归属在于对计分推理的认可,这种计分推理是从给报告者或者行动者归属承诺到可靠性的归属者承担承诺的推理。③

第四,在观察中,承认由事态所引出的承诺是一种态度,是一种通向信念的推论的道义地位的态度;在行动中,承认引出行动的承诺也是一种态度,这种态度是一种朝向实践的推论的道义地位的态度。第一种态度在相信的意义上对应于相信或认为真这种意向状态,第二种态度在意图的意义上对应于意图或使真这种意向状态。④

第五,理解实践承诺就是理解其语用意涵,实践承诺的语用意涵类似于信念承诺的语用意涵,并且,由于实践承诺语用意涵的推理阐明,实践承诺如信念承诺一样,它们也是推论的或者概念内容的承诺,因为实践承诺的内容所处的推理关系和不相容关系很大程度上继承自相应的信念承诺的内容所处的推理关系和不相容关系。例如,实践承诺"我今天开车去上班"蕴含

---

① Brandom R. *Making It Explicit: Reasoning, Representing, and Discursive Commitment*. Harvard University Press, 1994, p.235.
② Brandom R. *Making It Explicit: Reasoning, Representing, and Discursive Commitment*. Harvard University Press, 1994, p.235.
③ Brandom R. *Making It Explicit: Reasoning, Representing, and Discursive Commitment*. Harvard University Press, 1994, p.236.
④ Brandom R. *Making It Explicit: Reasoning, Representing, and Discursive Commitment*. Harvard University Press, 1994, p.236.

着实践承诺"我今天去上班",而之所以能够进行这样的推理,在于从"某人开车去上班"到"某人去上班"这个推理仍保有着信念的承诺,其前提和结论是一种保有承诺的关系。同样地,一个实践承诺也可能与另一个或者另一些实践承诺不相容。例如,实践承诺"我今天开车去上班"和实践承诺"我今天步行去上班"或者"我今天在家休息"等具有不相容关系,这种不相容是因为对应的信念承诺内容的不相容。①

此外,一些工具性推理(instrumental inferences)和一般的推理一样,也有两种类型:承诺推理和许可推理。首先,承诺推理。有些工具性推理是保有承诺的推理,这些推理的前提具体说明人们承诺的目的,其结论明确说明达到这些目的的必要手段。例如,如果摘下一棵樱桃树上成熟的樱桃,其唯一的方式是搭乘木梯,那么承担或者归属"摘下一棵樱桃树上成熟的樱桃"这个实践承诺,也就承担或者归属了"搭乘木梯"这个实践承诺作为计分的结果。其次,许可推理。有些手段—目的推理(means-end reasoning)实际上是许可推理,这样的推理达到目标的手段并非只有一种,因此这样的推理并非一种保有承诺的推理,而是一种保有资格的推理。例如,赋予实践承诺"摘下一棵樱桃树上成熟的樱桃"以资格,既可以工具性地赋予某人"搭乘木梯"的资格,也可以赋予某人"攀爬樱桃树"的资格,换言之,"搭乘木梯"是"摘下一棵樱桃树上成熟的樱桃"的充分手段,但不是必要手段,因为某人也可以用"攀爬樱桃树"等手段实现摘下樱桃树上成熟的樱桃的目的。②

尽管实践承诺和信念承诺具有许多相似之处,但两者也有显著的不同,具有不对称的一面。体现在:通常我们承诺一个断言就是把它看作真的,社会实践中的其他人在某种意义上也应该持有此信念承诺;而承诺一个行动并不需要如此,通常不需要把它作为其他人都应该做的事情来处理,因为一个理由对某人来说是行动的好理由,但对其他人来说,可能并不是其行动的好理由,原因是不同的语言实践者可能具有不同的目的、认同不同的价值、扮演着不同的社会角色、受不同规范的支配等,例如,对某人来说,"天下雨"是他今天开车去上班的好理由,但这并不隐含着对其他人来说"天下雨"也是其今天开车去上班的好理由。所以,通过做出一个断言来表达一个信念和通过执行一个行动来表达这个信念之间存在着基

---

① Brandom R. *Making It Explicit: Reasoning, Representing, and Discursive Commitment*. Harvard University Press, 1994, p.237.

② Brandom R. *Making It Explicit: Reasoning, Representing, and Discursive Commitment*. Harvard University Press, 1994, pp.237-238.

本的不对称。①

实践承诺和信念承诺不仅有区别而且有联系,具体而言,实践承诺依赖信念承诺。这种依赖关系表现在两个方面:第一,从获得实践承诺的应用环境来看,实践推理需要信念承诺作为前提;第二,从获得实践承诺的应用后果来说,实践承诺能够继承信念承诺的一些推理关系,例如,如果一个信念承诺 p 有一个信念承诺 q 作为计分后果,那么实践承诺"使 p 为真"就有一个实践承诺"使 q 为真"作为计分后果。②

要将实践承诺纳入语言实践的道义计分模式中,最重要的是在实践推理中展现出信念承诺和实践承诺之间的关系。实践推理是从信念承诺到实践承诺的推理,因为"一般只有在予求理由的实践——也就是做出和捍卫断言或者判断的实践的语境中,为行动予求理由才是可能的",③这也说明实践承诺特有的资格之结构并不是自治的,而是预设了信念承诺。实践推理不仅为实践承诺提供了理由,而且实践推理常常导致行动的产生,因此实践推理和行动也具有密切的联系。

实践推理是以实践承诺作为其结论的推理。赋予一个实践承诺以资格,也就是使它具有适当的理由;确证一个实践承诺,也就是展现一个恰当的以此实践承诺为结论的实践推理。实践承诺的理由并因此行动的理由可以通过承认好的实践推理的前提引出来。④ 通过分析如下三种实践推理,有助于我们理解实践承诺。

(A) 只有打开我的伞才能使我保持干燥,所以我应该打开我的伞。

(B) 我是一位去上班的银行职员,所以我应该打领带。

(C) 传播流言蜚语会在无意中伤害某个人,所以我不应该传播流言蜚语。

布兰顿指出,这三个实践推理的前提都是信念承诺,结论都是实践承诺。思考这样的实践推理有两种方式:一种是从信念的前提到实践的结论;另一种是从信念到意图。⑤

---

① Brandom R. *Making It Explicit: Reasoning, Representing, and Discursive Commitment*. Harvard University Press, 1994, pp.238 – 239.

② Brandom R. *Making It Explicit: Reasoning, Representing, and Discursive Commitment*. Harvard University Press, 1994, p.243.

③ Brandom R. *Articulating Reasons: An Introduction to Inferentialism*. Harvard University Press, 2000, p.81.

④ Brandom R. *Making It Explicit: Reasoning, Representing, and Discursive Commitment*. Harvard University Press, 1994, p.245.

⑤ Brandom R. *Making It Explicit: Reasoning, Representing, and Discursive Commitment*. Harvard University Press, 1994, pp.245 – 246.

但按照戴维森的理解,这些实践推理都是省略的三段论,其缺失的前提可以通过如下语句来填充:
(a) 我想(意欲、偏好于)保持干燥。
(b) 银行职员有义务(被要求)打领带。
(c) 平白无故地伤害人是错误的(不应该的)。①

戴维森提出补足这样的省略三段论,原因在于他把实践承诺并因此行动的主要理由(primary reason)界定为信念和前态度(pro-attitude)的结合。前态度包括想要、欲求、偏好以及通常的评价态度,他认为所有的前态度都可以用广义的规范性语句或者评价性语句来表达。前述(A)(B)(C)三个实践推理之所以是省略三段论,在于这些实践推理之正确性的必要前提(a)(b)(c)被省略了,这些省略的前提(a)(b)(c)都是前态度。根据这种理解,前态度必须被纳入实践承诺的理由中,才能在某人相信什么和决定做什么之间架起沟通的桥梁,换言之,尽管我们可以单独地把信念承诺作为实践承诺和行动的理由,但要理解实践承诺并因此行动的合理化,必须有前态度的加入。②

布兰顿对此持否定态度,他认为,戴维森这种省略前提的主张与坚持理论推理通过添加条件句而补足的观点具有相似性,都是将所涉及的实践推理的恰当性转换为形式推理的有效性,即认为一个推理的好与不好取决于它的形式;而事实上,我们并不需要根据推理的形式才能把所有正确的推理认为是正确的,相反,我们可以把诸如从"北京在广州的北边"到"广州在北京的南边"、从"正在下雨"到"地面将会湿"这样的推理看作实质上好的推理,即这些推理是好的推理,是因为它们的非逻辑语汇的内容。因此他主张:"在思考实践推理时采用这种非形式主义的策略。"③

正因如此,布兰顿并不把"天将下雨,我将打开我的雨伞""天将下雨,地面将会湿"这样的推理看作省略的三段论。但是戴维森主义者可能回应说,在第一个推理中,推理的前提所提供的理由是不完全的,因为如果我不想保持干燥,我想在雨中漫步或者想在雨中唱歌跳舞,那么即使"天将下雨"也推不出"我将打开我的雨伞"这个结论。对此,布兰顿指出,事实上,即便

---

① Brandom R. *Articulating Reasons: An Introduction to Inferentialism*. Harvard University Press, 2000, p.85.
② Brandom R. *Making It Explicit: Reasoning, Representing, and Discursive Commitment*. Harvard University Press, 1994, pp.246-247.
③ Brandom R. *Articulating Reasons: An Introduction to Inferentialism*. Harvard University Press, 2000, p.85.

把"我想在雨中漫步"这样的前提添加到此推理中使之变成一个不好的推理,也不能表明"我想在雨中漫步"这个期望一直都是这个推理的一个隐含的前提,因为这个推理并非单调性推理,只有这个推理是单调性推理时才会存在那种情形。所谓单调性推理,是指如果从 p 推出 q 的推理是好的推理,那么意味着为这个推理增加前提 r,从 p∧r 推出 q 的推理也是好的推理。但是实践推理一般不是单调性推理,(a)(b)(c)并非(A)(B)(C)隐含的前提,它们的作用是使隐含于(A)(B)(C)这三个实践推理中的推理承诺清晰,起着一种表达的作用。①

总之,实践推理的结论是实践承诺,认可一个保有资格的实践推理,就是接受其信念前提作为其实践结论的理由,展示一个好的实践推理也就是展示某个意图,而行动因它而引起,例如,由(A)"只有打开我的伞才能让我保持干燥,因此我将打开我的伞"这个实践推理,可以产生"我打开雨伞"这个行动。

根据规范推理主义,知觉和行动分别是语言实践的输入口和输出口,而在语言实践内部,各断言之间存在着一种推理的联系,其中的某些推理初始于与世界直接相关的知觉和观察报告,而最终终止于与世界直接相关的行动。就此而言,观察报告既是关于世界的直接报告,又要参与到推理网络中,和其他概念形成推理的联系。行动既是在推理网络中引发的,又是关于世界的直接活动。所以,观察报告既是被非推理地引发的,又是被推理地阐明的;而行动既是被推理地引发的,又是被非推理地实现的。它们既具有概念内容,又具有经验维度或者实践维度;前者确保了它们在理由空间中的位置,后者确保了它们与世界的联系。

综上所述,语言实践的基本构成成分是断言和推理;语言实践不仅涉及行为是否合适或恰当,即道义地位,而且涉及实践主体对行为的评价,即道义态度;而具有断言意味的语言实践能够赋予在其实践中发挥适当作用的语言表达式、意向状态、态度、行为等以命题性的内容,语言实践的基本模式必须根据广义推理阐明的三个维度之间的相互作用来理解;借助计分隐喻的方式,语言实践的道义计分模式不仅能够用来诠释言语行为如何在语言实践中获得语用意涵以及被赋予概念内容,还可以用来确定言语行为的表征维度,解释知觉和行动并将其纳入语言实践,确保了语言实践的命题维度、经验维度和实践维度。

---

① Brandom R. *Articulating Reasons: An Introduction to Inferentialism*. Harvard University Press, 2000, pp.87 – 89.

第五章　规范推理主义的整体论

规范推理主义与表征语义理论的主要不同体现在两个方面：一是采用一种从上而下的语义说明顺序；二是以整体论为取向对概念的本性进行说明。规范推理主义的整体论进路，是其超越传统意义理论，建构独特理论体系的关键。本章以规范推理主义为基底，分析规范推理主义整体论取向的必要性和可能性，认识推理主义（推理主义也是一种意义整体论）和意义组合性原则两种意义理论的方法论地位，并为由规范推理主义整体论取向所引发的交流可能性问题提供一个可资借鉴的解决思路。[1]

第一节　规范推理主义的整体论取向

传统形式语义学和传统语义理论主张，语义说明的适当顺序应当开始于要素（element）或词项，因而采用一种从下而上的语义说明顺序，以原子论为进路，"首先说明与单称词项和普遍词项相关的概念的意义，然后说明由那些词项的关联所构成的判断的意义，最后说明关联那些判断的推理的恰当性"。[2] 按照这种语义说明顺序，词项是最基本的语义说明单位，词项以一种表征的方式，根据它所命名的或所代表的东西而有其意义。但这种表征主义路线受到了塞拉斯"所予神话"的批判，其理由是：语言处于规范空间，表征则只涉及自然领域，二者性质不同，因而表征无法说明语言的意义。[3]

布兰顿拒斥表征语义理论。他坚持"实践优先"的原则，认为语言表达式的概念内容来自它们的使用："表达式通过它们在实践中的使用来意味它

---

[1] 武庆荣、何向东：《布兰顿推理论的整体论取向及其问题》，《哲学研究》2013 年第 3 期。
[2] Brandom R. *Articulating Reasons: An Introduction to Inferentialism*. Harvard University Press, 2000, p.13.
[3] 陈亚军：《将分析哲学奠定在实用主义的基础上》，《哲学研究》2012 年第 1 期。

们所意味的。"①正如他指出的:"命题性知识是建立在技能性知识基础上的";②"语义学必须回应语用学。"③他认可这种实用主义的语义说明策略,因而对语义的说明首先从概念的使用开始,而由于"概念使用的核心是在具有命题内容的断言、信念和思想中使用概念",④因此在推论实践中命题具有语用和说明的优先性。

布兰顿指出,康德、弗雷格和后期的维特根斯坦不仅以不同的方式表达出基本相同的实用主义的观点,而且其理论也呈现出命题优先性的思想。就康德而言,他的主要革新之一是把判断视为意识或认知的基本单元,也是最小的、能够把握的单元。在康德看来,任何关于内容的讨论都必须开始于判断的内容,任何可在范畴内被辨明的内容均派生于可能的判断的内容。判断作为概念的应用,是认知者能够对之负责的最小单位。⑤

弗雷格认同康德的以上洞见,认为可判断的概念内容是语用效力所能附着的最小单位,这种效力最典型的表现是断言的效力。他认为把一个表达式说成是具有内容的表达式就是说它对它所在的思想或命题的真值所做的贡献,最清晰表明逻辑本质的东西就是说出一个语句所具有的断言效力。⑥在《算术基础》中,弗雷格继续遵循这种康德式的路线,认为"我们应该一直关注一个完整的命题。只有在命题中语词才有真正的意义……如果命题作为整体有一个意义就足够了;这样命题的各组成部分也就得到了它们的内容"。⑦ 这是弗雷格语境原则的另一种表述。弗雷格坚持语境原则,这主要是因为真值在其理论中的重要性。但也有学者认为弗雷格在19世纪80年代后期放弃了他命题优先性的承诺。然而,T. M. V. 简森(T. M. V. Janssen)认为,对弗雷格来说,语境原则是有效的,他从未放弃

---

① Brandom R. *Making It Explicit: Reasoning, Representing, and Discursive Commitment*. Harvard University Press, 1994, p.134.
② Brandom R. *Tales of the Mighty Dead: Historical Essays in the Metaphysics of Intentionality*. Harvard University Press, 2002, p.327.
③ Brandom R. *Making It Explicit: Reasoning, Representing, and Discursive Commitment*. Harvard University Press, 1994, p.83.
④ Brandom R. *Articulating Reasons: An Introduction to Inferentialism*. Harvard University Press, 2000, p.12.
⑤ Brandom R. *Making It Explicit: Reasoning, Representing, and Discursive Commitment*. Harvard University Press, 1994, pp.79-80.
⑥ Brandom R. *Making It Explicit: Reasoning, Representing, and Discursive Commitment*. Harvard University Press, 1994, pp.80-82.
⑦ Frege G. *The Foundations of Arithmetic*. Austin J L (trans.). Northwestern University Press, 1980, p.71.

这一原则。①

后期的维特根斯坦认为意义在于使用,由于语句附着有语用效力,因而他把语句放在优先的地位。在他那里,语句在语义说明顺序中优先于次语句。语句的说出可以"在语言游戏中走一步"。尽管有些话语表达式可能并不是一个完整的语句,例如,大喊"兔子!"或"着火了!",但这些话语仍然应该被诠释为一个独词句,至于意义,我们可以通过"看那只兔子!"或"那里有火情!"来表达。②

受此影响,布兰顿也多次强调,推理主义本质上是一种命题的学说。在命题优先性方面,规范推理主义不仅与实用主义的传统相一致,而且与表达主义和理性主义的传统也非常吻合。首先,根据表达主义的说明,表达的范式是说某事,在断言的意义上所说出的言语就是在推理中发挥着前提和结论作用的命题,因而表达主义如推理主义一样,首先关注的是命题性的概念内容。其次,根据理性主义的解释,使用概念的实践本质上是涉及理由的实践,也就是予求理由的推理实践,而这样的推理实践,其前提和结论也具有命题的优先性。诚如布兰顿所言:"生产和消费理由的推理实践位于语言实践区域中的中心地区(downtown)。边缘地区(suburban)的语言实践利用并依赖在予求理由的游戏中所形成的概念内容,是寄生于它的。"③

由于命题的语用和说明的优先性,对规范推理主义来说,恰当的语义说明顺序应当首先从命题开始,以整体论为取向、采用一种从上而下的语义说明顺序,"从推理的恰当性出发,它们解释了命题的内容,然后根据这两者再解释由次语句表达式如单称词项和谓项所表达的概念内容"。④ 显然,规范推理主义的这种从上而下的语义说明顺序与实用主义的语义说明顺序相一致,而与语义原子论从下而上的语义说明顺序截然不同。

此外,规范推理主义以整体论为取向的另一个原因是:"如果把每个语句或语词所表达的概念内容理解为本质上存在于它的推理关系中或者由它的推理关系所阐明,那么一个人为了掌握任何一个内容,他就必须掌握许多

---

① Janssen T M V. "Frege, Contextuality and Compositionality", *Journal of Logic, Language, and Information*, 2001, 10(1), pp.115 – 136.
② Brandom R. *Making It Explicit: Reasoning, Representing, and Discursive Commitment*. Harvard University Press, 1994, p.82.
③ Brandom R. *Articulating Reasons: An Introduction to Inferentialism*. Harvard University Press, 2000, pp.13 – 14.
④ Brandom R. *Articulating Reasons: An Introduction to Inferentialism*. Harvard University Press, 2000, p.30.

这样的内容。"①之所以如此,在于规范推理主义诉诸概念之间的推理关系说明概念的内容,每一个概念内容都与其他的概念内容具有推理的联系,在此意义上,一个人要拥有任何一个概念内容,不可能只拥有一个概念内容,而必须拥有许多概念内容,知道它们之间的推理联系。

正如塞拉斯所言:"将一个片段或一个状态描述为知道的片段和状态,我们并不是在经验地描述那个片段和状态;我们是将它放置在确证和能够确证我们言辞的理由的逻辑空间中。"②所以,根据规范推理主义,一旦我们熟练掌握概念之间的推理联系,掌握概念恰当应用的环境和后果以及与之不相容的断言,我们便拥有了概念。就此而言,规范推理主义也体现出了一种整体论取向。

综上,规范推理主义以语义整体论为取向,而不是以语义原子论为进路。首先,根据推论实践中命题的语用优先性,规范推理主义赋予命题内容以说明的优先性。正因如此,规范推理主义的语义说明顺序与实用主义"从上而下"的语义说明顺序紧密相关,而与传统的"从下而上"的语义说明顺序截然不同,它先从推理的恰当性出发,说明命题的内容,再说明次语句表达式的内容。传统的词项逻辑和表征语义理论则是原子论的,它们采用自下而上的语义说明顺序,先说明单称词项和普遍词项的概念内容,然后再说明判断的内容,最后说明推理的恰当性。其次,根据规范推理主义,"除非一个人拥有许多概念,否则不可能拥有任何概念。因为每一个概念的内容都是通过它与其他概念之间的推理关系而得到阐明的"。③ 在此意义上,规范推理主义也是整体论的。但规范推理主义的这种整体论进路需要说明的是,如何根据语句的推理功能在语言中恰当地说明单称词项之类的次语句表达式?

第二节　规范推理主义整体论取向的完善之道

规范推理主义的语义学说是基于规范语用学的推理语义学。④ 从语用

---

① Brandom R. *Articulating Reasons: An Introduction to Inferentialism*. Harvard University Press, 2000, p.29.
② Sellars W. *Empiricism and the Philosophy of Mind*. Harvard University Press, 1997, p.76.
③ Brandom R. *Articulating Reasons: An Introduction to Inferentialism*. Harvard University Press, 2000, pp.15 – 16.
④ Brandom R. *Making It Explicit: Reasoning, Representing, and Discursive Commitment*. Harvard University Press, 1994, pp.132 – 134.

学的视角看,最基本的推论实践是做出断言,即说出具有命题性内容的表达式。从语义学的维度看,语言表达式的意义或意向状态的内容取决于它们在实质推理中所发挥的作用,在推论实践中,发挥最基本的前提和结论作用的是命题,命题在推论实践中具有语用和说明的优先性。但是对规范推理主义来说,如果这种语义理论仅仅只能说明命题的内容,那么它对概念使用和概念内容的指称维度或表征维度以及语言或思想的生产性和创造性(creativity)等来说都不充分。所以,作为一种恰当的语义理论,规范推理主义必须能够提供关于单称词项之类的次语句表达式的说明。①

根据规范推理主义,在推论实践中,单称词项之类的次语句表达式只能间接地发挥着推理的作用,对它们进行说明,不可能直接采用命题式的说明方式。然而,由于"所有种类的概念内容本质上都是被推理地阐明的。因此理解单称词项和谓项的概念内容必须根据它们间接的推理作用——它们的出现对包含它们的语句的推理潜能所做的贡献",而要说明和理解单称词项等次语句表达式所发挥的间接推理作用,在布兰顿看来,可以借助弗雷格替换的观念。② 这种替换观念的一种表现是:"让我们暂时假定语句有一个指称! 如果我们把这个语句中的一个语词换成另一个具有相同指称但具有不同涵义的语词,那么,这种替换并不会影响语句的指称。"③

布兰顿把弗雷格的替换观念划分为两个互相依赖的阶段。首先是分解阶段,在这一阶段,通过被同化为互相的替换变项,将语句分解为次语句表达式;其次是重组阶段,在这一阶段,主要是生成陌生的语句以及它们的诠释,这些陌生的语句产生于将熟悉的函项应用到熟悉的可替换表达式,然后有关语句的那些熟悉的替换变化导致了许多陌生语句的产生。④ 仰赖弗雷格的替换观念,布兰顿把对次语句表达式的说明也划分为两个层面:其一,句法的说明;其二,语义的诠释。⑤

在句法层面,布兰顿主要对替换结构的作用提供说明,他的主要旨趣是识别出属于同一句法范畴的次语句表达式。首先,他区分了表达式在替换

---

① 遵循布兰顿(Brandom R. *Articulating Reasons: An Introduction to Inferentialism*. Harvard University Press, 2000, pp.123 – 155.),在此也主要对单称词项提供推理主义的说明。
② Brandom R. *Making It Explicit: Reasoning, Representing, and Discursive Commitment*. Harvard University Press, 1994, pp.413 – 414.
③ 涂纪亮主编:《语言哲学名著选辑:英美部分》,生活·读书·新知三联书店 1988 年版,第 7 页。
④ Brandom R. *Articulating Reasons: An Introduction to Inferentialism*. Harvard University Press, 2000, p.128.
⑤ Brandom R. *Articulating Reasons: An Introduction to Inferentialism*. Harvard University Press, 2000, pp.129 – 136.

机制中所扮演的三种角色,即被替换的(substituted for)表达式、在其中能够产生替换的(substituted in)表达式以及替换框架(substituted frame)。例如,在"富兰克林正在散步"这个表达式中,我们可以把"富兰克林"作为被替换的表达式,把这个表达式本身作为在其中能产生替换的表达式,把"____正在散步"或"X 正在散步"作为替换框架。其次,通过表达式所发挥的替换结构作用,识别出单称词项等次语句表达式。例如,在"富兰克林正在散步"这个合式表达式中,如果我们用"双光眼镜的发明者①"替换"富兰克林",那么可以得到表达式"双光眼镜的发明者正在散步",这个表达式仍是一个合式表达式。但如果我们用"散步"替换"富兰克林",那么得到"散步正在散步",这个表达式就不是一个合式表达式。因此,"富兰克林"和"双光眼镜的发明者"属于同一句法范畴,而"富兰克林"和"散步"则不属于同一句法范畴。

在语义层面,通过比较单称词项和谓项所涉及的替换推理,布兰顿提出了另一种识别单称词项和谓项的方法。他指出,单称词项和谓项实质上涉及不同的替换推理。例如,从"富兰克林正在散步"到"双光眼镜的发明者正在散步",这是一个恰当的推理,通过互换此推理中的单称词项得出的推理,即从"双光眼镜的发明者正在散步"到"富兰克林正在散步",这也是一个恰当的推理。但同样是替换,如下的替换并不必然成立:从"富兰克林正在散步"到"富兰克林正在运动",这是一个恰当的推理,通过互换此推理中的谓项得出的推理,即从"富兰克林正在运动"到"富兰克林正在散步",这个推理并不必然是一个恰当的推理。由此可见,实质包含单称词项的替换推理原则上是对称的,而谓项都实质地被包含在某些不对称的替换推理中;替换单称词项推理的前提和结论是同义关系,而替换谓项的推理的前提和结论则可能是同义关系,也可能是蕴含关系等。"单称词项的替换产生可逆的推理""谓项的替换并不必然产生可逆的推理""谓项的替换推理可以是非对称的,而单称词项的替换推理总是对称的"。所以,根据替换推理的不同可以识别出具有不同替换推理意涵的次语句表达式。②

如此,便有了不同种类次语句表达式的出现可能拥有的两种基本的替换推理的意涵,即对称的和非对称的。但布兰顿也强调,某种次语句表达式仅被实质地包含于对称的替换推理中,这只是将这种表达式认定为单称词

---

① 富兰克林(B. Franklin)既是双光眼镜的发明者,又是避雷针的发明者。
② Brandom R. *Articulating Reasons: An Introduction to Inferentialism*. Harvard University Press, 2000, pp.133 - 135.

项的必要条件;某种次语句表达式被实质地包含于某些非对称的替换推理中,这只是将这种表达式认定为谓项的必要条件。这些成对的必要的语义条件和前述那些成对的必要的句法条件,两者可以并存,而且都可以区分单称词项和谓项:前者根据替换推理的意涵区分单称词项和谓项,后者根据替换结构的作用区分单称词项和谓项。而这些单个的必要条件便可以共同充分地描述一种表达式的使用是否起着单称词项的作用。①

但笔者认为,在句法层面,由于扮演某些替换结构角色的既可以是单称词项,也可以是语句,作为替换框架的也可以是语句联结词等,因而语义层面的替换推理意涵或句法层面的替换结构作用只是识别单称词项等次语句表达式的必要条件,并且这些单个的必要条件并不足以构成识别单称词项等次语句表达式的共同充分条件,识别它们还要辅以有关规范语用的说明②才能使之完善。

根据规范推理主义,实质推理的恰当性是通过规范概念建立的,对于替换推理而言,情形亦如此。如果从"富兰克林正在散步"到"双光眼镜的发明者正在散步"的替换推理是一个恰当性的实质推理,那么这个推理的恰当性取决于与被替换的次语句表达式有关的特殊的承诺。布兰顿称这种替换推理承诺为"简单实质替换推理承诺"(simple material substitution-inferential commitments, SMSICs),连接次语句表达式的简单实质替换推理承诺可以决定实质上包含这些表达式的许多替换推理的正确性。③ 在次语句表达式初现(primary occurrence)的情形下,一个次语句表达式的概念内容本质上取决于将这个表达式与其他表达式联系在一起的一组简单实质替换推理承诺。④ 例如,如果有人承诺了从"富兰克林正在散步"到"双光眼镜的发明者正在散步"这个替换推理的恰当性,事实上也就承诺了"富兰克林"和"双光眼镜的发明者"这两个次语句表达式之间的等同关系,而这样的可互相替换的词项的等价类(equivalence class),便代表了一个对象。⑤ 所以,只有仰赖上述形式句法、推理语义和规范语用等层面的说明,规范推理主义才能达成

---

① Brandom R. *Articulating Reasons: An Introduction to Inferentialism*. Harvard University Press, 2000, pp.140 – 141.
② Brandom R. *Articulating Reasons: An Introduction to Inferentialism*. Harvard University Press, 2000, pp.136 – 140.
③ Brandom R. *Articulating Reasons: An Introduction to Inferentialism*. Harvard University Press, 2000, pp.136 – 138.
④ Wanderer J. *Robert Brandom*. Acumen Publishing Ltd., 2008, p.132.
⑤ Brandom R. *Articulating Reasons: An Introduction to Inferentialism*. Harvard University Press, 2000, p.140.

对次语句表达式可能的诠释。

当然,在布兰顿看来,借助对次语句表达式替换推理的说明,规范推理主义不仅能够将概念内容的说明从语句层面推进到次语句层面,而且能够提供对概念表征维度以及语言或思想之生产性和创造性的说明和诠释。首先,布兰顿指出,"因为阐明与单称词项相关联的语义内容的简单实质替换推理承诺是对称的,它们的传递闭包(transitive closure)将单称词项的集合划分为可互相替换的被替换的表达式的等价类",①而概念的表征维度即体现在:"一个可互相替换的词项的等价类代表一个对象。"②其次,借助次语句表达式的替换推理的说明,规范推理主义将语句表达式分解为次语句表达式,然后通过替换和重组将次语句表达式组合成新的表达式,并借助次语句表达式所涉及的简单实质替换推理承诺以理解新表达式的语义内容,从而实现对语言或思想之生产性、创造性和可理解性的说明。③

综上,布兰顿规范推理主义的整体论进路不仅体现了命题层面的内容,而且呈现了表征这一层面的内容,避免了表征语义理论诉诸"指称""真值"等未经说明的说明者说明概念内容的不足,表现出相对于表征语义理论的优越性。哈贝马斯认为,布兰顿的规范推理主义"在形式语用学与推理语义学之间实现了富有创新性的关联,清晰地阐明了已有传统可资利用但仍需更新的自我理解"。④ 雷丁指出,布兰顿的规范推理主义像塞拉斯摧毁"知觉的所予神话"一样摧毁了"逻辑的所予神话"。⑤ W. G. 莱肯(W. G. Lycan)认为,规范推理主义的动人之处在于,它毫不费力地避免了针对指称论、观念论和命题论这三种传统意义理论所提出的反驳。⑥ 但与此相反,福多等人则认为布兰顿的规范推理主义及其整体论取向完全是错误的,他们以"组合性"和"交流可能性"等问题为武器对布兰顿的理论进行了猛烈的抨击。

---

① Brandom R. *Articulating Reasons: An Introduction to Inferentialism*. Harvard University Press, 2000, p.151.
② Brandom R. *Articulating Reasons: An Introduction to Inferentialism*. Harvard University Press, 2000, p.140.
③ Brandom R. *Articulating Reasons: An Introduction to Inferentialism*. Harvard University Press, 2000, pp.138-139.
④ Habermas J. "From Kant to Hegel: On Robert Brandom's Pragmatic Philosophy of Language", *European Journal of Philosophy*, 2000, 8(3), p.322.
⑤ Redding P. *Analytic Philosophy and the Return of Hegelian Thought*. Cambridge University Press, 2007, pp.56-84.
⑥ Lycan W G. *Philosophy of Language*. Routledge, 2008, p.79.

第三节　对规范推理主义及其整体论的诘难

一、关于组合性①

　　组合性亦称组合性原则,②它是语言学、分析哲学、逻辑学和计算机科学等学科领域中一个至关重要的概念,可简单表述为:"一个复合表达式的意义取决于它组成部分的意义和它们的组合方式。"③在此意义上,组合性与整体论形成鲜明对比,也与规范推理主义截然不同。在语言和认知科学中,组合性通常被视为人类语言和思想所具有的一种性质或者一种重要的方法论原则,并在诠释语言和思想的过程中起着至关重要的作用。组合性不仅增强了自然语言和思想的经济性,而且也使得人们对不熟悉事物的言说和理解成为可能。

　　有学者认为组合性的思想来源于弗雷格,也有学者把组合性原则叫作弗雷格原则。事实上这两种说法都欠妥当。首先,组合性的思想早已有之,例如,在 14 世纪,法国哲学家 J. 布里丹(J. Buridan)曾说:"一个复合表达式的意义是其非逻辑词项意义的总和。"④显然,这个论述在一定程度上体现了组合性思想。其次,弗雷格在其著述中并没有清楚明白地提及组合性。一般认为,"弗雷格原则"是指弗雷格在其《算术基础》一书中明确坚持的三条基本原则,即"要把心理学的东西和逻辑的东西、主观的东西和客观的东西明确区别开来;必须在句子联系中研究语词的意谓,而不是个别地研究语词的意谓;要时刻看到概念和对象的区别"。⑤ 组合性思想在弗雷格的论著中虽有所体现,但他并未明确说明,他曾说:"让我们暂时假定语句有一个指称。如果我们把这个语句中的一个语词代之以另一个指称相同而涵义不同

---

① 武庆荣、张存建:《意义结构路径的意义组合性探析》,《科学技术哲学研究》2012 年第 5 期。
② 在英文文献里,有的学者使用"compositionality"(如 J. Fodor),有的学者使用"principle of compositionality"(如 R. Grandy),或两者都用(如 M. L. Jönsson)。福多意义上的"组合性"根据不同情形,可表达两种意思:一种是指语言或思想的一种性质,另一种是指意义组合的方法论原则。
③ Pagin P and Westerstståhl D. "Compositionality II: Arguments and Problems", *Philosophy Compass*, 2010, 5(3), p.265.
④ Pagin P and Westerstståhl D. "Compositionality I: Definitions and Variants", *Philosophy Compass*, 2010, 5(3), p.250.
⑤ 〔德〕G. 弗雷格:《算术基础》,王路译,王炳文校,商务印书馆 2001 年版,第 8~9 页。

的语词，那么这种替换并不会影响这个语句的指称。"①事实上，这是弗雷格语义值观念的一种替换说明，即如果你用一个表达式替换另一个与其指称或其真值相同的表达式，则整个部分的值不发生改变。这体现了组合性思想，然而它并不是组合性原则本身。

"组合"一词以一种相似的意义用来描述意义和理解，首次出现在J. 卡茨(J. Katz)和福多的论文《一种语义理论的结构》②里。在此文中，卡茨和福多使用组合性原则设计一个应用极其广泛的有穷系统，这个系统可以说明语句的意义；同时，在他们的论证里还存在有一个心理动机，即他们认为组合性原则可以用来说明人类是如何能够理解陌生语句的。

此后，组合性借助戴维森和R. 蒙塔古(R. Montague)有影响力的作品，以及N. 乔姆斯基(N. Chomsky)、福多、R. 布拉纳(R. Blutner)等学者对语言生产性、系统性(systematicity)、可习得性(learnability)等语言特性强有力的论证和对组合性双向最优化的假设，组合性被看作语义分析的一个指导原则。当然，组合性也要面对它的批评者，特别是F. J. 派拉提(F. J. Pelletier)、F. 瑞卡纳蒂(F. Recanati)和C. 特拉维斯(C. Travis)，他们强调与组合性相关的众所周知的问题，如歧义现象、语用问题、语言交流等。

到目前为止，存在许多支持组合性的论证。一般认为，组合性对解释自然语言的生产性、系统性和可习得性等方面是必须的。组合性的支持者认为，通常人们能够通过已掌握的有限的表达式去生产和理解之前从未听过、未用过的无限多的陌生的表达式(语言的生产性)，能够通过理解表达式"玛丽爱约翰"理解与之相关的表达式"约翰爱玛丽"(语言的系统性)，也能够通过已学习和掌握的表达式学习和理解从未遇到过的陌生表达式(语言的可习得性)，在现存的有关语言的论证里，简单地解释这些语言现象的一个方法是假定复合表达式的意义由其组成部分的意义以及它们的组合方式所决定，即假设简单表达式的意义和它们的组合方式能够被理解，那么复合表达式的意义就能够被理解(语言的组合性)。

不仅如此，福多认为组合性是当代认知科学、语言哲学、认知心理学等学科领域共同关注的概念问题的一部分，组合性的痕迹无处不在，组合性不仅在非常一般的认知能力特征，如生产性和系统性中表现出来，而且在它所

---

① Frege G. "On Sense and Reference", In *Translations from the Philosophical Writings of Gottlob Frege*. Geach P and Black M (eds.). Blackwell, 1960, p.62.

② Katz J and Fodor J. "The Structure of a Semantic Theory", *Language*, 1963, 39(2), pp.170 - 210.

表征的每一个地方出现。① 他关注组合性,主要是因为组合性和语言及心智有密切的联系。②

组合性的支持者认为,"生产性需要组合性,组合性意味着次语句的语义学优先于语句的语义学"。③ 在福多等组合性的支持者看来,语言和思想的生产性(进而组合性)对规范推理主义来说是其主要的挑战。这种挑战主要在于,组合性典型地采用一种从下而上的语义说明顺序,而规范推理主义以整体论为取向典型地采用一种从上而下的语义说明顺序。显而易见,两者的本质区别在于语义说明顺序的不同。

根据规范推理主义的整体论,一个语言表达式的意义或意向状态的内容只能依赖、衍生于语言或思想网络中的其他表达式的意义或意向状态的内容,并且在这种语言或思想的基底里,表达式或概念的个体化只能通过它们在语言或思想网络中的节点而实现。因此,确定一个表达式的意义或意向状态的内容需要言及这个语言或思想系统中所有或者许多其他表达式的意义或意向状态的内容。这就是说,在推理语义学中,表达式或概念并不是孤立的,它们的意义或内容是在语言或者思想的网络中通过与其他表达式或概念的相互关联而得以确定的。但这对组合性特别是福多的理论来说似乎是"致命的一击"。

最初,组合性的支持者如福多用组合性作武器以论证推理主义是错误的,但当面对来自推理语义学强有力的辩护时,福多又借用逆组合性(reverse compositionality)来强化他反推理主义的主张。④ 他认为,组合性和逆组合性密切相关,不仅一个复合表达式的意义随附于它的组成部分的意义(组合性),而且它的组成部分的意义会随附于它的意义(逆组合性)。⑤ 而如果推理主义不能说明一个复合表达式的意义完全能够从这个复合表达式的组成部分的意义而得出,那么推理主义不能说明组合性;并且,如果推理主义不能说明一个复合表达式的组成部分的意义完全能从这个复合表达式的意义而得出,那么推理主义不能说明逆组合性。

福多等人的论证思路如下:"推理作用本身是非组合的:通常,一个语句/思想的推理作用并不由它的组成部分的推理作用所决定。"⑥例如,根据

---

① Fodor J. *Concepts: Where Cognitive Science Went Wrong*. Oxford University Press, 1998, p.99.
② 武庆荣、何向东:《福多的组合性思想及其理论旨趣》,《哲学动态》2012 年第 10 期。
③ Fodor J and Lepore E. "Brandom's Burdens: Compositionality and Inferentialism", *Philosophy and Phenomenological Research*, 2001, 63(2), p.480.
④ 武庆荣:《福多的逆组合原则》,《上海交通大学学报(哲学社会科学版)》2012 年第 4 期。
⑤ Fodor J and Lepore E. *The Compositionality Papers*. Oxford University Press, 2002, pp.59 – 60.
⑥ Fodor J and Lepore E. "Brandom's Burdens: Compositionality and Inferentialism", *Philosophy and Phenomenological Research*, 2001, 63(2), p.472.

组合性,短语"棕色母牛"(brown cow)的意义依赖于"棕色"和"母牛"的意义以及它们的组合方式。但根据推理主义,"棕色母牛"的推理作用不仅依赖于它组成部分的推理作用,而且也可能依赖于某人有关棕色母牛的一些其他属性。比如,如果汤姆相信"棕色母牛是危险的",那么汤姆有如下推理:"棕色母牛→危险",但"危险"的推理作用并非来自"棕色母牛"的推理作用,它可能来自汤姆在现实世界中有关"棕色母牛"的信念或知识背景。因此,福多等人认为,如果意义是组合的,而推理作用不是组合的,那么意义不能由推理作用来确定。① 这意味着规范推理主义的相关观点是不成立的。同样,类似的论证方式也适用于逆组合性。

其次,福多认为,"概念是公共的,它们是许多人能够并且确实共享的东西"。② 这种概念的共享性可以解释为什么不同的人在共时状态下能够共享同一个概念,也能够解释为什么同一个人在历时状态下也能共享同一个概念。但根据规范推理主义,一个概念的推理作用由概念或思想网络中的其他概念的推理作用所决定,因此只要推理关系中的任何一个概念的推理作用发生改变,那么就会导致概念或思想网络中所有概念的推理作用发生变化,从而导致概念共享性的缺失,使语言或思想交流难以进行。

但笔者认为,以上论证并不对规范推理主义构成致命威胁。因为在某种程度上,规范推理主义并不能够确保组合性和逆组合性。因为事实上可能存在以下情形:某人能够理解一个复合表达式的组成部分的意义,而不理解这个复合表达式的意义;也可能某人能够理解一个复合表达式的意义和组合方式,而不理解这个复合表达式的组成部分的意义。

布兰顿对有关批评也做出了回应。他借助表达式之间的递归性(recursiveness)来阐明语言之生产和理解的可能性。他指出,"语义的可投射性(projectibility)、系统性和原则上的可习得性所要求的并不是语义原子论和组合性,而是与复杂性相关的语义递归性"。③ 语义递归性和规范推理主义并不矛盾,复合表达式的推理作用完全能够通过使用许多其他与其组成部分相关的实质推理以及相关的背景知识推演出来,在此意义上,递归性在表达式之间建立起来,每个表达式的推理作用都能够从较小的表达式的推理作用中被推演出来。比如,这样的运算可以是两个给定表达式的逻辑

---

① Fodor J and Lepore E. *The Compositionality Papers*. Oxford University Press, 2002, pp.16–26.
② Fodor J. *Concepts: Where Cognitive Science Went Wrong*. Oxford University Press, 1998, p.28.
③ Brandom R. *Between Saying and Doing: Towards an Analytic Pragmatism*. Oxford University Press, 2008, p.136.

析取或者合取,即将它们用"或者"或者"并且"连接起来。所以,虽然我们的知识有限,但我们能够通过使用有限的背景知识、简单的表达式和非组合性的方式创造和理解无限多的新的表达式。例如,对某人来说,他能够理解如下的完全陌生的或初次遇到的表达式"如果你登黄山,请不要随意采食那里生长的彩色蘑菇",这是因为他已经通过实质推理掌握了这个表达式中的每一个组成部分的意义,并且他能够在理解和生产新表达式的过程中投射它们,这是递归论所意味的思想。当然,这些投射过程可能并不透明,即对此人而言,尽管他拥有简单表达式和语法规则的知识,但在某些情况下,他可能无法理解复合表达式的意义。所以,为了完全理解上面这个复合表达式,他还必须知道相关的并不包含在这个复合表达式中的背景知识,比如,"如果蘑菇是有颜色的,那么它是有毒的"。①

而笔者认为,组合性和规范推理主义及其整体论并非截然两立。首先,在组合性的定义中,虽然复合表达式的意义取决于其组成部分的意义和它们的组合方式,但这个定义并没有说明其组成部分的意义来自何处。事实上,其组成部分的意义可能是以某种整体论的方式而给出的,并且这种解释和组合性的定义并不矛盾。而如果其组成部分的意义以某种整体论的方式而给出,则在一定程度上,复合表达式的意义也可能具有互相依存性,表现出整体性取向。例如,假设语句 S 和 S′不拥有共同的部分,并且语句 S 的意义是组合的,由于语句 S 的意义取决于它组成部分的意义及其组合方式,而它的组成部分的意义又可能和 S′的组成部分的意义相互依存,如此,语句 S 的组成部分的意义就可能依赖语句 S′组成部分的意义;同理,语句 S′的组成部分的意义也可能依赖语句 S 的组成部分的意义,并通过一定的方式构成语句 S′的意义。最终,语句 S′的意义和语句 S 的意义也可能具有一定的依存性,但这并不和组合性相冲突。其次,对语言的理解和交流来说,组合性并不是制胜法宝。比如上面的例子,如果要真正理解"请不要采食彩色蘑菇"这个表达式的意义,人们必须知道相关的并不包含在这个表达式中的背景知识"彩色蘑菇有毒"。

由此可见,规范推理主义(以及整体论)和组合性各自代表着不同的语义可理解性,它们是两种看待意义或内容的方式,它们在诠释语言和思想方面具有异曲同工、殊途同归的效用,它们互相依存但无法互相还原。一方面,毋庸置疑,组合性是诠释语言和思想的一个重要方法论原则,它是我们

---

① Dongho C. "Inferentialism, Compositionality and the Thickness of Meaning", https://utcp.c.u-tokyo.ac.jp/events/pdf/037_Choi_Dongho_3rd_BESETO.pdf.

完整语义理论的一个重要组成部分;另一方面,组合性并不是诠释语言和思想的充分条件,仅依靠它,我们不可能达成对语言和思想的完全理解。此外,就语言的理解而言,复合表达式的意义与其组成部分的意义具有同等程度的优先性。这正如达米特所做的那样,"我们可以断言,语词在识认顺序中是首要的,而语句在理解顺序中是首要的,但这恰恰是确认语词意义与语句意义之间的相互依存性"。①

二、关于交流的可能性②

布兰顿指出:"任何一种推理主义都是对某种语义整体论的承诺。"③"对整体论的语义理论来说,其最大的挑战一直是解释交流或人际理解的可能性。如果一个断言的推理意涵取决于其他人承诺了什么,那么说者和听者的附属承诺之间的任何不同,都可能意味着一个言语在一个人的口中与在另一个人的耳朵里具有不同的意涵。"④福多和 E. 勒波(E. Lepore)也指出:推理主义的理论导致了一种意义整体论,这种意义整体论可能会破坏语言交流的可能性。为解决交流可能性问题,布兰顿试图以意义"相似性"取代意义"同一性",但福多等人通过如下的批驳认为这种方法根本站不住脚。⑤

首先,推理作用的相似性对交流问题的解决。考虑布兰顿的例子,当他和物理学家卢瑟福(E. Rutherford)共享语词(概念)"闪电"(lightning)和"电子"时,他和卢瑟福可能都会说"闪电是由电子形成的",但他们所共享的并不是概念准确的推理作用,这是因为,不仅他们各自拥有的有关"闪电"和"电子"的推理作用不同,而且也许他们不能共享这些语词的全部推理作用。

其次,共享声音对交流问题的解决。布兰顿指出,至少在声音或构思符号类型(sign-design types)的意义上,他和卢瑟福能够共享"闪电"和"电子"这些语词。因为当卢瑟福看到闪电时,卢瑟福会和他一样,承诺应用"电子"

---

① 涂纪亮主编:《语言哲学名著选辑:英美部分》,生活·读书·新知三联书店1988年版,第66页。
② 武庆荣、何向东:《福多和布兰顿关于概念问题的三个理论分歧》,《科学技术哲学研究》2013年第5期。
③ Brandom R. *Articulating Reasons: An Introduction to Inferentialism*. Harvard University Press, 2000, p.29.
④ Brandom R. "Inferentialism and Some of Its Challenges", *Philosophy and Phenomenological Research*, 2007, 74(3), p.663.
⑤ Fodor J and Lepore E. "Brandom Beleaguered", In *Reading Brandom: On Making It Explicit*. Weiss B and Wanderer J (eds.). Routledge, 2010, pp.186–188.

的正确性,并且当卢瑟福应用它时,卢瑟福也会和他一样,承诺"电荷""磁场"等应用的正确性。① 但福多认为情形并非如此。第一,如果卢瑟福碰巧谈论的是"拉丁语"(Latin)(Latin 与 lightning 音似),显然这并不能说明交流可能性问题。第二,它潜存的一个非常不正确的立场是,无须诉诸语义学,人们可以交流同一个语词的概念。第三,这种说明回避了语词应用的实质问题。因为当天空中出现闪电时,仅仅说出"闪电"并不构成对这个词的应用,这仅仅是把语词的使用约束在他们话语的非语义的性质上,人与人之间并不能据此而共享意义。此外,可能有人认为观察会终结这个问题,其实不然:人们如何能够从对说者行为的观察中得出他们语言的语义学? 对这个问题的回答并不是对说者之间交流的说明。一种关于交流的解释认为,理所当然,说者和听者共享一种语言。这样,既然交流的概念预设了相同或相似的语言的概念,那么我们就不能将诠释理论等同于交流理论,否则任何这样做的尝试注定都是循环的。②

最后,应用的相似性对交流问题的解决。布兰顿表明:"卢瑟福和我都倾向于通过应用语词'电子'对一道闪电做出回应,也倾向于通过避免触碰裸露的金属片,对表达式'高电压、高电流'的应用做出回应。即使在迄今为止的次语义(subsemantic)层面即在一种非语义(nonsemantic)的语汇中被描绘的时候,这些语言输入和语言退出的步法,不亚于语言—语言的步法,也给予了我们共同重要的东西。我不明白为什么这样描述的结构不能承保一个完全可理解的部分共享的概念或者仅仅相似的推理作用的概念。"③但福多等人认为,争论这个问题没有意义,因为像"应用""避免""回应""行为"等概念,它们本身往往就渗透着意向性,根本不能用一种次语义语汇来重构。④

总之,在福多看来,和许多其他人一样,布兰顿认为即使没有分析的同一性概念,他也能处理交流可能性问题;事实上,在布兰顿的理论视域下,根本不存在任何同一性概念,因为它已经被某个意义相似性的概念所取代;但是,这个意义相似性概念是未被阐明的,它和设想被取代的意义同一性概念

---

① Brandom R. "Inferentialism and Some of Its Challenges", *Philosophy and Phenomenological Research*, 2007, 74(3), p.665.
② Fodor J and Lepore E. "Brandom Beleaguered", In *Reading Brandom: On Making It Explicit*. Weiss B and Wanderer J (eds.). Routledge, 2010, p.187.
③ Brandom R. "Inferentialism and Some of Its Challenges", *Philosophy and Phenomenological Research*, 2007, 74(3), p.666.
④ Fodor J and Lepore E. "Brandom Beleaguered", In *Reading Brandom: On Making It Explicit*. Weiss B and Wanderer J (eds.). Routledge, 2010, p.188.

一样需要清晰；无人拥有这样的一个概念，并且这种盛极一时的主张饱受空洞、循环等问题困扰。① 因此，他认为，布兰顿试图仰赖意义相似性解决交流可能性问题的哲学努力并不成功。

但是，笔者认为，如果情形确如福多所说，语句所表达的内容必须个体化如它们嵌入其中的理论一样精细，那么人与人之间的交流和理解就可能受到威胁。比如，如果你和我正在交流有关"电子"的信息，现在设想我们共同拥有所有有关电子的概念内容，在这种情况下，我们的交流将会没有任何问题。但是，如果你突然获悉，你之前某个有关电子的一个概念内容是错误的，你因此修正了电子的概念，或者你又获得并增加了新的有关电子的概念内容。根据福多的理论，此时你有关电子的概念内容发生了变化，变成了"电子*"，而我有关电子的概念内容仍然保持不变，结果虽然我们仍在谈论电子，可是你谈论的是电子*，而我谈论的是电子，因此你所意味的东西不同于我所意味的东西，我们似乎无法交流。但事实上我们仍然有可能继续交流下去，因为我们共享了绝大多数有关电子的概念内容，这些概念内容足以在我们的交流中发挥重要作用。

需要指出的是，以上说明并不代表笔者对概念同一性的拒绝；与之相反，笔者认为，保有概念同一性恰是成功交流的重要保障。但现实是，由于受交流主体、话语内容以及交流时语用意涵等各要素的影响，显然，福多意义上的那种概念同一性诉求难以达成。如此一来，交流何以可能问题仍悬而未决。那么如何解决这一问题呢？笔者认为，由于交流发生在说者和听者之间，交流不是单向的，而是双向或多向的，并且交流的得以进行也是交流双方或多方清晰的（explicit）表达（语义内容）和隐含的（implicit）意涵（语用意涵）两个层面之间的交流。清晰的表达和隐含的意涵两个层面的关系不是孤立的，而是互动的，前者表达后者，后者奠基前者，两者互动生成共存于交流中，共同使交流成为可能。

以上这种交流之可能的说明发展自布兰顿的平衡（equilibrium）观。布兰顿的平衡观包含两个层面的内容：表达的（expressive）平衡和诠释的（interpretive）平衡。前者主要指说和做以及语义内容和语用意涵之间的关系；后者主要指语言共同体成员互相采用一种清晰的推论计分态度而达成的关系。② 布兰顿平衡观的主要旨趣在于推理语义学，而笔者在此侧重于

---

① Fodor J and Lepore E. "Brandom Beleaguered", In *Reading Brandom: On Making It Explicit*. Weiss B and Wanderer J (eds.). Routledge, 2010, pp.188 – 189.

② Brandom R. *Making It Explicit: Reasoning, Representing, and Discursive Commitment*. Harvard University Press, 1994, p.642.

人际交流这个特定议题,并主张多层次、多维度的交流平衡。

首先,交流中存在语义内容和语用意涵的交互表达平衡。在交流中,语义内容和语用意涵具有相互依赖的关系。一方面,具有言语和行为能力的主体能够将交流中随之发生、仅仅是习惯性的"技能性知识"使之清晰,并将其转化为专题性的"命题性知识"。这就是说,交流主体只有知道他们在实践中是如何做的,才有可能形成清晰的言说,因而语义内容依赖语用意涵。另一方面,清晰的言说一旦建立,也可能改变原有实践的规范和语用意涵,加之交流主体整体的"命题性知识"在其交流之前便重构了他们先前的实践,因而语用意涵依赖语义内容。同时,表达平衡又可以用来说明形式推理和实质推理之间的交互关系:实质推理创生形式推理,形式推理使实质推理清晰。

其次,交流中存在交流双方规范地位的诠释平衡。在交流中,规范是一种基本的制约,人与人之间的交流就是彼此对于对方规范地位的不断计分过程。在交流中,一方面,交流双方或多方自己承担或归属他人的资格;另一方面,自己也承担或归属他人的承诺,因而形成互动。对规范推理主义而言,这些互动共同构成了规范性的社会实践,这种规范性的社会实践也是前述语义内容和语用意涵的共同基础。所以,虽然交流主体在交流中可能会做出不同的断言和推理,但他们所做出的断言和推理并非由自己决定,而是由社会实践的规范性决定的,并且社会实践的规范性约束不会因交流主体信念的改变而改变。因而,在规范的约束下,具有不同信念和推理联系的人之间也有可能实现成功交流。

交互的平衡机制使交流成为可能,于是不得不问,这种平衡机制从何而来?布兰顿认为是规范。他说:"为了称某物为铜,我不需要知道铜的熔点是 1 083.4℃,从而承诺它在 1 083℃不熔化而在 1 084℃熔化——当且仅当那个条件满足,在我所言是正确的意义上。因此,我的话语或思想受制于根据该规范的评价,即使我可能没有意识到这一事实。"[1]若问是什么确证了这种规范,他的答案是"我—你"结构的社会实践。然而,他的这种"我—你"结构的社会实践比实用主义意义上的实践在内涵上要单薄得多,它主要是一种语言层面的推论实践,即如何在规范的引导下使用概念的实践,它和环境、世界没有直接关联。[2] 这种推论实践使得规范和语言处于一个相对

---

[1] Brandom R. "Inferentialism and Some of Its Challenges", *Philosophy and Phenomenological Research*, 2007, 74(3), p.669.

[2] 陈亚军:《将分析哲学奠定在实用主义的基础上》,《哲学研究》2012 年第 1 期。

封闭的论域,因而无法彻底解决交流何以可能的问题。

与之不同,笔者认为交流之基础和最终诉求不在于规范,而在于产生规范的社会实践。实践是人类改造社会和自然的有意识的活动,实践不是单向的,它是人与环境实际交互的活动,实践是人类揭示世界的手段,也是世界展现自己的方式。人之不同于动物在于以语言为主要工具和环境发生作用,这种以语言为主要沟通工具的实践隐含着规范,包含着语义和语用意涵,它们相互作用共同为交流提供基础和可能。

综上所述,布兰顿一方面以命题的语用和说明的优先性,以及推论实践中概念之间本质上的推理阐明说明规范推理主义整体论取向的必要性,另一方面又以弗雷格的替换方法为技术手段诠释规范推理主义整体论进路的可能性。这种说明和诠释不仅体现了语言表达式和意向状态的概念使用、内容方面的维度,而且呈现了概念表征层面的内容,表现出了相对于表征语义理论的优越性。可以说,规范推理主义的整体论进路是布兰顿建构其独特理论体系的关键。

然而,学界虽对规范推理主义及其整体论取向不乏褒扬,但它也备受争议。它不仅受到来自福多等人以组合性为武器的批评,而且面临一大难题:交流可能性问题。而笔者以为,规范推理主义(以及整体论)和组合性并非截然两立,在诠释语言和思想之生产性等特性方面两者具有异曲同工的效用,两者各自代表着不同的语义可理解性("从上而下"和"从下而上"),两种看待意义或内容的方式,两者互相依存但无法互相还原;而由规范推理主义衍生的交流可能性问题既是规范推理主义的一大难题,也是规范推理主义整体论取向所面对的最大挑战。在此,笔者所建议的交互平衡的解决之道既是对规范推理主义思想的一种呈现,也是对布兰顿著述《使之清晰:推理、表征和推论承诺》隐微思想的具体运用;既避免了布兰顿的解释所可能导致的循环问题,也为交流可能性问题的解决提供了一个可资借鉴的思路。

而历史地讲,不管是布兰顿对规范推理主义及其整体论取向的辩护和论证,还是福多等人对规范推理主义及其整体论取向的质疑和反驳,二者无疑都是对语言哲学和分析哲学中的意义及其相关问题研究的深化,因而都具有重要的认识论意义和理论价值。此外,规范推理主义采用从上而下的语义说明顺序,以整体论为取向,以概念之间的普遍推理阐明对概念本质问题进行说明,其说明方式既体现了其对理由的重视、对规范的青睐,也反映了其认识论的独特性。

第六章 规范推理主义的认识论

布兰顿不仅将规范推理主义的思想应用到对概念之本性的探究中,而且将规范推理主义关于观察及非推理的知觉输入转换的思想应用到知识确证的知识论域中,建构了一条连接确证的内在主义和可靠主义的外在主义(reliabilist externalism)的中间进路。本章的目的在于通过考察传统和当代知识理论的发展演变,从两种主要的知识流派,即内在主义和外在主义及其不足的分析中引出布兰顿所提出的知识确证之中间进路,并在说明知觉和可靠性的评价作用、展示知识确证之中间进路基本结构和主要内容的基础上,说明其在修正可靠主义、融合和沟通知识论中的内在主义和外在主义,以及在反驳怀疑论方面所具有的重要理论价值和学理意义,①并对其受到的理论诘难予以积极回应。

第一节 知识的三元定义及其盖梯尔反例

知识论几乎和西方哲学一样古老,在《泰阿泰德》中,柏拉图试图把许多类别的知识归之于一个统一的定义之下,这个定义就是现在西方知识论文献中所称的"传统的知识'三元定义'"或者"柏拉图的定义"。在这一定义中,知识被定义为"得到确证的真信念"(justified true belief, JTB),也就是说,知识由信念、真和确证这三个要素组成。② 在柏拉图之后的 2 000 多年里,许多哲学家对此深信不疑,直到 1963 年 E. L. 盖梯尔(E. L. Gettier)提出反例③后,这种观点才引起越来越多的质疑。

1963 年,盖梯尔发表了不足 3 页的《得到确证的真信念就是知识吗?》

---

① 武庆荣:《基于道义计分模式的知识论重建》,《哲学动态》2013 年第 10 期。
② 陈嘉明:《知识与确证:当代知识论引论》,上海人民出版社 2003 年版,第 31 页。
③ Gettier E L. "Is Justified True Belief Knowledge?", *Analysis*, 1963, 23(6), pp.121 – 123.

一文,公开质疑传统的知识三元定义。在此文中,盖梯尔开篇即对几个类似的知识定义进行了陈述,例如其中的一个:

S 知道 P,当且仅当:

(1) P 为真;

(2) S 相信 P;

(3) S 相信 P 是得到确证的。

许多哲学家认为知识的三元定义共同构成了知识成立的充分必要条件。但是盖梯尔通过例示表明,即使满足知识的上述三个条件,它们也不能成为"S 知道 P"这个命题为真的充分条件,从而否证了传统知识三元定义的充分性。他的论证依据有两点:首先,在"得到确证"的意义上,在"S 相信 P 是得到确证的"是"S 知道 P"的必要条件的情形下,很可能某人确证并相信的一个命题事实上是错误的;其次,对任一命题 P 来说,如果 S 相信 P 是得到确证的,并且他能够从 P 衍推出 Q,并有理由接受 Q,在这种情况下,S 仍可能不知道 Q 是真的。①

盖梯尔的第一个反例②是:设想史密斯和琼斯都申请了某一份工作,由于公司总裁告知史密斯,琼斯将会是最终人选,并且十分钟前史密斯刚好数过琼斯口袋里有十枚硬币,因此史密斯对下述的合取命题有强有力的证据支持:

(a) 琼斯会获得这份工作,并且他口袋里有十枚硬币。

由命题(a)可衍推出如下命题:

(b) 那位将获得工作的人口袋里有 10 枚硬币。

设想史密斯能够领会这种从(a)到(b)之间的衍推关系,并且对此他有强有力的证据支持,因此他能够基于(a)而接受(b)。在这种情况下,显然,史密斯相信(b)是得到确证的。

这样,命题(b)是真的,史密斯相信(b)是真的,并且史密斯相信(b)是得到确证的,但是我们却不能因此说史密斯知道(b)。因为前述知识定义中的"S 相信 P 是得到确证的"只是"S 知道 P"的必要条件,很可能将获得工作的那个人是史密斯而不是琼斯,并且恰巧他口袋里也有十枚硬币,而他对此并不知道。在这种情形下,尽管命题(a)是假的,但命题(b)仍是真的。根据传统的知识定义形式,可将此例表述如下:

(4) 命题(b)为真;

---

① Gettier E L. "Is Justified True Belief Knowledge?", *Analysis*, 1963, 23(6), pp.122 – 123.

② Gettier E L. "Is Justified True Belief Knowledge?", *Analysis*, 1963, 23(6), p.122.

(5) 史密斯相信命题(b);

(6) 史密斯相信命题(b)是得到确证的。

以上三个条件完全符合传统的知识定义,但显然史密斯并不知道命题(b)为真,因为命题(b)的真依赖于史密斯口袋里硬币的数目,而史密斯并不知道他口袋里有多少硬币;相反,基于对琼斯口袋里硬币数量的了解,他错误地相信琼斯将得到那份工作。因此他不知道(b)为真。换言之,命题(b)并不是史密斯的知识。

盖梯尔的第二个反例①是:设想史密斯对下述命题有强有力的证据支持:

(c) 琼斯拥有一辆福特轿车。

史密斯的证据可能是:在史密斯过去的记忆里,琼斯一直拥有一辆小轿车,它是福特牌的,而且琼斯刚刚还用福特车接送过他。再进一步设想,史密斯有另一位朋友叫布朗,但史密斯完全不知道他的下落,因此史密斯完全可以任选三个地名构成如下三个命题:

(d) 或者琼斯拥有一辆福特轿车,或者布朗在波士顿;

(e) 或者琼斯拥有一辆福特轿车,或者布朗在巴塞罗那;

(f) 或者琼斯拥有一辆福特轿车,或者布朗在布雷斯特立托夫斯克。

以上三个命题都能够通过析取引入规则由命题(c)衍推出来。现在设想史密斯知道这种衍推关系,并基于命题(c)接受命题(d)、(e)和(f)。在这种情形下,史密斯是从一个具有强有力证据支持的命题(c)正确地推出上述三个命题的。因此,尽管史密斯并不知道布朗在哪里,但他完全有理由相信这三个命题。

但是现在设想另外两种情形:第一,琼斯没有福特轿车,他当前开的是租来的福特轿车;第二,由于纯粹巧合,史密斯完全不知道命题(e)所提及的地名恰是布朗的居住地。如果这两个条件成立,那么与传统的知识定义形式相应的有如下三个条件成立:

(7) 命题(e)为真;

(8) 史密斯相信命题(e);

(9) 史密斯相信命题(e)是得到确证的。

但即便这三个条件成立,史密斯仍不知道(e)是真的。

综上可见,一方面,虽然盖梯尔的两个反例在细节上有所不同,但是它们都包含着一个被确证的真信念,并且这些被确证的真信念并不成其为知

---

① Gettier E L. "Is Justified True Belief Knowledge?", *Analysis*, 1963, 23(6), pp.122 – 123.

识。这说明传统的知识定义(JTB)是不充分的,因而也是不完备的。另一方面,盖梯尔反例表明,传统的知识定义犯了定义过宽的错误,"它没有把由于偶然性而不是知识的信念排除在知识的范围之外"。① 历史地看,盖梯尔反例的提出,在知识领域引起了巨大反响,J. L. 普洛克(J. L. Pollock)等人甚至称其从根本上改变了当代知识论的特征。② 围绕盖梯尔反例及知识确证问题,哲学家提出了各种解决方案,在当代知识论中形成了不同的学派和分支。

第二节 知识论的主要理论及其难题

对于知识成立条件的讨论,当代许多知识论者着眼于寻求信念确证作为切入点。其中居主流的主要有两种知识观,即内在主义与外在主义。内在主义的基本观点是,最终确证一个信念的是持有此信念的认知主体的某种心理状态;而外在主义的基本观点是,认知主体心理状态之外的东西起着确证者(justifiers)的作用。③

一、内在主义及其难题

内在主义是知识论中有关信念确证的一种传统观点。现在用法的"内在主义"概念是当代知识论泰斗 A. 戈德曼(A. Goldman)在其论文《确证的内在主义概念》中首先提及的。在此文中,戈德曼的旨趣在于通过批驳内在主义的基本观点,以论证外在主义主张的正确性。④

戈德曼指出,居于传统认识论支配地位的是以自我为中心的内在主义,根据这种内在主义的观点,"认识论的工作就是从内部、从我们个人的视角出发,构建一种信念的原则或程序"。⑤ J. L. 波洛克(J. L. Pollock)和 J. 克拉兹(J. Cruz)认为,"内在主义主张一个信念的可确证性应该由我们的内在

---

① 马士岭:《知识的概念分析与信念》,《山东大学学报(哲学社会科学版)》2005 年第 2 期。
② Pollock J L and Cruz J. *Contemporary Theories of Knowledge*. 2ed. Rowman & Littlefield Publishers, 1999, pp.13 - 14.
③ "Internalist vs. Externalist Conceptions of Epistemic Justification", https://plato.stanford.edu/entries/justep-intext/.
④ Goldman A. "The Internalist Conception of Justification", *Midwest Studies in Philosophy*, 1980, 5(1), pp.27 - 51.转引自陈嘉明:《知识与确证:当代知识论引论》,上海人民出版社 2003 年版,第 125~126 页。
⑤ Goldman A. "The Internalist Conception of Justification", *Midwest Studies in Philosophy*, 1980, 5(1), p.32.

状态所决定"。① 由于一个信念的确证取决于它与其他信念或理由的关系,而信念或理由又可以看作心灵的所有物,因此称为"内在主义",其基本的表现形式是基础论(foundationalism)和融贯论(coherenism)。②

基础论主张,一些有限的"认识论上基本的"信念有着特殊的认识论地位,这些基本信念不需要确证——它们是自我确证的。基础论得以形成的直接动机是心理观察:我们与周遭世界唯一的联系是我们的感官,我们以各种方式感知世界,我们所有的知识都来自这些感官,我们最简单的信念就是对感觉输入的直接反应,而那些不能基于感官而获得的非基本信念,可以诉诸基本信念通过推理而得到确证。这样,那些直接来自感官的基本信念就构成了我们信念的基础、成为我们认知确证的基石,其他信念通过推理而得到确证,但推理最终要追溯到这些基本的信念。③

基础论招致了许多反对和批评,其中最著名的是塞拉斯"所予神话"的批评。由于基础论者把感官材料(sense data)当作基本信念给予我们,因此基础论也被称为"所予论"。塞拉斯认为,这种观点实际上混淆了如下两种思想的产物:一种是存在某些心理片段(inner episodes),例如,一个关于红色三角形的感觉,或者一个关于声音 #C 的感觉,即便没有任何在先的学习或概念生成过程,这些感觉也能发生在人和动物身上;另一种是存在某些心理片段,它们是被非推理地认识到的,例如,某个东西是红色的而且形状是三角的,或者在声音的情形下,某个特定的物理声音是 #C,这些心理片段为所有其他的经验命题提供证据,它们是经验知识的必要条件。④ 前一种心理片段是一些感官上的特殊物,它们本身并不构成本源性的知识,因此谈不上有什么"错误",更谈不上作为知识确证的基础;后一种心理片段作为非推理的知觉知识,已经包含了概念的或命题的内容,它们需要借助某些其他概念来加以理解,是可错的。因此,"虽然在某种意义上人们可以直接知道一些经验的事实,但与此相关的信念却不可能是所谓'直接可理解的'、自我确证的"。⑤

基础论同样遭到了怀疑论的质疑:基本信念是如何可能的?我们为什么应当相信我们的感觉?我们如何能够保证感官传递给我们的内容就是外

---

① Pollock J L and Cruz J. *Contemporary Theories of Knowledge*. 2ed. Rowman & Littlefield Publishers, 1999, p.24.
② 陈嘉明:《知识与确证:当代知识论引论》,上海人民出版社 2003 年版,第 126 页。
③ Pollock J L and Cruz J. *Contemporary Theories of Knowledge*. 2ed. Rowman & Littlefield Publishers, 1999, p.29.
④ Sellars W. *Empiricism and the Philosophy of Mind*. Harvard University Press, 1997, pp.32 – 33.
⑤ 陈嘉明:《知识与确证:当代知识论引论》,上海人民出版社 2003 年版,第 199 页。

在对象的实际情形？感觉和信念之间是一种什么样的关系，使得前者可以确证后者？对于这些质疑，基础论者要么将某些信念等同于感觉，要么认为我们相信感觉便能确信它的存在，要么认为感觉之所以能够确证信念在于我们经常能够意识到它。然而，基础论者对怀疑论的质疑所做出的此类回答是很难不让人再生质疑的。①

基础论也受到了融贯论的挑战。融贯论否认存在认识论上地位特殊的信念子类，强调所有的信念都有着同样重要的认识论地位，主张只有信念才能充当持有其他信念的理由，融贯论把确证看作是处于同一系统中的信念之间关系的融贯一致，这也就是说，任何信念的确证都依赖其他信念在融贯一致关系上对该信念所提供的证据上的支持，任何信念在认识论上都是平权的，所以根本不存在基本信念。但融贯论同样遭到了怀疑论的质疑："为什么我们的信念不可能既融贯一致而对于世界又全是假的呢？如果在一个系统中融贯为真的信念却在另一个系统中为假，我们应当如何认识这个信念呢？"②不仅如此，信念确证的无穷后退问题也是融贯论者必须解决的难题之一。

上述这些反对和批评表明，内在主义者认为知识的确证条件来自信念者的内在心理状态，这种主张很难经得起推敲。不止于此，内在主义也受到了来自外在主义者系统有力的批驳。外在主义者论证的一个基本依据是：至少有些知识确证要素外在于认知主体的内在状态。

二、外在主义及其难题

外在主义是对内在主义的否定。按照外在主义的观点，决定信念确证的因素至少还包括信念所产生的外部环境。外在主义主要有两种表现形式：可靠主义（reliabilism）和可能主义（probabilism）。前者主张信念的确证性在于产生信念的认知过程的可靠性，后者则认为信念的确证性在于信念以及相关信念的可能性。③

一般认为，"外在主义"一词最先是 D. 阿姆斯特朗（D. Armstrong）提出的。在他 1973 年出版的《信念、真与知识》一书中，他指出："根据'外在主义者'对非推理知识的说明，使一个真的非推理的信念成为一个知识事例（a case of knowledge）的是信念状态、所相信的命题以及使信念为真的情境之间存在的某种自然的联系。这是一个关乎信念持有者与世界之间存在着某

---

① 王静、张志林：《三角测量模式对知识客观真理性的辩护》，《自然辩证法通讯》2008 年第 1 期。
② 王静、张志林：《三角测量模式对知识客观真理性的辩护》，《自然辩证法通讯》2008 年第 1 期。
③ 陈嘉明：《知识与确证：当代知识论引论》，上海人民出版社 2003 年版，第 153 页。

种关系的问题。"①

戈德曼在此之前也提出过类似的理论,在《认知的因果论》一文中,他首次表达了对知识的因果理解。其基本思路是:"如果事实 p 是某一真信念 p 的原因,并且存在着连接事实 p 与该信念 p 的链条,则某一真信念 p 是知识;反之,假如某人的信念并没有因果地与相关的事实相联系,它就不是知识。"②由此可知,这种理论把真信念看作是由相应的事实所引发的,并且认为当某个信念是由相应事实所引发的时候,这个信念就成了知识。在其后的二三十年间,戈德曼又发表了包括《识别与知觉知识》③《何谓确证的信念?》④等在内的一系列文章,明确主张可靠主义的观点,认为真信念来自可靠的信念形成过程,一信念成为知识取决于因果地导致其产生的、可靠的单一的或复多的过程。

按照阿姆斯特朗的观点,对知识进行外在主义的说明,无须再诉诸传统的"确证"概念,而只需要拥有一个与世界发生恰当关联的真信念。换言之,将知识解释为可靠性,就可以取代传统的将知识看作"得到确证的真信念"的解释。⑤ 而戈德曼的观点稍有不同,在因果理论时期,戈德曼明确表达了取消传统确证观的倾向。他说:"这里提出的分析公然违背了认识论中一个由来已久的传统,即这个观点:认识论问题是逻辑的或确证的问题,而不是因果的或遗传的问题。"⑥在后期的可靠主义时期,他把需要确证的信念与信念产生的可靠过程统一起来,又明确主张信念的确证观。这种诉诸过程的可靠性以解决知识确证问题的理念,使得可靠主义成为一种有别于内在主义的信念确证理论。

可靠主义作为 20 世纪后 30 年知识论独树一帜的主流学派,它既是应对盖梯尔难题相对有效的一种方案和进路,又是一个重要的哲学范畴。可靠主义一般被归为外在主义,这恰如布兰顿所指明的:"可靠主义理所应当被称为一种形式的认识论的外在主义,"⑦或曰"可靠主义的外在主义"。⑧

---

① Armstrong D. *Belief, Truth and Knowledge*. Cambridge University Press, 1973, p.157.
② 转引自陈英涛:《论戈德曼确证的信赖主义》,《自然辩证法研究》2004 年第 7 期。
③ Goldman A. "Discrimination and Perceptual Knowledge", *Journal of Philosophy*, 1976, 73 (20), pp.771 - 791.
④ Goldman A. "What Is Justified Belief?", In *Justification and Knowledge: New Studies in Episteemology*. Pappas G S (ed.). D. Reidel Publishing Company, 1979, pp.1 - 23.
⑤ 陈嘉明:《知识与确证:当代知识论引论》,上海人民出版社 2003 年版,第 152 页。
⑥ Goldman A. "A Causal Theory of Knowing", *The Journal of Philosophy*, 1967, 64(12), p.372.
⑦ Brandom R. *Articulating Reasons: An Introduction to Inferentialism*. Harvard University Press, 2000, p.120.
⑧ Brandom R. *Making It Explicit: Reasoning, Representing, and Discursive Commitment*. Harvard University Press, 1994, p.217.

由上可知,尽管阿姆斯特朗与戈德曼的知识观不尽相同,但其理论内核都是外在主义。

可能主义不同于可靠主义。可能主义用某一信念及相关的其他信念之确定的可能性来刻画确证之特征。可能主义诉诸"可能性"对知识确证进行说明,是一种因果论的外在主义。可能主义与可靠主义同为外在主义,其相同之处在于,两者都反对单纯地从认知主体内在状态中寻求确证性的根据,都主张从外部世界的联系中、从信念产生的外部原因中获得确证性根据,并诉诸可能性、可靠性等寻求知识的确定性的新标准。①

外在主义者把知识的确证条件与信念产生的外在环境联系起来,不仅考虑到了确证的外在视角,同时一定程度上修正了传统的外在主义,具有一定的认识论意义。然而,由于过分强调确证的外在条件,忽视了认知主体在确证信念时的理性把握能力,使得该理论在内在主义者如 L. 邦久(L. Bonjour)等人的进攻面前捉襟见肘。外在主义受到的这种挑战,可从邦久的如下评论中领略一二:"似乎可以有把握地说,一直到现在,没有任何严肃的知识论哲学家曾经梦想过提出这样的说法:某人的信念可以仅仅由于外在于他的主观概念的事实和关系而得到认识的确证。"②

与邦久等人的观点不同,布兰顿对外在主义尤其当代知识论的主流理论可靠主义持有保留意见,他认为,可靠主义寻求并提出诉诸可靠性确证知识的观点,既存在一些洞见(insights)也会导致一些盲区(blindspots),而将规范推理主义者的语义理念应用于观察上,对经验概念的内容符合事件的可观察状态来说是必须的。因而他主张修正可靠主义,以规避可靠主义的盲区、容纳可靠主义的洞见;同时,基于内在主义和外在主义之不足的考虑,提出建构一条连接确证的内在主义和可靠主义的外在主义的中间进路。

第三节 知识确证的一条中间进路

认识论通常也被称为知识论。当恰当地对知识进行归属的时候,认识论通常以信念确证为出发点,但无论是确证的内在主义还是外在主义,或者

---

① 王荣江:《知识论的当代发展:从一元辩护走向多元理解》,《自然辩证法通讯》2004 年第 4 期。

② Bonjour L. "Extemalist Theories of Empirical Knowledge", *Midwest Studies in Philosophy*, 1980, 5(1), p.56;转引自陈嘉明:《知识与确证:当代知识论引论》,上海人民出版社 2003 年版,第 153 页。

外在主义的可靠主义都存在一些无法绕避的难题和盲区。布兰顿基于社会的道义态度和模态的道义地位所建构的知识确证模式，是一条连接确证的内在主义和可靠主义的外在主义的中间进路。这条进路的主要意图之一是：使规范地位的概念能够做迄今为止人们要求意向状态的概念去做的许多理论的和解释的工作；[1]不止于此，这种连接确证的内在主义和可靠主义的外在主义的知识确证模式也为修正可靠主义、融合两大知识传统、反驳怀疑论提供了可资借鉴的思路，具有重要的学理意义。

一、可靠主义的洞见与盲区

可靠主义是外在主义的一种形式。传统可靠主义主要以阿姆斯特朗的早期可靠主义[2]以及戈德曼的因果论[3]为代表；后期主要以 T. 威廉姆斯（T. Williams）、J. 波洛克（J. Pollock）等人的可靠主义以及戈德曼的种种改进与回应为表现。[4] 作为当代知识论的主要代表人物之一，戈德曼在其文章中明确指出，真信念来自可靠的信念形成过程，这诚如他所言："如果 S 在 t 时的信念 p 来自一个可靠的认知的信念形成过程（或者一组过程），那么，S 在 t 时的信念 p 就是得到确证的。"[5]

就可靠性和知识确证的关系问题，当代许多知识论者都曾给予热切关注并积极讨论，然而他们其中的许多观点却大相径庭，例如戈德曼[6]、M. 斯温（M. Swain）、[7]W. 奥尔斯顿（W. Alston）、[8]J. 格雷科（J. Greco）[9]等学者主张知识确证需要可靠性的支撑，而 K. 莱勒（K. Lehrer）、[10]S. 科恩

---

[1] Brandom R. *Making It Explicit: Reasoning, Representing, and Discursive Commitment*. Harvard University Press, 1994, p.201.

[2] Armstrong D. *Belief, Truth and Knowledge*. Cambridge University Press, 1973.

[3] Goldman A. "A Causal Theory of Knowing", *The Journal of Philosophy*, 1967, 64(12), pp.357-372.

[4] 戈德曼对可靠主义的思考、改进及最新进展，可参见 Alvin Goldman(1976)(1979)(1981)(1986)(1988)(1992)(1994)等文献。

[5] Goldman A. "What Is Justified Belief?", In *Justification and Knowledge: New Studies in Episteemology*. Pappas G S (ed.). D. Reidel Publishing Company, 1979, p.13.

[6] Goldman A. "What Is Justified Belief?", In *Justification and Knowledge: New Studies in Episteemology*. Pappas G S (ed.). D. Reidel Publishing Company, 1979, pp.1-23.

[7] Swain M. *Reasons and Knowledge*. Cornell University Press, 1981.

[8] Alston W. "An Internalist Externalism", *Synthese*, 1988, 74(3), pp.265-283.

[9] Greco J. "Justification Is Not Internal", In *Contemporary Debates in Epistemology*. Steup M, Turri J and Sosa E (eds.). Wiley-Blackwell, 2013, pp.325-336.

[10] Lehrer K and Cohen S. "Justification, Truth, and Coherence", *Synthese*, 1983, 55(2), pp.191-207.

(S. Cohen)、①R. 福利(R. Foley)、②R. 费尔德曼(R. Feldman)③等则拒斥这种观点。此外,由于可靠主义者对可靠主义的普遍性难题(generality problem)、认识过程如何是可靠的等问题没有给出足够明确的说明和根本的解决,一定程度上也使得可靠主义在其反对者的进攻面前左支右绌。

然而,布兰顿对可靠主义持有不同的认识和态度。他指出,虽然传统的知识三元定义关涉知识成立条件的共同充分性,它们单个的必要性受到严重质疑,但他认为,至少在某些情形下,真信念也可以等同于真正的知识。④例如,设想某陶器厂有一位资深专家,他能把阿兹特克人的(Aztec)陶瓷碎片(potsherds)和托尔特克人的(Toltec)陶瓷碎片分辨开来。但他不愿看重这些信念,尤其是为了他自己的专业声誉考虑,他坚持为他非推理地获得的信念提供确定的证据,如做显微镜和化学的分析等,也就是说,他不确信他自己是这两类陶瓷碎片的可靠的非推理的报告者。但设想与他一起工作多年的同事已经发现他实际上是一位可靠的此两类陶瓷碎片的鉴定者,也即他做出的相关鉴定断言即使未经确证也是值得信赖的。因而他的同事似乎有理由说,在某些情形下他是正确的,尽管他坚持为他的信念寻求确定的证据,实际上,在他做显微镜和化学分析之前,他已经知道他所持有的信念是真信念。布兰顿将这种即使在候选的认知者未能确证其信念,却可靠地形成真信念并能够将其当作知识的情形,称为可靠主义的"基本洞见"(the founding insight)。⑤但他同时也指出,这种基于可靠性并且认知者未能为之提供理由的知识,作为局部现象是可能的,它不能作为全局的现象出现。⑥

布兰顿指出,接受可靠主义的基本洞见,确实包含了在某些特定的情形下不赞成对确证的内在主义的裁定,但关注可靠性并不简单地与传统的JTB知识论的真正洞见相抵触,而是可以把它看作传统说明的普遍化(generalization)。传统的JTB知识论一直将认知者能够推理地确证的真信

---

① Cohen S. "Justification and Truth", *Philosophical Studies*, 1984, 46(3), pp.279–295.
② Foley R. "What's Wrong with Reliabilism?", *The Monist*, 1985, 68(2), pp.188–202.
③ Feldman R. "Justification is Internal", In *Contemporary Debates in Epistemology*. Steup M, Turri J and Sosa E (eds.). Wiley-Blackwell, 2013, pp.337–350.
④ Brandom R. *Articulating Reasons: An Introduction to Inferentialism*. Harvard University Press, 2000, p.97.
⑤ Brandom R. *Articulating Reasons: An Introduction to Inferentialism*. Harvard University Press, 2000, pp.98–99.
⑥ Brandom R. *Articulating Reasons: An Introduction to Inferentialism*. Harvard University Press, 2000, p.106.

念当作中心的和典范的例子,例如,来自可靠的信念形成机制或非推理地获得的知觉信念有资格作为知识,其特殊情形在于:在某些情境下,认知者知道或者至少相信他是一个可靠的知觉者,因此他能够援引他的可靠性作为信念的理由,如此,可靠性就成了一种理由。在此意义上,可靠主义的知识理论与传统的 JTB 知识论并无二致。而如果按照可靠主义者的理解,真信念只能产生于信念形成的可靠过程,这种理解既排除了以推理方式确证的真信念,又忽视了认知者确证其信念的能力,这与布兰顿的理论相悖,因此他"拒斥以可靠性概念取代理由的概念"。①

根据规范推理主义的认识论,真正的知觉信念需要应用概念,而那些不处于彼此推理关系中的状态,不能充当彼此理由的状态,根本不能被视为信念。例如,铁在潮湿的环境中生锈,地雷受到一定的压力会发生爆炸,鹦鹉看到红色的事物发出"这是红色的"的声音,等等,虽然这些反应都是对不同的刺激所做出的可靠的有区别的反应,但它们并不具有认知上的资格,它们并非对概念的应用、并非是信念的形成。②

知觉信念是具有命题内容、可以作为推理的前提和结论的东西,因为知觉信念主体在予求理由的游戏即概念的使用中,凭借做出的一个可能的步法能够对可视的红色事物的出现做出回应,比如把知觉到的红色对象看成是有颜色的、看成非绿色的,等等。由于认知者的这类可靠的有区别的反应可以在推理的网络中占据一席之地,因此这类反应可以被认知为概念的应用、认知为信念或者信念的表达式。这类真正的知觉信念与前述金属铁、地雷等的有区别的反应之不同最根本的一点在于信念在推理(既包括理论上的推理,又包括实践上的推理)中所发挥的潜在的前提和结论的作用。所以,把具有命题内容并因此在概念上清晰阐明的信念,包括那些有资格作为知识的信念,与仅仅可靠的反应或非认知生物的表征区分开来的,是它们本身既能作为理由也需要理由。布兰顿将可靠主义未能认识到可靠性概念解释力的不足,称为可靠主义的"概念的盲区"(conceptual blindspot)。③

由于可靠性概念本身存在解释力的不足,所以可靠主义企图用可靠性概念取代理由的概念显然是错误的。这诚如布兰顿所言:"除了作为一种理

---

① Brandom R. *Articulating Reasons: An Introduction to Inferentialism*. Harvard University Press, 2000, pp.99 – 102.
② Brandom R. *Articulating Reasons: An Introduction to Inferentialism*. Harvard University Press, 2000, p.108.
③ Brandom R. *Articulating Reasons: An Introduction to Inferentialism*. Harvard University Press, 2000, pp.108 – 109.

由,可靠性可以在证实信念是知识的理由旁边,占据一个从属的地位。但它不能取代在认知实践的理解中予求理由的中心地位。"①一言以蔽之,可靠主义试图以信念形成过程的可靠性取代传统知识论的推理的确证也理据不足。

可靠主义的第二个洞见是"戈德曼的洞见"(the Goldman's insight)。布兰顿认为,理解戈德曼的洞见最好的方法是借助戈德曼谷仓外观(barn facade)的例子。② 设想一个知觉正常的人,在通常可视的知觉条件下,知觉者看到一个红色的谷仓,由于之前他见过许多红色的谷仓,因此他相信并断言在他面前有一个红色的谷仓,事实上,在他面前确实有一个红色的谷仓知觉地引起他如此地语说和如此地相信,因而他的断言和他的信念皆为真。此时,他拥有一个感知者所能拥有的最好的理由来支持他的信念:他拥有所有的证据以证实他面前有一个红色的谷仓,并且他能看到它是红色的;换言之,连接这个知觉者和他面前红色谷仓的因果链是理想的。在此情形下,这个知觉者拥有一个真信念,并且他为这个信念提供了充分的理由,因此可以说,知觉者所拥有的是知觉知识。③

但现在设想有一个谷仓外观县。在这个县城中,当地居民有一个业余爱好,就是建造极其逼真的红色的谷仓外观。尽管在这个县城里有一个真正的红色谷仓,但却有 999 个红色的谷仓外观,这些红色的谷仓外观被设计得如同真的红色谷仓一样,以至视觉正常的人不能明辨出真假来。现在设想前述这个知觉正常的人来到了谷仓外观县,但他不知道他是在谷仓外观县。当他看到其中一个谷仓时,他会形成一个与他事实上看到真正的红色谷仓时相同的信念,即他会错误地相信他正在看一个真正的红色谷仓,但事实上,他碰巧遇上那个真正的红色谷仓,只是一件偶然的事情。现在的问题是:他知道他面前的谷仓是一个真正的谷仓吗? 显然不能。因为尽管他可能有一个真信念,但他的这个信念只是偶然为真。这表明,不仅传统的确证的内在主义是不充分的,而且诉诸把知觉者连接到他信念所关于的东西的因果链,从仅仅偶然的真信念中识别出知识的这条路径也是不充分的。④

---

① Brandom R. *Articulating Reasons: An Introduction to Inferentialism*. Harvard University Press, 2000, p.110.
② Goldman A I. "Discrimination and Perceptual Knowledge", *Journal of Philosophy*, 1976, 73 (20), pp.771–791.
③ Brandom R. *Articulating Reasons: An Introduction to Inferentialism*. Harvard University Press, 2000, pp.113–114.
④ Brandom R. *Articulating Reasons: An Introduction to Inferentialism*. Harvard University Press, 2000, p.114.

戈德曼对此的回应是,在谷仓外观县,认知者并不是可靠的谷仓的知觉者,相关的信念形成机制并不是一种可靠的、值得信赖的机制。这种情况的特殊之处在于,所处的谷仓外观县这个环境是不可靠环境。换句话说,信念形成机制的可靠性依赖于应用它的可靠的环境。所以,可靠性的归属一定要与参照系(reference classes)相对应,布兰顿将之称为"戈德曼的洞见"。①

布兰顿指出,谷仓外观县的例子最重要的作用在于,它说明了可靠性的归属受制于参照系。设想谷仓外观县是某个州 100 个县之一,并且这个州的其余县都喜爱真实的谷仓。那么在这个州里,对于知觉者知觉信念的形成过程来说,被视为有区别的反应倾向的运作是相当可靠的,因此当它事实上产生出真信念时,它可以确保对知觉知识的归属。再设想如果由 50 个更大的州组成的整个国家共享谷仓外观县的嗜好,那么对于知觉者知觉信念的形成过程来说,被视为有区别的反应倾向的运作则与前述情况相反,即相当不可靠,因而在这种情形下不足以保证知觉知识的归属。然而,如果以范域较小的参照系取代前述范域较大的参照系,并且在这个范域较小的参照系中,只存在并且只能看到一个真正的谷仓,那么在此情形下,获得真信念的可能性是最大的,因此在范域最小的可能的参照系中,信念形成机制具有最大的可靠性。②

由此可见,可靠性的相对性的存在,使得要想确定知觉者信念形成机制的可靠性或者知觉者是不是一个客观的、可靠的谷仓的识别者,必须选取正确的或者恰当的参照系。但何者是正确的或恰当的参照系?这事实上并没有一个确定的答案,因为相对于每一个参照系有一个明确的答案,但世界上没有任何东西能够赋予任一参照系以特权,而且可靠性概念本身也不能为此问题提供一个答案。③ 所以,仅仅诉诸可靠性对知识进行归属是不充分的。

由此,布兰顿指出,从某种意义上说,戈德曼谷仓外观的例子是一把双刃剑。④ 引介这个例子,戈德曼最初的动机在于,通过论证因果知识理论的不足而为可靠主义腾挪出空间。但颇具讽刺意味的是,它不仅暴露了可靠

---

① Brandom R. *Articulating Reasons: An Introduction to Inferentialism*. Harvard University Press, 2000, p.115.

② Brandom R. *Articulating Reasons: An Introduction to Inferentialism*. Harvard University Press, 2000, pp.115-116.

③ Brandom R. *Articulating Reasons: An Introduction to Inferentialism*. Harvard University Press, 2000, pp.116-117.

④ Brandom R. *Articulating Reasons: An Introduction to Inferentialism*. Harvard University Press, 2000, p.113.

主义的理论缺陷,也揭露了可靠主义的"自然主义的盲区"(naturalistic blindspot)。原因在于,信念形成机制的可靠性不是一成不变的,它是多样化的,它的变化取决于我们怎样刻画这个机制以及知觉者。因为如前所述,当知觉者被描述为在对那个真谷仓的外观进行感知时,他是可靠的,并且他知道有一个谷仓在他面前;当知觉者被描述为是那个县的谷仓外观感知者时,他是不可靠的,并且他不知道有一个谷仓在他面前;当知觉者被描述为是那个州的谷仓外观感知者时,他又是可靠的,并且他是一个知者(knower)……所有这些描述对这个知觉者来说都是真的。同样的刻画也可以用纯粹自然主义的语汇来表达。但是这些可进行自然主义陈述的事实,对知觉者的可靠性并因而对他作为知者的地位产生了不同的评判;并且,如果可进行自然主义陈述的事实不能从这些描述中挑选出一个独一无二的具有特权的或正确的描述,那么根据知识论的可靠主义,可进行自然主义陈述的事实,并不能解决在被描述的情况下知觉者是不是一个知者的问题。因此,布兰顿明确表示:"我并不否认戈德曼的洞见。但与谷仓外观例子结构相关的情况可能会发生,它们是关于可靠主义承保(underwrites)自然化的认识论这一断言——这种错误思想可被称为可靠主义的'自然主义的盲区'——的反例。"①

现在的问题是:我们应该如何理解认识论中关于可靠性之思虑的意义呢?我们如何既能够恰当地承认可靠主义的基本的洞见和戈德曼的洞见,又能够避免可靠主义的概念的盲区和自然主义的盲区呢?在布兰顿看来,回答这些问题的关键在于要明白:对可靠性的关注应该被理解为对一种与众不同的推理的好的关注。他称这种思想为认识论的可靠主义的"隐含的洞见"。②

由此可见,确证的可靠主义不仅会导致"概念的盲区",同时会招致"自然主义的盲区",前者未认识到可靠性概念解释能力的局限性,而后者基于一种彻底的自然化的认识论基础,全然忽视了规范和理由在知识确证中的重要作用。所以,布兰顿主张修正可靠主义,以规避可靠主义的两个盲区、容纳可靠主义的三个洞见;同时,基于内在主义和外在主义之不足的考虑,提出建构一条连接确证的内在主义和可靠主义的外在主义的中间进路。

---

① Brandom R. *Articulating Reasons: An Introduction to Inferentialism*. Harvard University Press, 2000, pp.116 – 117.

② Brandom R. *Articulating Reasons: An Introduction to Inferentialism*. Harvard University Press, 2000, p.117.

二、知识确证的一条中间进路

根据传统的知识定义,归属知识就是归属一种特定的信念。但在布兰顿的知识确证的中间进路中,信念被承诺所取代,知识的归属是用归属承诺的道义态度来表示的。即

S 拥有知识 P,当且仅当

（10）归属者给 S 归属一个承诺 P；

（11）为 P 归属资格；

（12）归属者承认 P。

这也就是说,在把某人拥有的东西称为"知识"时,人们要做三件事：第一,归属一个承诺,第二,为这个承诺归属资格,第三,自己承担相同的承诺。① 在此,布兰顿以归属和承担两种道义态度以及承诺和资格两种道义地位定义知识,其旨趣在于赋予知识一种规范的社会地位。

首先,归属一个承诺。归属承诺,这对应于传统知识定义的信念条件。出于与可靠主义概念盲区相关的前述已表明的理由,必须将此承诺理解为在被推理阐明的概念网络中占据了一个位置。也就是说,此承诺可以和概念网络中的其他承诺一起构成推理,它既可以作为推理的前提也可以作为推理的结论,并排除其他与之不相容的承诺。在广义的推理阐明网络中,只有当承诺在其中占据一个位置时,才能把它理解为具有命题的并因此具在概念的内容。②

其次,为承诺归属资格。这对应于传统知识定义的确证条件。在布兰顿看来,对知识进行归属,不仅要归属承诺,也要为承诺归属资格,因为要使归属的一个承诺成为知识,人们还必须将这个承诺视为信念持有者在某种意义上对之拥有资格的承诺。当然,基于前述可靠主义的基本洞见的考虑,赋予一个信念持有者拥有一个承诺的资格,推理的确证并不是唯一的方式,对资格进行归属,也可以建立在对导致承诺被承担的过程的可靠性进行评价的基础之上。③

最后,归属者自己承担相同的承诺。这对应于传统知识定义的真之条

---

① Brandom R. *Articulating Reasons: An Introduction to Inferentialism*. Harvard University Press, 2000, p.119.

② Brandom R. *Articulating Reasons: An Introduction to Inferentialism*. Harvard University Press, 2000, p.118.

③ Brandom R. *Articulating Reasons: An Introduction to Inferentialism*. Harvard University Press, 2000, p.118.

件。因为信念持有者拥有资格的信念可能有很多,但这些信念不一定都是真的,只有当它们是真的时候,它们才能算作知识;但是,"认为一个断言或信念为真并非把一种特别有趣和神秘的性质归属给它;它完全是在做某种不同的事情。它是在认可这个断言本身"。① 持真的态度就是承认一种断言性承诺的态度,承担承诺是断言者授权他人去做的事情的一部分。根据这种理解知识断言的方式,知识归属的真之条件的意义在于,"给他人归属一个承诺和自己承认这个承诺之间社会视角上的根本不同"。②

例如,如果某语言实践者 A 说:S 知道猫是哺乳动物,那么首先 A 认为,S 对这个断言即"猫是哺乳动物"做出了承诺并因而对此断言负有责任,即当这个断言受到挑战时他能够为其提供理由;其次,A 认为 S 享有此断言的资格,即享有使用这一断言进一步进行推理等的权利;最后,A 认同 S 的断言并承担一个相应的承诺,即 A 自己也相信猫是哺乳动物。

总之,在把某人拥有的东西称为知识时,人们要做三件事:归属一个承诺、为这个承诺归属资格、自己承担或承认具有相同内容的承诺。在此意义上,知识具有一种多元的(complex)道义地位,因为在某种意义上,它既包括承诺也包括资格;同时,知识的归属也是混合的(hybrid)道义态度,因为在某种意义上它既包括归属承诺也包括承担承诺,所以,知识具有一种多元的混合的道义地位。③ 而将知识理解为一种规范的社会地位,"这样做就是在予求理由的游戏中采用一种多元的、本质上社会阐明的态度或立场"。④

三、知识确证之中间进路的学理意义

规范推理主义的知识论是知识论域中的一个代表,它不仅吸纳了自柏拉图以来知识确证的传统,同时仰赖广义推理主义,借助归属、承担、承诺和资格等实用主义的规范概念重新定义知识,这种道义的、规范的推理确证的知识理路在整个知识论中具有独创性意义:它不仅规避了可靠主义的两个盲区,容纳了可靠主义的三个洞见,修正了可靠主义,而且为融合和沟通知识论中的内在主义和外在主义、批驳知识论问题上的怀疑论提供了一条可

---

① Brandom R. *Articulating Reasons: An Introduction to Inferentialism*. Harvard University Press, 2000, pp.118–119.
② Brandom R. *Making It Explicit: Reasoning, Representing, and Discursive Commitment*. Harvard University Press, 1994, p.202.
③ Brandom R. *Making It Explicit: Reasoning, Representing, and Discursive Commitment*. Harvard University Press, 1994, pp.201–202.
④ Brandom R. *Articulating Reasons: An Introduction to Inferentialism*. Harvard University Press, 2000, p.119.

资借鉴的理路。

首先，在确保信念的资格问题上，为可靠性的归属提供了一个新的视角，修正了可靠主义。① 根据规范推理主义的认识论，接受某人为非推理的信念的可靠形成者，所要做的就是在某些环境下把他看作一个如前所述红色谷仓的可靠的报告者，就是在那些环境下把他有关谷仓的报告看作可能是真的，即自身倾向于认可那些报告。认为某人是可靠的，这意味着认可一种与众不同的推理，这种推理是一种从归属给他人一个在某些环境下获得的具有命题内容的承诺，到自身认可或承担一个具有相同内容的承诺的推理。这些独特的推理展示出归属承诺和承担承诺之间社会阐明的结构，它们是可靠性推理。认可这种推理也就是准备把他人视为信息的提供者，从而在自己的推理中愿意使用他人的承诺作为自己推理的前提。②

有可能从他人的话语中获取信息，是断言实践以及将信念归属给他人的实践的主要目的之一。因此在予求理由的游戏中，可靠性推理在其中充当着重要的角色。可靠主义是知识论外在主义的一种形式，由于对可靠性或者知识的评价可能会考虑信念主体理由之外的东西，在此情形下，这样的评价关注的是知识的评价者所拥有的理由，而不是知识主体所拥有的理由，因此，既不能将可靠性排除在予求理由的游戏之外，也不能将其排除在对什么是什么的理由的关注之外。③

理解可靠性凭借的是推理的好，而不是其他。这样思考可靠性的最终好处在于，在谷仓外观的情况下可以看出问题的实质，以及如何才能接受戈德曼的洞见。一是参照系的相对性。当在不同的语境中观察时，不同的参照系恰好与不同的(真的)附属前提或辅助假设相对应，为了能够得出推理的结论，这些前提或假设可与非推理地获得的知觉信念的归属结合在一起，并且可靠性的评价者或者说知识的评价者可以使用这些结论作为他自己推理的前提。例如，从前述那位知觉者关于红色谷仓的报告，以及他位于谷仓外观县的前提，不存在一个好的推理，能够推出他面前有一个红色的谷仓；与之不同，从那位知觉者的报告和他位于谷仓州的前提，存在一个相对好的推理，能够相对可靠地推出他面前有一个红色的谷仓。当然，这里并不存在

---

① Brandom R. *Articulating Reasons: An Introduction to Inferentialism*. Harvard University Press, 2000, pp.119–122.
② Brandom R. *Articulating Reasons: An Introduction to Inferentialism*. Harvard University Press, 2000, pp.119–120.
③ Brandom R. *Articulating Reasons: An Introduction to Inferentialism*. Harvard University Press, 2000, p.120.

矛盾,因为它们是不同的推理。所以,将可靠性的评价或知识的评价理解为认可一种与众不同的推理并无不妥。二是描述的相对性(relativity to description)。虽然对可靠性的理解或者对知识的理解受制于描述的相对性,但一旦我们看到是在关注刚刚那样语境下的可靠性,那么描述的相对性就可以被欣然接受,因为推理的好与不好,与如何描述我们正在推理的东西有关。可靠性推理具有非单调性,它结论的正确性会随着前提的改变而改变,因此描述的相对性也不会对可靠性的理解或者知识的理解构成威胁。①

故而,布兰顿认为,修正可靠主义的关键在于把可靠性理解为一种与众不同的推理的好,在此,这种与众不同的推理不仅是一种起自归属某种环境下获得的具有命题内容的承诺到认可或承担具有相同内容的承诺的推理,同时是一种展示社会阐明之结构的可靠性推理。在此意义上,为了避免可靠主义的概念的盲区,一个人必须认识到,在识别有资格作为信念并因此有资格作为知识的表征方面所具有的特定推理阐明的意涵;为了避免自然主义的盲区,一个人必须认识到,关注可靠性就是关注一种独特的人际间的推理结构。在此解释语境下,理解推理的作用就是把握可靠主义隐含的洞见。② 因此,理解可靠性,是根据推理的好,而不是相反。③ 既保存、扩展了可靠主义的三个洞见,同时又规避了可靠主义的两个盲区,在确保信念的资格问题上,为可靠性预留出一席之地,这是规范推理主义认识论的重要意涵之一。

其次,规范推理主义的认识论在连接确证的内在主义和可靠主义的外在主义方面,成为沟通两大知识传统的桥梁。有关盖梯尔问题的论辩引发了20世纪下半叶西方知识论研究的热潮,当代一些有影响的哲学家也大都直接或间接地参与了这方面的研究,形成了内在主义和外在主义两大知识主流学派以及其他许多发展分支。在诸多方面,知识论中的内在主义和外在主义表现出显著的对立。例如,内在主义主张,"一个信念的可确证性应该由我们的内在状态所决定";④而外在主义主要从信念与外部环境的联系中寻求信念确证的依据。显然,内在主义和外在主义的这种歧见割裂了大

---

① Brandom R. *Articulating Reasons: An Introduction to Inferentialism*. Harvard University Press, 2000, pp.120–121.
② Brandom R. *Articulating Reasons: An Introduction to Inferentialism*. Harvard University Press, 2000, pp.117–122.
③ Brandom R. *Articulating Reasons: An Introduction to Inferentialism*. Harvard University Press, 2000, p.39.
④ Pollock J L and Cruz J. *Contemporary Theories of Knowledge*. 2ed. Rowman & Littlefield Publishers, 1999, p.24.

脑内部或心灵内部思想活动和外部对象之间的联系。但总的来说，"内在主义把知识的获得与确证归结为意识的内在行为，从自我意识中寻求知识的根据和确证的条件，属于西方传统意义的，特别是笛卡尔式的、强调理性认识和确证的哲学传统；而外在主义是对这一传统的突破，寻求从与外部世界的联系中，从信念的外部产生原因中获得这种根据，寻求知识确证的新标准"。①

盖梯尔反例所引发的争论，一方面表明单纯的推理确证的知识确证路径存在着难以克服的局限；另一方面也为重新认识和解决各流派之间的纷争提供了可能。同时，当代知识论域的诸多论述已显明，内在主义和外在主义不可相互替代，两者相辅相成。原因在于：第一，除非我们有内部生物能力的参与，否则外部对象不能存在于它们中；第二，内部的生物能力除非建基于外部世界中，否则它们不能被创生、发展和发挥作用。正是在这样的发展情况下，目前各知识流派之间的普遍必然性在弱化，方法论的手段在相互渗透。这使得内在主义和外在主义之间已经没有了绝对性的分界，而是在寻求一种有原则的融合。比如，B. 罗素（B. Russell）就主张知识应当是主观确证与客观确证的结合，认为"对于知识而言，主观与客观的确证二者都是需要的"。②

这样的理论背景和哲学趋势使布兰顿在一开始就以一种完全不同的路径来建构他的知识理论。布兰顿既要继承内在主义关注理性、注重推理确证的传统，又要寻求新的方法论途径来重建理性、重新定位外在主义的界域，这客观上促使他自觉地将内在主义与外在主义融合在一起。规范推理主义的认识论最为突出地反映了他的这一思想实质。根据规范推理主义的认识论，归属知识是一种混合的道义态度，它不仅涉及归属承诺，也涉及承担承诺；而对观察知识而言，归属者不仅必须把可靠性归属给认知主体，而且归属可靠性即是认可一种由观察者非推理地承担的承诺到其他人认可这个承诺的推理。由于这一知识理论既包括诉诸信念以确证知识的资格，也包括诉诸可靠性以确证观察报告的资格，因此，规范推理主义的认识论既避免了外在主义只考虑信念与引起信念的外部环境之间的因果关系，忽视了知识归属者必要的推理态度以及确证是一种理由关系的缺陷，又不偏执于内在主义坚持认知主体必须拥有某种推理态度这种过强的要求，而走出了一条中间路线，因而具有重要的学理意义。

---

① 王荣江：《知识论的当代发展：从一元辩护走向多元理解》，《自然辩证法通讯》2004 年第 4 期。
② Russell B. "Epistemic and Moral Duty", In *Knowledge, Truth and Duty*. Steup M (ed.). Oxford University Press, 2001, p.44.

最后,在反驳怀疑论问题上,为知识论提供了一条独特的进路。一方面,规范推理主义是一种广义的推理理论,它的理论范域甚为宽广,它接受非语言性的应用环境。与之相应,其认识论也包括诉诸可靠性以确证观察报告的资格,并且对一个观察报告保有资格不需要总是被同化为对这个观察报告的推理的确证,而可以诉诸交流机制的运作。这种交流机制依赖于内容内部的人际的证言(testimony),而不是个人的内容间的确证。交流机制的运作包含着一个隐含的与报告者的可靠性有关的断言。如果把这种交流机制的运作视为富有成效的,那么就隐含地认可一种从报告者的断言 P 到 P 这种许可推理(permissive inference)的恰当性,而所有这些都是隐含于实践中的做事,①它们有交流机制做后盾,因而怀疑论根本无立足之地。

另一方面,知识确证之中间进路将知识视为一种多元混合的道义地位,这种理解是建立在以推理的方式形成的两种模态的与众不同的道义地位,即承诺和资格之间的相互作用,以及两种社会的与众不同的道义态度,即归属和承担之间的相互作用基础之上的。在这种社会的实践模式中,信念的概念被承诺的概念所取代,归属知识不仅包括归属承诺,也包括承担承诺。在予求理由的概念使用中,这样做是采用一种复杂的、本质上社会阐明的态度或立场。这也是在实践中给他人归属一个承诺与自身承认具有相同内容的承诺之间的社会视角的不同。在此理解之下,知识具有一种"我—你"结构的主体间性。借助这种区分和理解,给予予求理由的推论实践以社会性的说明,知识的规范地位就不会被等同于个体或共同体的规范态度,这样,怀疑论所质疑的"信念即融贯一致又全是假的"情形便不会出现。

四、对知识确证之中间进路的理论诘难

布兰顿在对规范推理主义认识论的建构和说明中贯彻规范推理主义的理念,将规范推理主义对非推理的知觉输入转换应用到信念确证的知识论域中,建构了一条连接确证的内在主义和可靠主义的外在主义的中间进路,为修正可靠主义、融合和沟通知识论中的内在主义和外在主义、批驳知识论问题上的怀疑论提供了一条可资借鉴的理路。但是这种道义的、规范的推理确证的知识论是建构于特定的理论前提和假设基础之上的,它无可避免地也遭遇了理论上的诘难。②

---

① Brandom R. *Making It Explicit: Reasoning, Representing, and Discursive Commitment*. Harvard University Press, 1994, p.218.
② Schmoranzer S and Seide A. "Brandom on Knowledge and Entitlement", In *Robert Brandom: Analytic Pragmatist*. Prien B and Schweikard D P (eds.). Ontos Verlag, 2008, pp.47–57.

例如,S. 施莫兰泽(S. Schmoranzer)和 A. 赛德(A. Seide)认为,布兰顿致力的是纯粹的外在主义,其知识资格的概念里并无内在主义之确证的容身之处。他们的理据是:第一,根据布兰顿的观点,所有经验断言的资格都是基于因默认而享有资格的信念之上的;第二,那些由默认而被认知地赋予资格的信念只是被外在地确证的;第三,如果所有资格都是基于纯粹被外在地确证的信念,那么所有信念都只是被外在地确证的。① 因此他们认为,布兰顿并未在外在主义和内在主义之间走出一条中间理路。②

对此挑战,布兰顿本人做出了如下辩护:针对施莫兰泽和赛德就此诘难提出的论据"红色是一种颜色"这类言语社区中的成员已经接受并自由使用(free move)的语句类型是否被确证的问题,他认为,争辩这个问题,事实上背离了认识论的目标。因为传统认识论的软肋在于其隐含的语义学,比如戈德曼等理所当然地认为,那些在认识论上被评估的信念和主张,其语义是固定的,我们知道它们意味什么,但是除了什么东西可以确证或者实际确证一个断言外,我们不能把断言的意义视为已得到确定。因此当某人说"曾经有过黑狗"是一个自由使用的断言的时候,这并非表明当他说这句话时我们已经知道这个断言所意味的,我们能够谈论它,是因为我们认识的每个人都接受了它,所以我们也有理由接受它。正是这样的自由使用的断言对包含其中的各种语词的意义作出了实质性的贡献。因此,当我们从语义学的角度思量意义和确证的时候,不同断言间的相关联的确证关系既是我们用来确立这些断言意义的一部分,也是我们用来确定我们有理由相信哪一个断言的一部分;而当我们从语义学的角度思考认识论问题的时候,所有经验确证的基础是:可靠的共变事件已经被纳入了共同体成员所接受的推理中,因为如果存在事件与事件可靠的共变,那么人们就可以把一个事件当作好的理由来推断另一个事件的存在,如此,世界的面貌就被转换为概念上的符号说明,在此意义上,所有沿其而下的都是可靠的。而在这幅图景中,至关重要的是可靠性推理,它让世界上的因果共变反映在了我们的推理结构中。③ 所以,布兰顿认为,施莫兰泽和赛德所言的其致力的是纯粹的外在主义并不成立。

---

① Schmoranzer S and Seide A. "Brandom on Knowledge and Entitlement", In *Robert Brandom: Analytic Pragmatist*. Prien B and Schweikard D P (eds.). Ontos Verlag, 2008, pp.50－51.
② Schmoranzer S and Seide A. "Brandom on Knowledge and Entitlement", In *Robert Brandom: Analytic Pragmatist*. Prien B and Schweikard D P (eds.). Ontos Verlag, 2008, p.55.
③ Brandom R. "Reply to 'Brandom on Knowledge and Entitlement'", In *Robert Brandom: Analytic Pragmatist*. Prien B and Schweikard D P (eds.). Ontos Verlag, 2008, pp.164－166.

显然，以上施莫兰泽和赛德与布兰顿观点之分歧主要在于，前者认为布兰顿信奉的是纯粹的外在主义，而布兰顿认为确证的内在主义和外在主义在不同层面起着作用，①因此他融合内在主义和外在主义，建构了一条连接确证的内在主义和可靠主义的外在主义的中间进路。

就笔者而言，由于对知识论中的内在主义和外在主义均持有保留意见，因而在认知取向上相较更认同布兰顿的观点。首先，从传统和当代知识论的纷争和发展来看，不仅内在主义或外在主义这种单一的知识确证方式不足取，而且当代知识论的许多发展理论已表明内在主义和外在主义融合与吸收的可能性、多元理解的必要性，如德性知识论、语境主义、社会知识论等。其次，从布兰顿的理论核心"推理主义"的视野看，规范推理主义的认识论不仅是对规范推理主义细节的填充，更是对规范推理主义的传承和发展。一方面，由于规范推理主义对推理的倚重、对理由的青睐，它明显是分析的；另一方面，由于布兰顿思想基底里的实用主义主张的深层脉动，使得他不仅将社会实践纳入其理论考量，而且将实在论引入规范推理主义的界域，因而又使得规范推理主义具有一种实用主义的视野。这种二合一的分析实用主义的视角，反映在规范推理主义的认识论上，即认可一种人际的推理模式（pattern of interpersonal inference），以归属承诺和承担承诺这种与众不同的社会视角的形式，将个体的知者内在的和外在的认知考量综合在一起，从而在内在主义和外在主义之间找到某种折中路径，走出了一条中间进路，具有一定的范式意义。

尽管施莫兰泽和赛德对此知识确证之中间进路及布兰顿内在主义者之身份等提出异议，但规范推理主义的认识论对内在主义和外在主义的沟通与融合不是子虚乌有而是毋庸置疑的；同时，布兰顿既是内在主义者也是外在主义者的称誉不是其自我标榜，而是有诸如下面这样的文字相佐：尽管布兰顿反对主观主义，但他是内在主义者，他对局部的外在主义（local externalism）的论证表明，对资格的外在归属只能运用于那些内在于理由空间的人；尽管布兰顿也反对自然主义，但他又是外在主义者，他对理由空间的外在主义说明涉及历史的、文化的以及语言实践的概念。②

五、知识确证之中间进路的新实用主义取向

根据认知主体是否"退隐"或"淡出"，知识论可以分为主观知识论和客

---

① Prien B and Schweikard D P（eds.）. *Robert Brandom: Analytic Pragmatist*. Ontos Verlag, 2008, p.50, p.167.
② Ho J. "A Neo-Pragmatist Approach to the Theory of Knowledge", *NCCU Philosophical Journal*, 2004,（12）, pp.63-64.

观知识论。按照 K. 波普尔(K. Popper)的界定,主观意义上的知识或者思想"由心灵状态或者意识状态或者行为倾向或者反应倾向组成";①主观知识论的基本主张是:"'知道'(knowing)是一种活动,它以认知主体的存在为前提,它是主观的自我知道。"②主观知识论的特点是对认知主体的强调。无论是笛卡尔的"我思"、洛克的"观念"、贝克莱的"存在就是被感知"、康德的"先验统觉",还是当代知识论的内在主义,都聚焦于认知主体主观意义上的知识,强调认知主体的个体能力,主张从人的心灵状态或意识状态来理解知识。

客观意义上的知识或者思想"由问题、理论和论据本身组成。在此客观意义上,知识完全独立于任何人声称的知识;也独立于任何人的信念,或者同意的倾向;或者断言的倾向,或者行为的倾向。客观意义上的知识是没有认知者的知识:它是没有认知主体的知识"。③ 按照波普尔的理解,知识论就是"关于科学知识的理论",④它无关乎认知主体。

然而,知识作为一个社会系统,无论是主观知识抑或客观知识于知识而言都是不够的。首先,从主观知识论的角度看,笛卡尔、康德等传统的知识确证的个体知识论,其特点是:(1)注重个体心灵,忽视知识生产共同体;(2)研究对象是经验;(3)知识的产生与确证脱离社会对其运用效果的要求等;(4)不研究知识的传播与接受等。⑤ 显然,这种仅从认知主体的角度来诠释知识的主观知识论,既疏离了知识与人类社会存在着的某种联系,同时认知主体直接的感觉偶尔也会有出错的可能,因而具有一定的理论缺陷。其次,从客观知识论的维度看,根据波普尔的观点,知识是没有认知主体、外在于我们的,例如,一本没有被阅读和理解的书不仅仍有可能被阅读和理解,而且其知识是呈现于纸张上的。但波普尔这种客观知识观也同样受到了巨大的挑战,S. 哈克(S. Haack)就曾指出:波普尔知识论中的一些重要主张,由于其本身需要一个认知主体,因此他的无认知主体的知识论并不能成立。⑥

---

① Popper K. *Objective Knowledge: An Evolutionary Approach*. Clarendon Press,1979,p.108.
② Popper K. *Objective Knowledge: An Evolutionary Approach*. Clarendon Press,1979,p.73.
③ Popper K. *Objective Knowledge: An Evolutionary Approach*. Clarendon Press,1979,pp.108 – 109.
④ Popper K. *Objective Knowledge: An Evolutionary Approach*. Clarendon Press,1979,p.108.
⑤ 顾林正:《从个体知识到社会知识——罗蒂的知识论研究》,上海人民出版社 2010 年版,第 84 页。
⑥ Haack S. "Epistemology with a Knowing Subject",*The Review of Metaphysics*,1979,33(2),pp.309 – 335.

为了消解主观知识论与客观知识论以及前述知识确证的内在主义和外在主义的困境,新实用主义的代表人物塞拉斯、罗蒂、戴维森、麦克道威尔、布兰顿等从不同的角度对传统知识论进行了变革。

塞拉斯的知识论主要将知觉经验的"所予神话"作为反对对象。根据这种"所予神话",我们直接感知的东西不是这个世界中的客体,而是认知主体的一些观念,这些观念能够作为我们知识的基础。① 但塞拉斯拒斥这种"所予神话",对他来说,知识存在于理由空间中,知道某物就是采用一种规范的态度或立场知道事物如何。

罗蒂的新实用主义知识论是"族群中心主义"的社会知识论,他认为知识的主体是处于社会团体、族群之中的。在知识主体生产知识的过程中,知识主体是在某个共同体中从事研究,而非单独地从事研究;知识的研究对象和结果都要受社会目标和社会规范的强烈影响,它们都是社会的建构;在很大程度上,知识确证是相对于听众的,是社会共同体的事业;知识的传播、接受与权利、民主与自由有关;以社会生活实践为基础的知识是有限理性的、相对的、开放的知识。②

与塞拉斯不同,戴维森的知识论是一种建构性的,他提倡一种非自然主义的外在主义,他关于意向性、意义之基础的"三角测量"说明,为反主观知识论提供了强有力的支撑。

在当代,这种知识论上的新实用主义取向的卓越发展归功于麦克道威尔和布兰顿。麦克道威尔非常欣赏塞拉斯关于理由空间和自然空间的划分,并且赞同就知识的确证而言,必须在理由空间内为知识提供根据,但他也同情基础论,他认为,基础论至少有两点值得肯定:一是基础论避免了融贯论的无穷后退问题;二是基础论保证了我们的知识与世界或事物之间的逻辑关联。③ 麦克道威尔和塞拉斯的知识论虽有不同,但两者的共同之处是:都把语言实践作为知识确证和知识归属的根源或标准,所以其知识理论都具有一种新实用主义的取向。

然而,就麦克道威尔和布兰顿来说,尽管两者在理论上都继承了塞拉斯的衣钵,都把塞拉斯的理由空间作为他们理论的出发点,但出发点相同而结

---

① Ho J. "A Neo-Pragmatist Approach to the Theory of Knowledge", *NCCU Philosophical Journal*, 2004,(12), p.38.
② 顾林正:《从个体知识到社会知识——罗蒂的知识论研究》,上海人民出版社 2010 年版,"摘要"第 2 页。
③ 陈亚军:《超越经验主义与理性主义——实用主义叙事的当代转换及效应》,江苏人民出版社 2014 年版,第 180~181 页。

果却殊异,其不同主要体现在对待传统的知识定义方面:麦克道威尔强调知识的首要性(primeness),反对传统的知识三元定义,布兰顿则根据其社会—语用的概念重新定义了知识;换言之,麦克道威尔对主流的知识论提供了一种"治疗性的解构",布兰顿则给出了一种"实用主义的重建"。①

布兰顿自称是实用主义者,他自觉地将塞拉斯的实用主义和戴维森的外在主义结合在他对真、理由和知识的说明中。然而,作为一名新实用主义者,在一些关键问题上,他又把自己与传统的美国实用主义者区分开来。比如,他拒斥那种刻板的实用主义(stereotypical pragmatism),这种实用主义的真理论主张,"真就是什么东西有效",②但这种实用主义对真之作用的说明并不正确,它一样面临被质疑的命运,因为"真"和"什么东西有效"之间还存在着一定的距离。例如,即使我们相信某个理论是有效的,但我们不知道它是否正确。他主张,实用主义应当关注概念的语言的使用,或者更具体地说,关注概念在语言实践中所起的作用。因此与传统的对真的描述分析不同,他对真采用一种行事的(performative)分析,强调持真的态度以及对行动的承诺,他的这种实用主义的真理论为进一步诠释理由空间和知识提供了理论准备。③

他指出,理由空间是对"予求理由的具体实践"的抽象,予求理由的实践是我们语言的社会的实践,理由空间是一种规范性的空间,谈论信念和断言的内容也就是谈论原则上能够作为理由的东西。知识是理由空间中的一种地位(standing);我们可以把理由空间中的地位理解为实践者实际承认的"承诺"和"资格";归属理由空间中的地位,包括使用叙实的(factive)概念(如"believes truly")、有正当理由的(warrantive)概念(如"believes reliably")以及认知的概念(如"knows");而真和确证这两个概念在知识的归属中发挥着不同但又相互联系的作用。④

借助对理由空间的阐明,布兰顿对潜存于外在主义和内在主义背后的自然主义和主观主义也给予了关注。一方面,虽然布兰顿是外在主义者,但

---

① Ho J. "A Neo-Pragmatist Approach to the Theory of Knowledge", *NCCU Philosophical Journal*, 2004, (12), pp.30 – 31.
② Brandom R. *Making It Explicit: Reasoning, Representing, and Discursive Commitment*. Harvard University Press, 1994, p.285.
③ Ho J. "A Neo-Pragmatist Approach to the Theory of Knowledge", *NCCU Philosophical Journal*, 2004, (12), pp.50 – 51.
④ Brandom R. "Knowledge and the Social Articulation of the Space of Reasons", *Philosophy and Phenomenological Research*, 1995, 55(4), pp.895 – 908; Ho J. "A Neo-Pragmatist Approach to the Theory of Knowledge", *NCCU Philosophical Journal*, 2004, (12), pp.51 – 52.

他赞同理性主义而拒斥自然主义。他的理据是，自然主义把人视为与其他动物一样的自然存在物，认为自然中的个体、性质、关系和活动等都可以通过自然科学如物理学、化学和生物学等得以确定；尽管自然主义的这种方法并非把理性看作是灵异的或者超自然的东西，但社会的语言实践构成了一个文化的领域，这种文化的领域依赖但又超越了可靠的有区别的反应倾向以及仅仅自然生物特有的活动的背景；而一旦出现概念的使用，则在自然之物如电子和历史之物如英国浪漫主义诗歌之间就会呈现出明显的差别，换言之，自然主义的方法事实上抹杀了自然领域和文化领域的区分。① 因此，他在规范推理主义的认识论上坚持一种非自然主义的倾向。

另一方面，虽然布兰顿是内在主义者，但他同时也反对主观主义。主观主义初始于笛卡尔对心灵和物质的划分，到洛克达至顶峰。根据洛克的观点，心灵并不能直接地知道事物，我们只有仰赖观念的介入才能了解它们，或者说，知识只与我们的观念有关。所谓知识，就是心灵对两个观念的契合或矛盾所生的一种知觉。因此，知识不是别的，它只是心灵对任何观念间的联络和契合或者矛盾与相违而生的知觉；知识只由知觉产生，有这种知觉，就有知识，没有这种知觉，则我们只可以想象、猜测或者相信，却不能得到知识。② 但戴维森指出，主观主义假设纯私有的、主体的心灵之物在我们的认知中发挥着认识论意义上的作用，这种假设只不过是一种"主体的神话"（the myth of subjective），③因为观念虽然在我们的心灵和世界之间起着认知的中介作用，但观念并不是知识论的根本。为了反对主观主义，布兰顿提出了知识的社会视角理论，在这种理论里，发挥重要作用的是不同社会视角间的规范联系，而不是认知主体的观念。④

在布兰顿看来，知识本质上是一种社会地位（social status），"因为它包含并依赖归属一个承诺（给他人）和承担一个承诺（自己）之间的社会视角的不同"，⑤知识可被理解为存在于理由空间之中，但如果有人把理由空间个体化，那么这样个体化的理由空间将不再具有社会阐明性，在这种情况

---

① Brandom R. *Articulating Reasons: An Introduction to Inferentialism*. Harvard University Press, 2000, pp.26－27.
② 〔英〕洛克：《人类理解论》，关文运译，商务印书馆1983年版，第515、555页。
③ Davidson D. "The Myth of the Subjective", In *Subjective, Intersubjective, and Objective*. Clarendon Press, 2001, pp.39－52.
④ Ho J. "A Neo-Pragmatist Approach to the Theory of Knowledge", *NCCU Philosophical Journal*, 2004, (12), p.52.
⑤ Brandom R. "Knowledge and the Social Articulation of the Space of Reasons", *Philosophy and Phenomenological Research*, 1995, 55(4), p.904.

下,知识将不会成其为知识。把知识诠释为一种社会地位,这样理解知识不仅强调了知识成立的真之条件和确证条件之间的联系,而且突出了真之条件和确证条件的不同;不仅如此,信念作为知识成立的条件之一,它也涉及理解的条件,即认知主体把握和应用相关概念的能力——这种能力依赖于予求理由之游戏中的实践的知道如何,只有认知主体能够领会和应用其断言中所包含的概念,他才能理解他的断言。[1] 因此,基于知识的社会视角理论,规范推理主义的认识论不仅能够成功地将真、信念和确证条件以一种恰当的方式联系在一起,而且其对认知主体的概念能力之本源的诠释,同样使其具有一种新实用主义的取向。

总之,由于布兰顿深受分析哲学和实用主义的影响,一定程度上致使其规范推理主义的认识论既具有一种分析哲学的风格,又具有一种实用主义的视野。一方面,在他看来,人类实践处于理由空间之中,而非概念的存在者的活动仅仅处于自然的领域,规范的空间与法则的领域性质不同,因而他主张一种理性主义的实用主义或者分析的实用主义。这种新实用主义以语言取代经验,以理性主义取代经验主义或自然主义,呈现出与传统实用主义不同的特质。另一方面,虽然同样受语言转向的影响,布兰顿并不像他的老师、早期的新实用主义者罗蒂那样,强调人和世界之间非表征的存在关系、以放弃世界为代价来保证哲学的自洽性。他和罗蒂不同,他并不放弃对客观性的追求,在规范推理主义背景下,他不仅将社会实践纳入其知识论的考量,而且将内在主义和外在主义融合在一起,这种二合一的视角,既保证了诉诸理由以确证知识这一维度,同时又兼顾了信念之产生的外在视角和知识的社会规范维度,具有一种新实用主义的取向。

综上所述,布兰顿在对知识论的重建中,借助其规范推理主义的理念,建构了一条连接确证的内在主义和可靠主义的外在主义的中间进路。这种知识确证的中间进路既避免了确证的内在主义在确证信念过程中导致的信念无穷后退问题,又避免了可靠主义的外在主义仅考虑信念与引起信念的外部环境之间的因果关系,而忽视了确证也是一种理由关系的缺陷;既避免了可靠主义的两个盲区,又容纳了可靠主义的三个洞见,具有一定的理论意义。同时,知识规范地位的建构及知识确证之中间进路的提出,既为我们修正可靠主义、融合两大知识传统提供了可资借鉴的思路,也为我们重审和批

---

[1] Ho J. "A Neo-Pragmatist Approach to the Theory of Knowledge", *NCCU Philosophical Journal*, 2004, (12), pp.53-55.

驳知识论问题上的怀疑论创设了一条新的路径,具有重要的学理意义。尽管施莫兰泽和赛德对此知识确证之中间进路及布兰顿内在主义者之身份等提出异议,但规范推理主义认识论仍具有它深远的影响以及新实用主义的启示意义。

第七章 规范推理主义的本体论

布兰顿指出,语言表达式或意向状态不仅具有概念内容这一维度,同时具有表征这一维度。① 传统表征语义理论如指称论,从语言和世界的关系角度说明语言表达式的语义内容,充分体现了概念表征这一维度。而如果规范推理主义在其理论框架下,仅仅说明概念内容这一维度,而不提供概念表征这一维度的说明,这于规范推理主义来说是不充分的。因而规范推理主义有必要对概念的表征维度或者说指称维度提供系统说明。

第一节 概念表征维度说明的必要性

首先,从表征语义理论视角来看,表征主义者认为语义说明的适当顺序应开始于词项。词项和对象之间存在着对应的关系,这种关系是语言事物和非语言事物之间的关系。词项可分为单称词项和普遍词项,它们的意义独立并优先于语句的意义。诉诸词项这种基本的语义诠释层级,然后说明由词项组合而成的语句,再诉诸语句的诠释,最终说明由判断组合而成的推理。这是一种从下而上的语义说明顺序,这种语义说明顺序以词项与对象的表征关系为语义说明的出发点,充分体现了概念表征这一维度。

布兰顿拒斥表征语义学这种从下而上的语义说明顺序。他追随康德和弗雷格,认为意识或认知的基本的、最小的可理解单位是语句,语句附着有语用效力,语义学的目的在于为语用学提供系统说明。由于语义学必须以这种方式符合语用学,因此语句范畴具有一种说明的优先性,即对语句的说明优先于对单称词项等次语句的说明。这是一种从上而下的语义说明顺序。然而这种语义说明顺序如何才能根据概念之间的推理关系说明概念的

---

① Brandom R. *Articulating Reasons: An Introduction to Inferentialism*. Harvard University Press, 2000, p.158.

指称维度或表征维度呢？这是布兰顿规范推理主义必然要面对的问题。若规范推理主义要体现出相对于表征语义理论的优越性，则它不仅要在自己的理论框架内对概念内容这一维度提供说明，同时必须对概念表征这一维度提供说明。

其次，从规范推理主义的视角看，规范推理主义是一种广义的推理理论，这种广义的推理主义深受塞拉斯有关语言游戏中的三种步法所启发，接受非语言性的应用环境与应用后果。也就是说，作为实质推理前提的除了那些具有推理性的命题内容之外，还有一类对我们来说至关重要的概念，即经验概念。经验概念是不可或缺的概念，经验概念最核心的使用是在知觉和观察报告的表达中。一方面，由于知觉和观察报告很大程度上受非语言环境，即世界所引发，而不是由其他断言推出的结论，因而它们本质上是非推理的、直接指向世界与世界保有联系的；另一方面，虽然观察报告是关于世界的直接报告，但它又要进入概念的推理网络之中和其他断言构成推理的联系，因而它又是推理的、间接指向世界与世界保有联系的。而就非语言性的应用后果来说，在语言退出步法中，语言实践者道义态度的改变，如承认一个断言，可以作为刺激，引出非语言性的行为。例如，一个理性的语言实践者如果承认"交通灯是红色的"，那么他就可以通过踩下汽车的刹车来可靠地对"交通灯是红色的"这个断言做出恰当的反应，而这种概念应用的非语言性后果明显也是指向世界的。此外，"断言的经验的和实践的介入——在这种意义上即使那些纯理论性的断言，它们也是与具有直接经验意涵和实践意涵的断言仅仅推理地联系在一起的——对它们的内容做出基本的贡献"。① 所以，既然概念应用的环境与后果及断言本身都是直接或间接指向世界并与世界保有联系的，那么规范推理主义理应将表征维度纳入其理论考量。

最后，从布兰顿本人的学术立场视角看，一方面，他深受"语言转向"的影响，他的论述风格显然是分析哲学的；另一方面，他对"社会实践"的重视，对"概念使用"的青睐，又使其具有一种实用主义的视野。他主张分析的实用主义，②作为新一代实用主义者，他试图以一种系统的方式将

---

① Brandom R. *Making It Explicit: Reasoning, Representing, and Discursive Commitment*. Harvard University Press, 1994, p.234.
② Brandom R. *Between Saying and Doing: Towards an Analytic Pragmatism*. Oxford University Press, 2008, p.69.布兰顿有时也将其实用主义主张称为"理性主义的实用主义""语言实用主义""推理主义的实用主义"（Brandom R. *Articulating Reasons: An Introduction to Inferentialism*. Harvard University Press, 2000, p.11, p.14, p.18.）。

分析哲学和实用主义这两种理趣不同的哲学传统统一起来,这种哲学努力显示了新实用主义的最新发展形态,即在语言转向的背景下,将世界重新召回哲学家视野,使分析哲学和实用主义在一个新的高度重新统一起来。①

同为新实用主义的代表人物,罗蒂认为,"世界""指称"等都是一些无足轻重或内容空洞的概念,世界于我们来说只具有因果关系,不具有确证关系。罗蒂的这种观点可从他的如下表述中略知一二:"我们新实用主义者不再像老实用主义者那样,谈论经验、心灵或意识,而是用谈论语言取而代之。"②按照罗蒂的这种哲学观,实用主义本身就是一种不带表征色彩的实践哲学。与罗蒂不同,布兰顿主张分析的实用主义,他不愿放弃对客观性的追求、对概念表征维度的说明,而是试图从规范推理主义出发,导出表征、指称、客观性的内涵。因而,对概念表征维度进行说明也是布兰顿分析实用主义哲学观的重要体现和必然要求。

第二节　概念表征维度的说明

规范推理主义的基本构架是以规范语用学奠基推理语义学。从语用学的角度看,语言表达式的意义或意向状态的内容在于其使用;从语义学的视角看,意义来自推理,语言表达式的意义或意向状态的内容取决于它们在推理中所发挥的作用。显然,这种语义诠释方式具有重要的范式意义,但是这种诠释方式面对的最大挑战和最棘手的难题是它如何能够说明概念的表征这一维度。

一、对次语句表征维度的说明

布兰顿将语句看作语义的基本单位。在布兰顿那里,一个语句的语义内容,来自它在推论实践中起到的推理作用,而不是来自它与对象的关系。从这种观点看,并不清楚为什么单称词项之类的次语句有存在的必要,因为它们本身并不能在语言游戏中走出一步,不能发挥同语句一样的语用作用。之所以对次语句提供说明,原因如布兰顿所言:"尽管设想仅包括无内在结

---

① 陈亚军:《"世界"的失而复得》,《中国社会科学》2012 年第 1 期。
② Rorty R. *Philosophy and Social Hope*. Penguin Putnam Inc., 1999, p.95.转引自陈亚军:《"世界"的失而复得》,《中国社会科学》2012 年第 1 期。

构的语句表达式的推论实践原则上是融贯的,但这样的语言的表达力受到严重限制,因为语言的生产性和创造性依赖如下事实:无限多的陌生的语句能够被生产和理解,在于它们是由熟悉的次语句要素构成的。"① 因此,虽然规范推理主义将语言表达式或意向状态的意义或内容赋予语句以说明的优先性,但仍需将这一说明推进到次语句,以说明单称词项等次语句的语义内容。这种说明的结果是,"任何具有关于自身概念内容的充分表达力的语言——绝不要担心它被用来谈论的世界的特征(the character of world)——必定采用了包含单称词项和谓项的语句的形式。即,它必定至少声称陈述了关于对象以及它们的性质和关系的事实"。② 这也表明,对次语句的表征维度进行说明原则上包含两个步骤,第一步首先识别出次语句,第二步才是对次语句的表征维度进行说明。

根据规范推理主义,将概念内容的说明扩展到次语句,识别并归属概念内容给次语句,在技术上必须基于替换这种关键的语义推理方法。这正如布兰顿所言:"替换这个概念提供了一条从基本的语句表达式的识别到根本上次语句表达式的识别的路径。"③

规范推理主义对次语句的推理替换说明包括两个层面:一是句法的说明;二是语义的诠释。④ 在句法层面,布兰顿主要对替换结构的作用进行说明:单称词项发挥着被替换的替换结构的作用,而谓项起着替换语句框架的替换结构的作用。借助替换结构作用的说明,他的主要旨趣是识别出属于同一句法范畴的次语句。

在语义层面,单称词项的识别依赖它们对称的替换推理意涵,谓项的识别依赖它们非对称的替换推理意涵。单称词项和谓项的不同在于:单称词项存在于双向的推理包含(inferential involvements)中,谓项存在于单向的推理包含中;单称词项的替换产生可逆的推理,谓项的替换并不必然产生可逆的推理;单称词项的替换推理总是对称的,谓项的替换推理可以是非对称的。⑤ 因此,通过实质上好的替换推理,单称词项被分组为等价类,谓项则

---

① Brandom R. *Articulating Reasons: An Introduction to Inferentialism*. Harvard University Press, 2000, p.41.
② Brandom R. *Articulating Reasons: An Introduction to Inferentialism*. Harvard University Press, 2000, p.41.
③ Brandom R. *Articulating Reasons: An Introduction to Inferentialism*. Harvard University Press, 2000, p.150.
④ Brandom R. *Articulating Reasons: An Introduction to Inferentialism*. Harvard University Press, 2000, pp.129-136.
⑤ Brandom R. *Articulating Reasons: An Introduction to Inferentialism*. Harvard University Press, 2000, pp.134-135.

被分组为自反、传递、非对称的结构。① 所以,根据替换推理的不同可以识别出具有不同替换推理意涵的次语句。

概言之,替换地识别次语句本质上依赖次语句所发挥的双重作用。首先替换地识别单称词项,句法上依赖它们发挥的被替换的替换结构的作用,语义上依赖它们的初现有一种对称的替换推理的意涵。其次,替换地识别谓项,句法上依赖谓项所充当的替换结构框架的作用,语义上依赖它们的初现有一种非对称的替换推理的意涵。② 这是规范推理主义对单称词项之类的次语句提供的说明。这种说明的旨趣一方面是为了说明语言的表达力,因为语言的生产性和创造性依赖于次语句表达式,另一方面是为了说明次语句的表征维度或指称维度。那么如何说明次语句的表征维度呢?

根据规范推理主义,一个次语句表达式的概念内容本质上取决于将这个次语句表达式与其他次语句表达式关联在一起的那组简单实质替换推理承诺。③ 同样地,对次语句的表征维度进行说明也依赖简单实质替换推理承诺。因为"阐明与单称词项相关联的语义内容的简单实质替换推理承诺是对称的,它们的传递闭包将单称词项的集合划分为可互相替换的被替换的表达式的等价类",④而概念的表征维度体现在"一个可互相替换的词项的等价类代表一个对象"。⑤ 例如,"双光眼镜的发明者""避雷针的发明者""最早提出电荷守恒定律者",这些词项都是可以互相替换的词项,它们可以构成一个等价类,并且这个等价类指代的是"本杰明·富兰克林"这个对象。

二、对命题表征维度的说明

根据规范推理主义,概念的基本形式是命题,命题的内容存在于推理关系中,它们既关涉真值也关涉理由,不仅如此,在推论实践中,当我们试图理解他人思想或话语的时候,我们不仅要理解他们所思或所言的是什么,同时也要理解它们所关涉的对象,前者是所思或所言的命题维度,后者是所思或

---

① Brandom R. *Articulating Reasons: An Introduction to Inferentialism*. Harvard University Press, 2000, p.135.
② Brandom R. *Articulating Reasons: An Introduction to Inferentialism*. Harvard University Press, 2000, p.151.
③ Wanderer J. *Robert Brandom*. Acumen Publishing Ltd., 2008, p.132.
④ Brandom R. *Articulating Reasons: An Introduction to Inferentialism*. Harvard University Press, 2000, p.151.
⑤ Brandom R. *Articulating Reasons: An Introduction to Inferentialism*. Harvard University Press, 2000, p.140.

所言的表征维度。① 因此,规范推理主义在对命题内容提供推理说明的同时,仍需要对命题内容的表征维度提供说明。

布兰顿指出,命题内容的表征维度主要体现在人们的命题态度的从物归属(de re ascriptions of propositional attitudes)中。所谓命题态度归属,即将"相信""知道""意欲"之类的命题态度归属给某人。比如,"小王相信明天天将下雨""小李知道地球围绕太阳转"等。② 传统观点认为,理解命题态度归属有两种不同的方式,一种是将命题态度归属理解为从言的方式,另一种是将命题态度归属理解为从物的方式。从言的命题态度归属方式是指归属者对被归属者信念的从言转述,它只涉及被归属者的命题态度,只传达被归属者的信念和承诺,它和归属者的态度无关。从物的命题态度归属方式则不同,它是归属者加上自己所接受的信念之后对于被归属者信念的转述,被归属者甚至对归属者的转述并不知道或知道了并不接受。③

比如,当说出"汤姆相信到 2020 年美国总统将会是黑人(Tom believes that the president of the United States will be black by the year 2020)"④这句话时,我们可以以两种方式理解它,一种是"从言"的方式,即"汤姆相信到 2020 年'美国时任总统是黑人'这个陈述或语句将会是真的(Tom believes that the dictum or sentence that the present president of the United States is black will be true by the year 2020)";另一种是"从物"的方式,即"到 2020 年,关于美国时任总统,汤姆相信他将是黑人(Tom believes of the present president of the United States that he will be black by the year 2020)"。⑤

显然,"从言"和"从物"是理解命题的两种方式,两者具有本质区别,前者指向语言,后者指向对象。因此,布兰顿指出,命题内容的表征维度主要体现在命题态度的从物归属中,而不是体现在命题态度的从言归属中。⑥ 所以,在此意义上,为了说明命题内容的表征维度,必然要从语法上对二者加以区分。

---

① Brandom R. *Articulating Reasons: An Introduction to Inferentialism*. Harvard University Press, 2000, p.158.
② 在此主要讨论"S 相信……"这种形式的命题态度归属。
③ Brandom R. "Expressive vs. Explanatory Deflationism about Truth", In *What Is Truth?* Schantz R (ed.). Walter de Gruyter, 2002, pp.103 – 119.转引自陈亚军:《社会交往视角下的"真"》,《哲学动态》2012 年第 6 期。
④ 为便于理解从言和从物的区别,此相关内容将附注英文以清晰说明布兰顿对两者的区分。
⑤ Brandom R. *Articulating Reasons: An Introduction to Inferentialism*. Harvard University Press, 2000, pp.170 – 171.
⑥ Brandom R. *Articulating Reasons: An Introduction to Inferentialism*. Harvard University Press, 2000, pp.169 – 173.

考虑下面这个例子：①

（1）亨利·亚当斯相信避雷针的发明者并未发明避雷针（Henry Adams believed the inventor of the lightning rod did not invent the lightning rod）。

（2）亨利·亚当斯相信，避雷针的发明者并未发明避雷针（Henry Adams believed **that** the inventor of the lightning rod did not invent the lightning rod）。

（3）关于避雷针的发明者，亨利·亚当斯相信，他并未发明避雷针（Henry Adams believed **of** the inventor of the lightning rod **that** he did not invent the lightning rod）。

其中(2)是对(1)的命题态度的从言归属，(3)是对(1)的命题态度的从物归属。在(2)命题态度的从言归属中，"that"之后的部分是这个命题态度归属的从言部分；在(3)命题态度的从物归属中，第一个"of"和"that"之间的部分是这个命题态度归属的从物部分，其中"of"的使用表达了"that"从句所表达的命题内容的对象指向性（directedness），即命题内容的表征维度。

前文已表明，理解命题态度归属可以以从物和从言两种方式。毋庸置疑，命题态度的从物归属可以识别出命题内容的表征维度，但命题态度的从言归属并不其然。然而，语言和思想必定有命题态度的从言归属，那么如何才能说明此类归属的表征维度呢？事实上，由于从物和从言两种命题态度归属具有系统相关性，因此句法上，从言归属可以转换为从物归属，从而间接地达成对其表征维度进行说明的目的，即如果从言的形式表示为：S believes that $\phi(t)$（其中"S"指命题态度的被归属者，"t"表示单称词项，"ϕ"表示单称词项具有的性质或关系），则可将其转换为从物的形式：S believes of t that $\phi(it)$（其中"S"指命题态度的被归属者，"t"表示单称词项，"it"表示与单称词项相对应的代词，"ϕ"表示 it 具有的性质或关系）。

以上区分表明，我们日常生活中最主要的表征说明方式是用来说明我们所思、所言对象的命题态度的从物归属。虽然这些命题态度的从物归属本质上没有论及语言和世界的关系，但其中的"关于"（"of"或者"about"）表达了我们思想和语言的对象指向性，体现了命题内容的表征维度。因此可以根据这种基本的命题态度的从物归属，说明和理解命题内容的表征维度。②

---

① Brandom R. *Articulating Reasons: An Introduction to Inferentialism*. Harvard University Press, 2000, p.171.

② Brandom R. *Articulating Reasons: An Introduction to Inferentialism*. Harvard University Press, 2000, pp.172 – 173.

通过上述对命题态度的从物归属的说明,我们已经在语义层面识别出命题内容的表征维度。但规范推理主义的基本立足点是以规范语用学奠基推理语义学,因此,只给出命题内容的表征维度以表达主义的说明还远远不够,还必须对其提供实用主义的说明,以说明"一个人必须如何使用表达式,以使它们发挥命题态度的清晰的从物归属的表达作用"。①

根据规范推理主义,命题态度的从物归属的表达作用是使被归属的承诺和被承担的承诺清晰。在命题态度的从物归属中,在"that"从句中出现的对内容的明确说明部分(the part of the content specification)是从言部分,它是从承诺的归属者的角度对被归属者所承认的承诺的表达;在"of"辖域中出现的对内容的明确说明部分是从物部分,它是对承诺的归属者所承认的被归属者所承诺的东西的表达。② 由此可见,命题态度从物归属的内容明确说明部分被标记为从言和从物部分,实际上体现了归属承诺和承担承诺之间社会视角的道义计分的不同。由于"命题内容的表征维度反映了在予求理由的游戏中它们的推理阐明的社会结构",③所以,命题内容的表征维度应该根据它们的社会阐明来理解。④

由于命题内容是推理地阐明的,掌握这样一个内容就是能够在实践中识别出它是由什么前提推出的以及由它能推出什么结论。但是认可一个具有命题内容的推理结论也依赖于推理中被用来作为辅助假设的其他承诺。在推论实践中,由于承诺的归属者和被归属者可能具有不同的社会背景知识,他们已有的信念系统也可能互不相同,因此信念承诺的归属者在说明被归属的承诺内容时可能拥有两类不同视角的辅助假设:一类是被归属者的,一类是自己的。在命题态度的从物归属中,如果对内容的明确说明部分仅依赖被归属者承认的辅助前提,而这些辅助前提归属者可能并不承认,此为从言部分,被放置于"that"从句中;与之不同,如果对内容的明确说明部分仅依赖归属者所认可的辅助前提,而这些辅助前提被归属者可能并不认可,此乃从物部分,被放置在从物的位置上。⑤ 正因为断言或信念具有推理的

---

① Brandom R. *Articulating Reasons: An Introduction to Inferentialism*. Harvard University Press, 2000, p.42.
② Brandom R. *Articulating Reasons: An Introduction to Inferentialism*. Harvard University Press, 2000, p.177.
③ Brandom R. *Articulating Reasons: An Introduction to Inferentialism*. Harvard University Press, 2000, p.183.
④ Brandom R. *Articulating Reasons: An Introduction to Inferentialism*. Harvard University Press, 2000, p.158.
⑤ Brandom R. *Articulating Reasons: An Introduction to Inferentialism*. Harvard University Press, 2000, p.178.

意涵,所以命题内容的推理阐明不可避免具有视角性差异或者社会维度。

命题态度的从物归属是社会交流的需要。社会交流是听者和说者即归属者和被归属者之间的相互沟通和理解,在交流中,由于听者(归属者)和说者(被归属者)已有的信念系统可能互不相同,不同的信念系统作为推理背景,意味着对听者(归属者)和说者(被归属者)来说,一个断言可能具有不同的推理意涵和意义,因此,如果仅以从言归属的方式对他人的断言进行说明,可能会使得交流难以进行下去。而通常交流能够进行下去,在于"能够理解他人在说什么,在使他们的话语可用来作为一个人自己推理的前提的意义上,恰好依赖于能够用从物的用语而不仅仅是从言的用语来明确说明那些内容"。①

比如,如果说者以从言的方式说出"亨利·亚当斯相信,双光眼镜的发明者并未发明避雷针(Henry Adams believed that the inventor of bifocals did not invent the lightning rod)"这个断言,由于说者和听者已有的信念系统可能并不相同,如果听者仅知道"避雷针的发明者"是谁,不知道"双光眼镜的发明者"具体指的是谁,那么听者无法理解说者,无法评价他断言的真假。但是,如果说者或者其他人拥有"双光眼镜的发明者是本杰明·富兰克林"这样的信念并告诉听者,那么听者就可以以从物归属的方式,通过替换,把说者的信念作为自己推理的前提或理由,将说者断言的内容转述为"关于本杰明·富兰克林,亨利·亚当斯相信,他并未发明避雷针(Henry Adams believed of the Benjamin Franklin that he did not invent the lightning rod)",由于"本杰明·富兰克林"于听者来说是一个具有丰富推理联系的对象,因此他可以根据他的其他信念对说者的断言进行评价,若如此,听者也就真正地理解了说者。所以,布兰顿说:"确认正在谈论的是什么,使我可能越过信念的鸿沟提取信息。"②

综上所述,具有命题内容的信念和断言具有表征内容,是因为它们的推理阐明本质上涉及社会的维度。这个社会维度不可避免,是因为信念或断言具有推理的意涵。③ 在语言实践中,基本的表征用语是命题态度的从物归属,这些表征用语既赋予其中表达意向指向性的"of"或"about"以意义,

---

① Brandom R. *Articulating Reasons: An Introduction to Inferentialism*. Harvard University Press, 2000, p.180.
② Brandom R. *Articulating Reasons: An Introduction to Inferentialism*. Harvard University Press, 2000, p.181.
③ Brandom R. *Articulating Reasons: An Introduction to Inferentialism*. Harvard University Press, 2000, p.183.

同时将承诺区分为被归属的承诺和被承担的承诺,使交流双方即说者(被归属者)和听者(归属者)不同的社会视角清晰,使交流成为可能。因此规范推理主义理应对命题的表征维度提供说明。

三、概念表征的客观性

从规范推理主义的视角看,客观性问题涉及语言实践者的恰当所言与所言之物之间的关系,与概念的指称维度或表征维度以及范畴都密切相关。[1] 为了说明客观性问题,布兰顿诉诸一种双管齐下的表达主义和实用主义的策略。采用表达主义的策略,其目的是根据一种使之清晰的说来理解一个人所做之事中隐含的东西;采用实用主义的策略,其旨趣是探究一个人如何使用表达式以使它们发挥清晰的命题态度从物归属的表达作用。[2]

首先,在表达主义策略方面。在语言实践中,当我们试图理解他人的思想或话语时,我们通常既要理解他们所思或所言的内容,也要理解他们所思或所言之物,前者是所思或所言的命题维度,后者是其表征维度。[3] 而通过使用表征用语如"关于",我们能够理解语言实践者表征事物的活动。例如,在"关于爱迪生,汤姆断定,他并未发明电灯(Tom claimed of Edison that he did not invent the electric lamp)"这个表达式中,其中"of"的使用表达了"that"从句所表达的命题内容的对象指向性,体现了命题内容的表征维度。这说明,表达我们所思或所言之物的正是我们在日常生活中使用的这类从物命题态度用语。而对那些命题态度的从言归属来说,若要体现它们的表征维度,我们只需要将它们转换为命题态度的从物归属,即可以间接地体现它们的表征维度。[4] 所以,根据这种表达主义的策略,规范推理主义能够很好地解释如何根据语言实践者的所思或所言理解其所思或所言之物。

其次,在实用主义策略方面。由于归属本身就是断言或判断,归属总是涉及归属一个承诺以及承担另一个承诺,在此意义上,命题态度的从物归属的表达作用就是明晰语言实践者所言中的哪些方面表达了正在被归属的承诺、哪些方面表达了被承担的承诺。在命题态度从物归属中,出现于"that"

---

[1] Brandom R. *Making It Explicit: Reasoning, Representing, and Discursive Commitment*. Harvard University Press, 1994, p.138.
[2] Brandom R. *Articulating Reasons: An Introduction to Inferentialism*. Harvard University Press, 2000, p.42.
[3] Brandom R. *Articulating Reasons: An Introduction to Inferentialism*. Harvard University Press, 2000, p.158.
[4] Brandom R. *Articulating Reasons: An Introduction to Inferentialism*. Harvard University Press, 2000, pp.169-173.

从句中的部分是命题态度从物归属的从言说明，它是归属者对被归属者所承认的承诺的表达；出现于"of"辖域中的部分是命题态度从物归属的从物说明，它是对承诺的归属者所承认的被归属者所承诺的东西的表达。所以，命题态度从物归属的内容被标记为从言说明和从物说明两个部分，实际上体现了归属承诺和承担承诺之间社会视角的基本道义计分的不同。①

对交流来说，至关重要的是他人信念内容的从物说明所表达的内容。因为能够理解他人言说之内容，在使他人的话语用作我们自己推理前提的意义上，这取决于他人能够以从物的用语而不是仅仅以从言的用语详述其话语内容。②

由此可见，首先，从语言实践或交流的视角看，语言实践者的信念和断言之间的推理阐明本质上涉及一种社会的维度，这一社会维度不可避免在于断言具有推理的意涵。断言的推理意涵是断言在特定语境下的推理作用。正确的推理作用是由真的附属断言决定的。由此，交流中的每个人都有一些至少不同的视角来评价推理的恰当性。而交流中命题态度从物归属的使用，将承诺分为被归属的承诺和被承担的承诺，若交流中没有对承诺的这种分类，没有承担承诺和归属承诺这些视角的不同，则交流无法进行。所以，在语言实践中，命题内容的表征维度反映了它们推理阐明的社会结构。③ 其次，从推理和断言的视角看，能够作为推理前提和结论的不仅有断言，而且包含知觉经验的观察报告也可以作为推理的前提、作为语言应用后果的行动也可以作为推理的结论。知觉和行动作为推论范域的入口和出口不仅与该范域中的纯推理活动一样重要，而且它们受实践适当性的支配，具有经验与实践的维度；同时，由于所有断言都具有推理的联系，所以那些纯理论性的断言也是与那些具有直接经验意涵和实践意涵的断言推理地联系在一起的，换言之，推理或断言也具有经验和实践的维度。④ 再次，从次语句的角度看，单称词项的特殊之处在于，表达单称词项语义内容的简单实质替换推理承诺，可以将单称词项划分为不同的等价类，并且一个可互相替换单称

---

① Brandom R. *Articulating Reasons: An Introduction to Inferentialism*. Harvard University Press, 2000, pp.177–178.
② Brandom R. *Articulating Reasons: An Introduction to Inferentialism*. Harvard University Press, 2000, p.180.
③ Brandom R. *Articulating Reasons: An Introduction to Inferentialism*. Harvard University Press, 2000, p.183.
④ Brandom R. *Making It Explicit: Reasoning, Representing, and Discursive Commitment*. Harvard University Press, 1994, p.234.

词项的等价类即代表一个对象。① 所以,从规范推理主义的视角看,我们有关世界的推理和断言不仅未与世界失去联系,而且具有概念表征的客观性。

第三节 对概念表征维度说明的理论诘难

在传统实用主义那里,语言是世界的一部分,语言和世界并未分离,而"语言转向"使实用主义这一世界观受到挑战,对实用主义的发展产生深远影响,世界因此被放逐,语言和世界成了彼此分离、互相独立的两个领域。作为新实用主义的重要代表人物,布兰顿深受实用主义和分析哲学的双重影响,因而试图在融贯论和实在论之间走出一条中间进路。一方面,布兰顿从罗蒂的立场出发,力图将语言和社会实践结合在一起;另一方面,他又不愿放弃世界,力图将语言和世界统一起来。在语言转向背景下,布兰顿的这一哲学努力,一定程度上将两种理趣很不相同的哲学传统实用主义和分析哲学高度统一起来,显示了新实用主义的最新发展形态,世界重新被召回。

然而,布兰顿对规范推理主义图景中的概念表征维度的说明也招致了学界极尖锐的批评。其中,最具代表性的是作为表征主义阵营的福多和勒波有关丧失"世界"的批评。他们论驳道:"事实上,反对'推理主义'的相关观点是老生常谈和显而易见:你不能依靠推理的概念从意义理论抽象出世界。这是因为,你不能从推理这个概念抽象出真这个概念;真是好的推理所保持的东西,真是一种符号—世界关系。同样地,如果你用来谈论/思考的语言正好是生产性的,那么你不能从真这个概念删去指称这个概念,因为生产性需要组合性,组合性意味着次语句语义学优先于语句语义学,并且指称是次语句表达式所执行的典型工作。最后,你不能从指称这个概念删去对象这个概念,因为在典型情况下,对象是次语句所指称的东西。"②

笔者认为,以上福多和勒波的论述表明了他们所持有的两个基本主张:第一,概念与语言之外的世界具有指向关联,概念的内容来自客观实在,而非缘自概念与概念之间推理的阐明;第二,次语句语义学优先于语句语义学。换言之,概念的表征维度决定概念的推理维度,而不是相反的顺序。同时,他们也表明,概念与对象分别是语言和外在世界两个层面的东西,而推

---

① Brandom R. *Articulating Reasons: An Introduction to Inferentialism*. Harvard University Press, 2000, p.140.
② Fodor J and Lepore E. "Brandom's Burdens: Compositionality and Inferentialism", *Philosophy and Phenomenological Research*, 2001, 63(2), p.480.

理关系仅仅是语言内部单一层面的联系,因此,人们不能单纯依靠推理的概念从意义理论中抽象出世界。

显然,所谓的丧失"世界"并非布兰顿规范推理主义所疏漏的,而恰是其极力避免的。不止于此,对于布兰顿而言,不仅概念表征维度的规范推理主义说明是其规范推理主义纲领中的重要一步,而且也是他批判表征主义传统所倚重的关键所在,这正如他所言:缺少这样一种解释(根据推理理解指称),推理主义者试图扭转表征主义传统的解释局面必被视为无望和不成功的。① 而综观相关文献,布兰顿除了前述替换推理的方法和命题态度从言和从物的区分外,其基于规范推理主义说明概念表征维度的理论策略还有:

一方面,为了表明规范推理主义能够在不使用未经说明的表征用语的情况下说明表征,并因此与实在论保持一致,布兰顿指出,物理环境本质上并不外在于推论实践,因为推论实践本身也包含着非推理的输入,如知觉和观察报告,以及非推理的输出,如行动,正是它们把具有内容的信念的、实践的承诺与关涉世界的事态陈述联系在一起,而包含经验维度同时又包含实践维度的推论实践之坚实,在于它们既有客观世界这个表征维度做保障,又有道义地位这个规范维度做基石。②

另一方面,从社会实践的视角看,我们关于世界的断言与世界并未失去关联。根据规范推理主义,断言之间存在着一种推理的联系,广义的推理既包括其前提为非推理的应用环境的推理,又包括其结论为非推理的应用后果的推理,这些非推理的应用环境与非推理的应用后果都是与世界直接相关的。借助断言和推理,我们的语言实践不仅具有概念内容,而且具有经验维度和实践维度;前者确保了观察报告、断言等在理由空间中的位置,后者确保了它们的世界指向性。因此,我们的言说是关于世界的。

第四节 概念表征维度说明的逻辑 行动主义方法论的辩护

规范推理主义的一个重要方面是对概念的表征维度提供说明。这正如 J. 万德勒(J. Wanderer)所指出的,规范推理主义的解释顺序包括三个阶段:

---

① Brandom R. *Making It Explicit: Reasoning, Representing, and Discursive Commitment*. Harvard University Press, 1994, p.136.

② Brandom R. *Making It Explicit: Reasoning, Representing, and Discursive Commitment*. Harvard University Press, 1994, p.632.

第一阶段,对推论实践提供说明;第二阶段,对语言表达式的语义内容提供说明;第三阶段,对语义内容的表征维度提供说明。由于第一阶段的推论实践已经涉及世界(world-involving)了,因此布兰顿在第三阶段基于推理关系建构的表征关系并非纯粹语言之内的事情。① 不止如此,若我们从逻辑行动主义方法论(methodology of logical actionism,MLA)这一新型方法论视角,也可以给概念表征维度的规范推理主义说明以某种程度的辩护。

MLA 是在探讨当代逻辑哲学与语言哲学一系列前沿问题的过程中产生的。MLA"试图为后期维特根斯坦—奥斯汀—塞尔传统上的'言语行动'理论、胡塞尔型'意识行动'理论和马克思的社会实践论(客观行动理论)提供一种新的整合路径,用以解决当代哲学及相关领域的一系列难题"。② 其基本架构如图 1 所示:

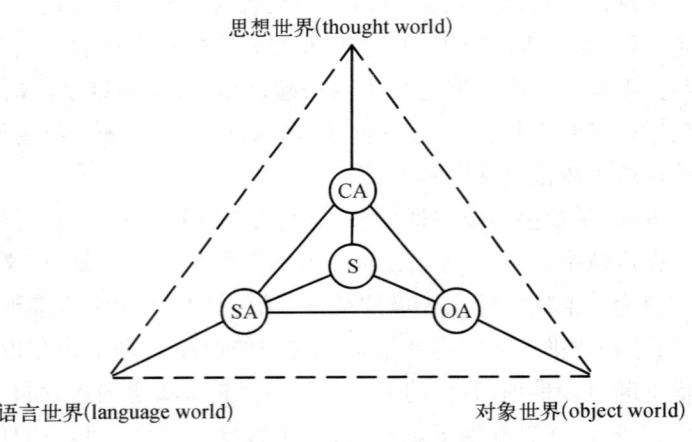

图 1　MLA 方法论

这是两个三角形的嵌套图。中心圆圈代表认知与行动主体(subject,简称"S",既可以是单个主体,又可以是集体行动的共同体)。外层三角形的三个角分别代表语言世界、思想世界和对象世界,③内层三角形的三个角居于主体与三个世界之间,分别代表 SA(speech action,言语行动)、CA(conscious action,意识行动)和 OA(objective action,客观行动④)。图中虚线

---

① Wanderer J. *Robert Brandom*. Acumen Publishing Ltd., 2008, pp.177–178.
② 张建军:《在逻辑与哲学之间》,中国社会科学出版社 2013 年版,第 280 页。
③ 这三个世界的划分是在认识论、语言论和行动论意义上的划分,而不是本体论(存在论)意义上的划分。参见张建军:《在逻辑与哲学之间》,中国社会科学出版社 2013 年版,第 281 页。
④ 即马克思所谓的"实践"。

和实线的区分在于,虚线表示三个世界的联系必须以行动为中介,没有直接的通达路径,实线表示三种行动可以直接通达。MLA 构图旨在呈现图形各构成环节的必要性与不可消去性,表明任何"神秘的"哲学问题的解决均需要对三类行动复杂的相互作用机理予以把握。①

明晰了上述 MLA 的构图及其意涵,我们可以进一步厘清前述福多等丧失"世界"之批评的问题所在。若严格遵循 MLA 关于"三个世界"的划分,则福多和勒波所谓的"推理""真"等应隶属于"思想世界","符号""次语句""语句""指称"等应隶属于"语言世界","对象"等应隶属于"对象世界",而其所谓的"世界"即"对象世界"。若依从以上这种划分,则福多和勒波对布兰顿规范推理主义的批评无疑失之偏颇。理由是:

其一,福多和勒波认为"不能从推理这个概念抽象出真这个概念",但根据 MLA,"推理"是"思想"层面的东西,"真"是意识行动的产品——命题(思想)的属性,它们均隶属于"思想世界",因此两者无须任何中介而直接可以通达;同时,由于语句(陈述句等)"表达"命题,因而语句也可以作为派生真值包括"真"的载体。②

其二,福多和勒波认为"真是一种符号—世界关系",但根据 MLA,符号或语言与对象世界虽有一定的指向关联,然而符号或语言对对象世界的表征并非直接的,它们必须以言语行动和客观行动为中介,同样,符号或语言对思想的表征关系也是以言语行动与意识行动为中介的,换言之,符号或语言既不可能直接表达思想世界,更不可能直接表征对象世界。③

其三,福多和勒波认为,语言具有生产性,生产性需要组合性,组合性意味着次语句语义学优先于语句语义学。但布兰顿拒斥这种从次语句到语句的从下而上的语义说明顺序,他坚持实践优先的原则,认为"命题性知识是建立在技能性知识基础上的",④主张语义说明的适当顺序应当从上而下从命题开始,即主张命题具有语用和说明的优先性;与福多和勒波不同,布兰顿借助表达式之间的递归性同样阐明了语言之生产和理解的可能性。

其四,福多和勒波认为,"指称是次语句表达式所执行的典型工作",而根据 MLA,指称和次语句均隶属于语言世界,语言世界并非孤立存在的,对

---

① 张建军:《在逻辑与哲学之间》,中国社会科学出版社 2013 年版,第 281 页;武庆荣:《从逻辑行动主义方法论看解释鸿沟》,《自然辩证法研究》2020 年第 12 期。
② 张建军:《在逻辑与哲学之间》,中国社会科学出版社 2013 年版,第 285~296 页。
③ 张建军:《在逻辑与哲学之间》,中国社会科学出版社 2013 年版,第 281~292 页。
④ Brandom R. *Tales of the Mighty Dead: Historical Essays in the Metaphysics of Intentionality*. Harvard University Press,2002,p.327.

语言世界的说明和理解必须对 MLA 构图中的对象世界等其他六个节点特别是三类行动复杂的相互作用机理予以把握。① 此外,"指称"并非能够直接与"对象"本身相等同,因为"指称"和"对象"分属语言世界和对象世界,若将两者相等同,则会如塞尔所指出的,"混淆了报道的特征和被报道之物的特征"。②

  从规范推理主义的视角看,概念不仅具有语义内容和语用意涵,还具有表征内容。借助替换这种语义推理方法以及从言、从物这两种命题态度归属,布兰顿分别从次语句、命题这两个层级对概念表征维度提供了规范推理主义说明。尽管概念表征维度的这种规范推理主义说明使得因语言转向而被放逐的"世界"重新召回了哲学家视野,但由于规范推理主义本身的局限性,它仍招致了来自表征主义阵营的福多等人有关丧失"世界"的批评;而若深思规范推理主义理论建构的"三个阶段"以及诉诸逻辑行动主义方法论,则可以给规范推理主义概念表征维度的说明以某种程度的辩护。

---

① 张建军:《在逻辑与哲学之间》,中国社会科学出版社 2013 年版,第 281~297 页。
② Searle J R. *Intentionality: An Essay in the Philosophy of Mind.* Cambridge University Press, 1983, p.24.

第八章　规范推理主义的哲学意蕴及理论限度

布兰顿是不满足于在既定范式中展开哲学探讨的哲学家之一,他的观点异于许多塑造和推动20世纪英美哲学的重大理论的、解释的、策略的承诺,他渴望全盘革新。他赞同理性主义而拒斥经验主义和自然主义,赞同推理主义而反对表征主义,赞同语义整体论而反对语义原子论,赞同关于逻辑的表达主义解释而反对关于逻辑的形式主义解释等。[1] 他赋予推理主义以规范的特性,并在人类及其语言和世界的关系上展现出一幅全新的图景。其关于推论实践的推理主义的观点被誉为"差不多当代语言哲学中的一个哥白尼式的转折"。[2]

第一节　规范推理主义的哲学意蕴

首先,规范推理主义将分析哲学和实用主义紧密结合在一起,呈现出新实用主义的最新发展形态:分析的实用主义。布兰顿深受分析哲学和实用主义的影响,他认为语言表达式的意义或意向状态的内容与推论实践中的推理阐明具有内在的关联,他坚持"实践优先"的原则,主张以语用学说明语义学。一方面,在他看来,人类实践处于理由空间之中,而非概念的存在者的活动仅仅处于自然的领域,规范的空间与法则的领域性质不同,因而他反对经验主义和自然主义,主张一种理性主义的实用主义[3]或者分析的实用主义。这种分析的实用主义以语言取代经验,以理性主义取代经验主义和

---

[1] Peregrin J. "Book Reviews: Robert B. Brandom, *Articulating Reasons (An Introduction to Inferentialism)*", *Erkenntnis*, 2001, 55(1), p.122.
[2] Andjelković M. "*Articulating Reasons*", *Analytic Philosophy*, 2004, 45(2), p.140.
[3] Brandom R. *Articulating Reasons: An Introduction to Inferentialism*. Harvard University Press, 2000, p.11.

自然主义,呈现出与传统实用主义不同的特质。另一方面,虽然同样受语言转向的影响,布兰顿并不像他的老师、早期的新实用主义者罗蒂那样,强调人和世界之间非表征的存在关系、以放弃世界为代价来保证哲学的自洽性。他和罗蒂不同,他并不放弃对客观性的追求,①在规范推理主义背景下,他不仅将融贯论与社会实践纳入其理论考量,而且将实在论引入规范推理主义的界域,这种二合一的视角,既保证了语言表达式或意向状态具有概念内容这一维度,又确保了概念的表征这一维度。

其次,规范推理主义对传统语义理论的批驳与超越,一定程度上实现了语义理论的范式转换。② 意义问题是语言哲学和分析哲学中的中心论题,传统意义理论如指称论、观念论、使用论等,对意义问题进行了深入探讨,它们都含有或多或少合理的因素,也各有其不足。作为分析哲学的继承者,布兰顿首先关注的是语义学问题,他的规范推理主义与指称论等表征语义理论大异其趣,也与使用论等截然不同。

意义的指称论者主张,语词和更复杂的语言表达式因其表征世界中的事物或描述事态而具有它们的意义。指称论遭到的主要质疑是:并非每一个语词都命名或指称一个对象;存在着某些特殊的语言现象,它们似乎表明,意义不仅仅是指称。意义的观念论者认为,语言表达式的意义是人们头脑中的某种观念。符号串或声音串表达或在某种程度上有意义,在于它们对应于认知主体所具有的一种有内容的观念或心理映像。观念论遇到的主要批评是:意义是一种公共的、主体间的社会现象,而观念因人而异;并非语言中的每一个语词都有特定的心理映像或内容与其相辉映。意义的使用论者主张,语言表达式的意义在于其使用。意义使用论的主要缺陷在于:过于关注语用学而忽视了语义学的研究;没有对概念的表征维度提供说明。

布兰顿反对表征语义理论。他认为塞拉斯"所予神话"的批判使得这种表征主义的路线受到致命打击。因此,规范推理主义对语言表达式的意义或意向状态内容的说明,诉诸的不是语言和世界的关系,而是实质推理及其恰当性。这种规范推理主义的语义说明方法,相对于传统表征语义理论来说,一方面,既免遭了"所予神话"的批评;另一方面,规范推理主义将"实践"置于优先的地位,从而赋予意义以公共的、主体间的特性,也避免了观念论的主观性倾向,表现出了相对于表征语义理论的优越性。此外,规范推理

---

① 陈亚军:《布兰顿与〈使之清晰〉(四)》,《中国社会科学报》2012 年 2 月 6 日。
② 武庆荣:《对布兰顿推理语义学的哲学审视》,《中国社会科学院研究生院学报》2015 年第 2 期。

主义在融合分析哲学和实用主义两大哲学传统的过程中,不仅建构起一套完整的理论体系,而且在细节上也回答了规范推理主义理论本身可能面对的一些挑战,如单称词项之类的次语句的表达作用、语言的生产性和创造性、知觉和可靠性的评价作用、概念的表征维度等。

当然,规范推理主义也属于广义使用论中的一种,但同是使用论,规范推理主义也体现出了相对于传统使用论的优越性。表现在:第一,它避免了传统使用论过于关注语用学而忽视语义学的理论缺陷。规范推理主义的主要旨趣是探究概念的内容和使用,其基本构架是以语用学奠基、说明语义学,在规范推理主义的背景视域下,语用学和语义学同等重要,这诚如布兰顿所言:"它们(语义学和语用学)应该被看作互补的而不是互相竞争的,……我们可以通过语用学的加入,来深化我们的语义学。"[1]第二,规范推理主义弥补了传统使用论在说明概念表征维度方面的缺失。布兰顿虽然拒斥表征语义理论,但他并未放弃对概念客观性的追求,而是在规范推理主义的框架下对概念的表征维度提供了规范推理主义的说明。

因此,情形正如莱肯所言:规范推理主义的动人之处在于,它毫不费力地避免了针对指称论、观念论和命题论这三种传统意义理论所提出的反驳。[2] 不止于此,规范推理主义将"实践"置于核心地位,将推理语义学和规范语用学综合在一起,也在人、语言和世界关系上展现出了一幅全新的图景。无疑,规范推理主义是语言哲学中的一座里程碑。

再次,规范推理主义为知识论域中的内在主义和外在主义搭建起了沟通的桥梁。当代知识论研究将信念确证作为解决知识确证问题的切入点,而盖梯尔反例所引发的争论,不仅形成了内在主义和外在主义两大知识主流学派以及其他许多发展分支,而且表明单纯的内在主义或外在主义的知识确证进路存在着难以克服的局限。而从当前的研究情况来看,各知识流派之间的普遍必然性在弱化,方法论的手段在相互渗透,这使得内在主义和外在主义之间已经没有了绝对的分界。布兰顿在这样的学术背景和哲学趋势下,既继承了内在主义关注理性、注重推理确证的传统,又寻求新的方法论途径来重建理性、重新定位外在主义的界域,以一种完全不同的路径将内在主义与外在主义融合在一起,建构了一条连接和沟通知识确证的内在主义和可靠主义的外在主义的中间路径。由于这种知识确证的中间进路既包

---

[1] Brandom R. *Between Saying and Doing: Towards an Analytic Pragmatism*. Oxford University Press, 2008, p.8.

[2] Lycan W G. *Philosophy of Language*. Routledge, 2008, p.79.

括诉诸信念以确证知识,也包括诉诸可靠性以确证观察报告,因此,它既避免了可靠主义的外在主义只考虑信念与引起信念的外部环境之间的因果关系,忽视了知识归属者必要的推理态度以及确证是一种理由关系的缺陷,又避免了内在主义偏执于主体必须拥有某种推理态度这种过强的要求,从而在可靠主义的外在主义与内在主义之间找到某种折中,走出了一条中间进路。

最后,规范推理主义将分析哲学推向了黑格尔阶段。规范推理主义引人注目的地方是,布兰顿追随塞拉斯,在拒绝了分析哲学的因果—功能的分析模式之后,他既没有采用自然主义的方法处理表征内容,也没有使用经验语用学的方法描画意义的使用,而是力图使用康德和黑格尔所使用的规范—功能的分析方法,以对包括表征在内的一般的语义内容进行规范推理主义的还原。以至许多学者都把他的规范推理主义与黑格尔思想联系在一起。例如,哈贝马斯说,布兰顿的语用学语言哲学采用的是"从康德到黑格尔"的路径;①他的老师罗蒂说,布兰顿在其著作《使之清晰:推理、表征和推论承诺》中提出了一个将推理当作其基本概念的语义解释策略,他的工作"实际上可以视为试图将分析哲学从它的康德阶段引向它的黑格尔阶段";②不仅如此,布兰顿也曾明确表达,他的长达741页的巨著《使之清晰:推理、表征和推论承诺》是一部黑格尔主义的著作。③

具体地讲,布兰顿的规范推理主义在重构分析哲学的过程中,主要在以下四个方面发展了黑格尔的思想:第一,诠释了规范的性质和起源,认为所有规范都是概念性规范,概念性规范是我们在判断和行动中使用它们的实际实践的历史产物,我们活动的规范维度是通过相互认可在社会上合成的。④ 第二,拒斥表征主义。布兰顿站在黑格尔理性主义的立场上,从一开始就拒斥知觉内容具有推理之外的独立的意义,他明确指出,他的规范推理主义"是表达的或基于涵义的(sense-based)",⑤而不是表征的,他主张对概念内容进行推理的解释。第三,布兰顿处理表征和概念内容之客观性的方

---

① Habermas J. "From Kant to Hegel: On Robert Brandom's Pragmatic Philosophy of Language", *European Journal of Philosophy*, 2000, 8(3), pp.322 – 355.
② Sellars W. *Empiricism and the Philosophy of Mind*. Harvard University Press, 1997, pp.8 – 9.
③ Brandom R. "Fact, Norms, and Normative Facts: A Reply to Habermas", *European Jouranal of Philosophy*, 2000, 8(3), p.360.
④ Testa I. "Hegelian Pragmatism and Social Emancipation: An Interview with Robert Brandom", *Constellations*, 2003, 10(4), p.563, p.557.
⑤ Brandom R. "Inferentialism and Some of Its Challenges", *Philosophy and Phenomenological Research*, 2007, 74(3), p.654.

式是黑格尔式的,他发展了一种语言实践的道义计分模式,这种计分模式既避免了经验语用学的描述性分析,又避免了戴维森意义上的意义融贯论,即"我—我们"的意义共享模式,代之以"我—你"主体间性的说明。① 第四,在布兰顿重建分析哲学的过程中,他通过发展黑格尔的整体论,批驳了语义原子论,建构了一种基于逻辑表达主义的规范推理主义,把黑格尔的概念实在论和模态推理当作他规范推理主义的基础,在融合分析哲学和大陆哲学中表现出黑格尔哲学的重要性,体现了黑格尔思想在分析哲学中的回归。

  以上主要从四个方面对规范推理主义的哲学意蕴进行了归总,除此之外,规范推理主义在其他方面也体现出了重要的理论价值和认识论意义。比如,一是在逻辑哲学方面,规范推理主义把实质推理看作是隐含于推论实践中的、基本的推理,它先于形式推理并构成了形式推理的基础,形式推理的作用是使实质推理清晰,形式推理的形式有效性依赖于实质推理的实质恰当性,而实质推理的实质恰当性最终又要溯源到社会实践来说明,从而提出了对逻辑之本性的表达主义的理解。二是在心灵哲学领域,规范推理主义归属了思想和语言同样的说明地位,赋予了意向状态规范维度,避免了单纯诉诸主体的意向状态来说明语言表达式意义所导致的主观性,提出了一种不同于意向状态因果说明的独特进路。

  总之,布兰顿在其规范推理主义的建构过程中,力图超越传统语义理论,以一种精确、系统的方式将不同哲学传统及立场综合在一起,一方面,体现了继承传统与改造传统的特性,拓展了传统语义理论的研究视域,复活了传统实用主义的"世界",在"语言""人"和"世界"关系上展现出一幅全新的图景;另一方面,规范推理主义给出了一种会通分析哲学和实用主义的新途径,不仅为新实用主义哲学的发展带来了前所未有的希望,同时为语义学和语用学的融合和发展提供了一条新的路径。

第二节 规范推理主义的理论限度

  布兰顿的规范推理主义在美国乃至西方哲学界一直争议不断。这种情形从研讨布兰顿思想的论文集以及《推理主义及其一些挑战》②《布兰顿的

---

① Brandom R. *Making It Explicit: Reasoning, Representing, and Discursive Commitment*. Harvard University Press, 1994, pp.598-601.

② Brandom R. "Inferentialism and Some of Its Challenges", *Philosophy and Phenomenological Research*, 2007, 74(3), pp.651-676.

负担：组合性和推理主义》[1]等论文中可窥一斑。当然，不同研究者观点之间的差异并不一定能说明问题，而关键要看其看问题的立场和角度。正是基于这样的认识以及本书的研究，笔者认为布兰顿规范推理主义在以下三个方面值得商榷。

第一，规范推理主义对概念表征维度的说明真的说明了"世界"吗？

规范推理主义的一个重要方面是对概念的表征维度提供说明。布兰顿的立场十分鲜明，他不愿放弃世界、不愿放弃对概念客观性的追求，而试图将语言和世界统一起来。但问题是，在规范推理主义理论视域下，世界真的能重新召回吗？

从规范推理主义的视角来看，我们关于世界的断言与世界并未失去关联。因为断言与断言之间存在着一种推理的联系，这里的推理是一种广义的推理，它不仅包括一些纯理论性的推理，而且包括其前提或结论是非推理的应用环境与应用后果的推理。断言和推理使得语言实践不仅具有概念内容，而且具有经验维度和实践维度，因此，布兰顿力图表明我们的言说是关于世界的。然而，他的这种说明并不能真正地解决问题。

由于过分强调规范和自然的区别，布兰顿虽然如传统实用主义者那样将"实践"放在突出的位置，强调实践优先性，但他对"实践"的理解和传统实用主义者却不尽相同。在传统实用主义者那里，"实践"不仅包括使用语言的推论实践，而且包括人与环境实际的交互活动。在这种实践中，语言和世界交织在一起，构成了不可分割的整体：语言既是实践的重要要素，又是在实践中形成和改变的。语言既是人们用来和世界打交道的工具，又是世界自我显现的方式。语言不在世界之外，它本身就是世界的一部分。同是"实践"，在布兰顿那里，其含义则单薄得多，他所说的"实践"主要是一个语用学概念，主要指语言层面的使用概念的推论实践，即如何在规范的引导下使用概念的实践，这种推论实践使得规范和语言处于一个封闭的论域。[2]在这种推论实践中，规范推理主义对概念表征维度的说明并"不是语言和世界的关系，而是从语言出发，对于世界的谈论"，[3]换言之，规范推理主义说明的只是语言如何指向世界，而并未说明世界如何制约语言。

由此可见，单纯依赖规范推理主义这一维度说明世界并不充分。这正如福多和勒波所言："反对'推理主义'的相关观点是老生常谈和显而易见：

---

[1] Fodor J and Lepore E. "Brandom's Burdens: Compositionality and Inferentialism", *Philosophy and Phenomenological Research*, 2001, 63(2), pp.465 – 481.
[2] 陈亚军：《将分析哲学奠定在实用主义的基础上》，《哲学研究》2012 年第 1 期。
[3] 陈亚军：《"世界"的失而复得》，《中国社会科学》2012 年第 1 期。

你不能依靠推理的概念从意义理论抽象出世界。"①

既然规范推理主义不能彻底说明世界,我们也就不能完全指望规范推理主义来解决概念的表征说明问题,尤其不能如布兰顿那样对表征语义理论、对传统实用主义的经验维度进行全盘否定。笔者认为,在说明概念表征内容方面,并不必然非要把规范推理主义和表征语义理论等理论看成是完全对立或竞争的学说,而可以在一定程度上把它们视为互补性的学说。这样就可以在较整全的语义理论背景下,一方面说明概念表征维度的必要性,说明语言如何指向世界;另一方面说明世界如何制约语言,从而达成对概念表征维度的完全说明。②

第二,规范推理主义及其整体论与组合性原则是相容的吗?③

许多哲学家认为这两种语义理论是冲突的。例如,福多认为,"推理作用本身是非组合的:通常,一个语句/思想的推理作用并不由它的组成部分的推理作用所决定""生产性需要组合性,组合性意味着次语句的语义学优先于语句的语义学"。④ 但布兰顿认为,"'生产性需要组合性,组合性意味着次语句的语义学优先于语句的语义学。'这些断言的第一个应该被承认(至少为了'组合性'的一个适当广义的理解)。但第二个断言肯定是太强了。组合性并不意味着语义原子论,它至多是达米特所谓的'分子论'的东西。"⑤ "语义学不是组合的,它是完全递归的"。⑥

规范推理主义及其整体论和组合性原则是相容的吗?这个问题很值得探讨,因为这两种理论都有一些拥护者和反对者,并且看起来他们的观点也相互冲突。"自然语言是组合的"这一观点几乎不可避免,因为如果没有语词的繁复组合而进行语言交流,这实际上是不可能的。由前述可知,规范推理主义看起来似乎也是合理的。但是,如果这两种理论相互冲突,我们

---

① Fodor J and Lepore E. "Brandom's Burdens: Compositionality and Inferentialism", *Philosophy and Phenomenological Research*, 2001, 63(2), p.480.
② 在策略选择或解释顺序方面,W. 奇尔德(W. Child)也曾论证说:为什么我们必须要在推理主义的"从推理到表征"和表征主义的"从表征到推理"两者之间做出选择,为什么我们不能接受一个无优先级的观点。参见:Child W. "*Articulating Reasons: An Introduction to Inferentialism* by Robert B. Brandom", *Mind*, 2001, 110(439), pp.723 - 724.
③ 武庆荣、何向东:《福多和布兰顿关于概念问题的三个理论分歧》,《科学技术哲学研究》2013 年第 5 期。
④ Fodor J and Lepore E. "Brandom's Burdens: Compositionality and Inferentialism", *Philosophy and Phenomenological Research*, 2001, 63(2), p.472, p.480.
⑤ Brandom R. "Inferentialism and Some of Its Challenges", *Philosophy and Phenomenological Research*, 2007, 74(3), p.671.
⑥ Brandom R. *Between Saying and Doing: Towards an Analytic Pragmatism*. Oxford University Press, 2008, p.135.

就会遇到许多难以解释的问题。在此,我们将为不相容考虑两种情形:第一种情形是关于语义说明顺序问题;第二种情形是关于语言之生产和理解问题。

其一,关于语义说明顺序问题。布兰顿认为,规范推理主义以及整体论和组合性原则两者的本质区别在于语义说明顺序不同。①具体地说,规范推理主义以整体论为取向,典型地采用一种从上而下的语义说明顺序,而组合性原则典型地采用一种从下而上的语义说明顺序。在语义说明顺序方面,通常认为两者不相容。但笔者以为,如果我们像简森一样把组合性原则理解为一种函数关系,即"一复合表达式的意义是其部分的意义的一个函数"②时,那么组合性原则与意义确定的任何顺序都相容。

其二,关于语言之生产和理解问题。组合性原则的支持者认为,组合性原则对解释自然语言的生产性等方面是必须的。他们认为,人们能够理解无限多的陌生的语句、能够学会一门陌生的语言、能够创造之前从未听说过、未用过的陌生的语句并知道在我们使用它们的情形下它们是恰当的,这是因为意义是组合的。而在布兰顿看来,语言之生产和理解问题可以以两种不同的方式来理解:一是借助递归性的思想来阐明语言之生产和理解问题;③二是借助弗雷格的替换观念,采用一种分解—重组的策略,先通过同化为互相的替换变项,将语句分解为次语句,然后将次语句进行重组,以生成陌生的语句以及它们的诠释,从而达成对语言之生产和理解的说明。④据此可见,规范推理主义及其整体论和组合性原则在诠释语言或思想方面并不是对立的,它们具有异曲同工、殊途同归的效用。

所以,笔者认为,规范推理主义及其整体论和组合性原则并不是截然两立的,一定程度上,它们是相容和互相依存的。这种依存性主要体现在以下两个方面:一方面,组合性原则依赖推理主义及其整体论;另一方面,规范推理主义及其整体论也蕴含着组合的思想在内,比如,规范推理主义对语言之生产性和可理解性进行说明时,所诉诸的分解—重组的策略就体现了一定的组合性思想在内,只是说明方式不同罢了。

---

① Brandom R. "Inferentialism and Some of Its Challenges", *Philosophy and Phenomenological Research*, 2007, 74(3), p.671.
② Janssen T M V, with Partee B H. "Compositionality", In *Handbook of Logic and Language*. Benthem J V and Meulen A T (eds.). Elsevier, 2011, p.495.
③ Brandom R. *Between Saying and Doing: Towards an Analytic Pragmatism*. Oxford University Press, 2008, pp.133 – 136.
④ Brandom R. *Articulating Reasons: An Introduction to Inferentialism*. Harvard University Press, 2000, pp.128 – 149.

第三,形式推理抑或说关于逻辑的形式主义之地位何如?①

传统的形式推理以演绎推理作为标准,认为所有恰当性的实质推理都可以转化为有效的形式推理,强调推理的恰当与否,由形式决定,形式推理具有自主性。但布兰顿认为,卡洛有关阿基力士和大乌龟的辩论暴露了形式主义的缺失,形式推理独立于实质推理只是表面现象,实际上,形式推理并不像一般认为的那样具有自主性,它也不可能独立于实质推理。因此,他公开反对关于逻辑的形式主义。②

在他看来,逻辑"是对发挥独特表达作用的语汇的推理作用的研究:以一种清晰的方式整理了那些隐含在平常的、非逻辑的语汇使用中的推理";逻辑的任务"首先是帮助我们言说关于由使用非逻辑语汇所表达的概念内容的东西,而不是证明关于由使用逻辑语汇所表达的概念内容的东西"。根据这种观点,包含逻辑语汇的推理的形式恰当性来自并必须借助包含非逻辑语汇的推理的实质恰当性来说明,而不是相反的路径;因而,"逻辑不是正确推理的准则或标准,它可以帮助我们使支配我们所有语汇使用的推理承诺清晰,并因此阐明我们所有概念的内容。"③

以上布兰顿对逻辑的理解和说明,可以说是他实用主义主张的深层脉动。他认为,只有以一种实用主义的理解和说明方式,人们才可能有希望根据最原初的能力即命题性知识来自技能性知识的能力理解相信行为或者言说行为,④即"语义学必须回应语用学"。⑤而他将实质推理当作更基本的推理,将形式推理看作是其派生的范畴,"一个重要的考虑在于,形式有效推理的概念可以以一种自然的方式从实质正确推理的概念来定义,而不存在相反的路径"。⑥

但是,布兰顿关于逻辑及形式推理的探讨存在的问题是:其一,他认为,逻辑的任务首先是帮助我们言说那种由使用非逻辑语汇所表达的概念

---

① 武庆荣:《对布兰顿推理语义学的哲学审视》,《中国社会科学院研究生院学报》2015 年第 2 期。
② Brandom R. *Articulating Reasons: An Introduction to Inferentialism*. Harvard University Press, 2000, p.31.
③ Brandom R. *Articulating Reasons: An Introduction to Inferentialism*. Harvard University Press, 2000, p.30.
④ Brandom R. *Making It Explicit: Reasoning, Representing, and Discursive Commitment*. Harvard University Press, 1994, p.101.
⑤ Brandom R. *Making It Explicit: Reasoning, Representing, and Discursive Commitment*. Harvard University Press, 1994, p.83.
⑥ Brandom R. *Articulating Reasons: An Introduction to Inferentialism*. Harvard University Press, 2000, p.55.

内容的东西;但在逻辑学家所做的理论的意义上,逻辑的任务通常是表达某种不能由我们平常的语言所表达的东西。其二,他将逻辑的形式主义描述为将所有"好的推理"同化为形式有效的推理,从而否认实质推理的一种观点;①但从逻辑的观点看,逻辑的形式主义强调的是命题、推理等的形式而非内容,它撇开了各种个别的、具体的内容而研究其一般的逻辑形式、规律和规则。其三,安杰科维奇(M. Andjelković)通过论证表明,逻辑上正确的推理相较于实质上正确的推理来说,前者并不处于从属的地位;此外,若将条件联结词"如果……那么……"的意义理解为推理作用,并把逻辑联结词看作仅仅是表达的,这会导致一种恶性的后退。②

笔者认为,如果从更广泛的语用背景考虑,形式推理最终要追溯到实质推理,这可能并无不妥。但如果从狭义的语用背景或者说从人类文明发展的进程来看,可以说,形式推理必然依附实质推理的情形可能就会被打破,它不仅可能具有相对的独立性,而且它也能够对实质推理进行系统的描述和刻画,在此过程中,形式推理并因而关于逻辑的形式主义作为独立推理或方法发展的地位被凸显出来。

我们知道,逻辑学的主体和核心是演绎逻辑,尤其是现代逻辑,大量涉及形式推理或形式化演算。关于逻辑的形式主义或者说形式化不仅是现代逻辑最重要的方法和手段,也是逻辑学成熟的重要标志。形式化既为逻辑学本身的发展注入了活力,也为现代逻辑开辟了广阔的应用途径。形式化的结果不仅使得逻辑学这门学科更加科学和严谨,形式化对其他学科的发展也产生了深远的影响。在人工智能、计算机科学、语言学等领域,关于逻辑的形式主义方法受到越来越多人的青睐。

我们也知道,在当今美国哲学界,分析哲学和实用主义的融合发展已是不争的事实。自"语言转向"后,分析哲学几乎成为美国哲学的代名词,但这并不意味着实用主义已经销声匿迹。事实上,"在某种意义上,分析哲学自传入美国起,就逐渐开始了它的实用主义化的过程,在语言哲学领域中以蒯因、古德曼、戴维森等人为代表;在科学哲学领域中则以库恩、费耶阿本德等人为代表"。③ 这种分析哲学和实用主义交融互生的局面,也成为语义理论研究不可绕避的话题。

但这并非据此说,关于逻辑的形式主义与分析哲学和实用主义的融合

---

① Brandom R. *Making It Explicit: Reasoning, Representing, and Discursive Commitment*. Harvard University Press, 1994, pp.97 – 105.
② Andjelković M. "*Articulating Reasons*", *Analytic Philosophy*, 2004, 45(2), pp.141 – 148.
③ 陈亚军:《哲学的改造:从实用主义到新实用主义》,中国社会科学出版社1998年版,第42页。

就是对立的,或者说语形学、语义学和语用学就是相互抵牾的。R. 卡尔纳普(R. Carnap)曾指出:"作为 20 世纪哲学方法论的显著特征之一,语形学以句法形式为取向,形成逻辑——语形分析,语义学以言说对象为取向,形成本体论——语义分析,语用学以语言使用者为取向,形成认识论——语用分析。"①但这些分析方法到底关系如何,长期以来并没有定论。诚然,语形学、语义学和语用学三者无论是单独地还是两两结合起来,都能在较高程度上自成一体,但无论它们是自成一体还是两两结合,都可能偏好于一方或两方而忽视另两方或一方。因为,如果按照 C. S. 皮尔斯(C. S. Peirce)和 C. W. 莫里斯(C. W. Morris)对指号(sign)和指号学(semiotic)的划分,则指号具有三重性:指号本身、被称为指号的对象以及被称为指号的解释者。②而指号学包括三个领域:语形学、语义学和语用学,语形学研究"指号相互之间的形式关系",语义学研究"指号和其所指对象之间的关系",语用学研究"指号和解释者之间的关系"。③ 根据这种划分和理解,人类认知的基本要素都要在这三元关系中呈现出来,否则认知是不可能的。因此,从这种意义说,对意义问题的分析和理解理应包括语形、语义和语用的维度。或者说,语形学、语义学和语用学是互相补充和说明的,它们在处理意义问题上具有同等重要的地位。

此外,根据一种层级分明的"大逻辑观",前述形式推理、关于逻辑的形式主义也理应有其相对独立且重要之地位。原因在于,数理逻辑不仅把握了比传统逻辑更多的逻辑规律与法则,④而且运用形式系统方法,"现代逻辑学可以严格地区分一个理论系统的语形、语义和语用,并严格地研究它们之间的相互关系",由此才获得诸如哥德尔不完全性定理、可能世界语义学、情境语义学等这样的重大理论成就,"才使得一系列非经典演绎逻辑的系统建构和广泛应用成为可能"。⑤

总之,本书以布兰顿的语言哲学为背景视域研究规范推理主义,主要是因为他与众不同的哲学探究方式能够拓宽我们的理论视野,能够使我们对规范推理主义有更全面的把握。然而,历史地讲,规范推理主义主要是在反

---

① Carnap R. *Introduction to Semantics*. Harvard University Press, 1942, p.9.转引自殷杰:《哲学对话的新平台——科学语用学的元理论研究》,山西大学博士论文,2002 年。
② 涂纪亮编:《皮尔斯文选》,涂纪亮、周兆平译,社会科学文献出版社 2006 年版,第 278 页。
③ Morris C W. *Foundation of the Theory of Signs*. The University of Chicago Press, 1938, pp.13 – 42.
④ 张建军:《在逻辑与哲学之间》,中国社会科学出版社 2013 年版,第 53 页。
⑤ 张建军:《在逻辑与哲学之间》,中国社会科学出版社 2013 年版,第 58 页。

表征主义的基础上建立的,而表征主义的假设普遍存在于语义学、形而上学、心灵哲学等领域,这一事实或许也表明,在规范推理主义的研究方面,仍有值得深入与扩展的地方。

参 考 文 献

① Alston W. "An Internalist Externalism", *Synthese*, 1988, 74(3): 265 - 283.
② Andjelković M. "*Articulating Reasons*", *Analytic Philosophy*, 2004, 45(2): 140 - 148.
③ Armsrong D M. *Belief, Truth and Knowledge*. Cambridge University Press, 1973.
④ Beran O, Kolman V and Koreň L (eds.). *From Rules to Meanings: New Essays on Inferentialism*. Routledge, 2018.
⑤ Bonjour L. "Extemalist Theories of Empirical Knowledge", *Midwest Studies in Philosophy*, 1980, 5(1): 53 - 73.
⑥ Brandom R. *Making It Explicit: Reasoning, Representing, and Discursive Commitment*. Harvard University Press, 1994.
⑦ Brandom R. "Knowledge and the Social Articulation of the Space of Reasons", *Philosophy and Phenomenological Research*, 1995, 55(4): 895 - 908.
⑧ Brandom R. *Articulating Reasons: An Introduction to Inferentialism*. Harvard University Press, 2000.
⑨ Brandom R. "Fact, Norms, and Normative Facts: A Reply to Habermas", *European Jouranal of Philosophy*, 2000, 8(3): 356 - 374.
⑩ Brandom R. *Tales of the Mighty Dead: Historical Essays in the Metaphysics of Intentionality*. Harvard University Press, 2002.
⑪ Brandom R. "Expressive vs. Explanatory Deflationism about Truth", In *What Is Truth?* Schantz R (ed.). Walter de Gruyter, 2002: 103 - 119.
⑫ Brandom R. "Pragmatics and Pragmatisms", In *Hilary Putnam: Pragmatism and Realism*. Conant J and Zeglen U (eds.). Routledge, 2002: 40 - 58.
⑬ Brandom R. "Inferentialism and Some of Its Challenges", *Philosophy and*

Phenomenological Research, 2007, 74(3): 651-676.
⑭ Brandom R. *Between Saying and Doing: Towards an Analytic Pragmatism*. Oxford University Press, 2008.
⑮ Brandom R. "Towards an Analytic Pragmatism", In *Robert Brandom: Analytic Pragmatist*. Conant J and Zeglen U (eds.). Ontos Verlag, 2008: 13-46.
⑯ Brandom R. *Reason in Philosophy*. Harvard University Press, 2009.
⑰ Brandom R. *From Empiricism to Expressivism: Brandom Reads Sellars*. Harvard University Press, 2014.
⑱ Brandom R. *A Spirit of Trust: A Reading of Hegel's Phenomenology*. Harvard University Press, 2019.
⑲ Carnap R. *Introduction to Semantics*. Harvard University Press, 1942.
⑳ Carroll L. "What the Tortoise Said to Achilles", *Mind*, 1895, 4(14): 278-280.
㉑ Child W. "*Articulating Reasons: An Introduction to Inferentialism* by Robert B. Brandom", *Mind*, 2001, 110(439): 721-725.
㉒ Cohen S. "Justification and Truth", *Philosophical Studies*, 1984, 46(3): 279-295.
㉓ Davidson D. "The Myth of the Subjective", In *Subjective, Intersubjective, and Objective*. Clarendon Press, 2001: 39-52.
㉔ DeVries W A. "Brandom and *A Spirit of Trust*", *International Journal of Philosophical Studies*, 2021, 29(2): 236-250.
㉕ Dongho C. "Inferentialism, Compositionality and the Thickness of Meaning", https://utcp.c.u-tokyo.ac.jp/events/pdf/037_Choi_Dongho_3rd_BESETO.pdf.
㉖ Drobňák M. "Inferentialism on Meaning, Content, and Context", *Acta Analytica*, 2020, 35(1): 35-50.
㉗ Drobňák M. "Normative Inferentialism on Linguistic Understanding", *Mind & Language*, 2021: 1-22, https://doi.org/10.1111/mila.12337.
㉘ Dummett M. *Frege: Philosophy of Language*. Harvard University Press, 1981.
㉙ Esfeld M. "Inferentialism and the Normativity Trilemma", In *The Rules of Inference: Inferentialism in Law and Philosophy*. Canale D and Tuzet G (eds.). Egea, 2009: 13-28.

㉚ Feldman R. "Justification is Internal", In *Contemporary Debates in Epistemology*. Steup M, Turri J and Sosa E (eds.). Wiley-Blackwell, 2013: 337 – 350.

㉛ Fodor J. *Concepts: Where Cognitive Science Went Wrong*. Oxford University Press, 1998.

㉜ Fodor J and Lepore E. "Brandom's Burdens: Compositionality and Inferentialism", *Philosophy and Phenomenological Research*, 2001, 63(2): 465 – 481.

㉝ Fodor J and Lepore E. *The Compositionality Papers*. Oxford University Press, 2002.

㉞ Fodor J and Lepore E. "Brandom Beleaguered", In *Reading Brandom: On Making It Explicit*. Weiss B and Wanderer J (eds.). Routledge, 2010: 181 – 193.

㉟ Foley R. "What's Wrong with Reliabilism?", *The Monist*, 1985, 68(2): 188 – 202.

㊱ Frege G. "On Sense and Reference", In *Translations from the Philosophical Writings of Gottlob Frege*. Geach P and Black M (eds.). Blackwell, 1960: 56 – 78.

㊲ Frege G. *Gottlob Frege: Posthumous Writings*. Hermes H, Kambartel F, and Kaulbach F (eds.). Basil Blackwell, 1979.

㊳ Frege G. *The Foundations of Arithmetic*. Austin J L (trans.). Northwestern University Press, 1980.

㊴ Gettier E L. "Is Justified True Belief Knowledge?", *Analysis*, 1963, 23(6): 121 – 123.

㊵ Glüer K and Wikforss Å. "Against Content Normativity", *Mind*, 2009, 118(469): 31 – 70.

㊶ Goldman A I. "A Causal Theory of Knowing", *The Journal of Philosophy*, 1967, 64(12): 357 – 372.

㊷ Goldman A I. "Discrimination and Perceptual Knowledge", *Journal of Philosophy*, 1976, 73(20): 771 – 791.

㊸ Goldman A I. "What Is Justified Belief?", In *Justification and Knowledge: New Studies in Episteemology*. Pappas G S (ed.). D. Reidel Publishing Company, 1979: 1 – 23.

㊹ Goldman A I. "The Internalist Conception of Justification", *Midwest Studies* in *Philosophy*, 1980, 5(1): 27 - 51.

㊺ González de Prado Salas J, de Donato Rodríguez X, and Zamora Bonilla J. "Inferentialism, Degrees of Commitment, and Ampliative Reasoning", *Synthese*, 2017, 198(Suppl 4): 909 - 927.

㊻ Greco J. "Justification Is Not Internal", In *Contemporary Debates in Epistemology*. Steup M, Turri J and Sosa E (eds.). Wiley-Blackwell, 2013: 325 - 336.

㊼ Haack S. "Epistemology with a Knowing Subject", *The Review of Metaphysics*, 1979, 33(2): 309 - 335.

㊽ Habermas J. "From Kant to Hegel: On Robert Brandom's Pragmatic Philosophy of Language", *European Journal of Philosophy*, 2000, 8(3): 322 - 355.

㊾ Haugeland J. "Heidegger on Being a Person", *Noûs*, 1982, 16(1): 15 - 26.

㊿ Ho J. "A Neo-Pragmatist Approach to the Theory of Knowledge", *NCCU Philosophical Journal*, 2004, (12): 27 - 70.

○51 "Internalist vs. Externalist Conceptions of Epistemic Justification", https://plato.stanford.edu/entries/justep-intext/.

○52 Janssen T M V. "Frege, Contextuality and Compositionality", *Journal of Logic, Language, and Information*, 2001, 10(1): 115 - 136.

○53 Janssen T M V, with Partee B H. "Compositionality", In *Handbook of Logic and Language*. Benthem J V and Meulen A T (eds.). Elsevier, 2011: 495 - 553.

○54 Kaluziński B. "Inferentialism, Context-Shifting and Background Assumptions", *Erkenntnis*, 2022, 87(6): 2973 - 2992.

○55 Kant I. *Logic*. Hartman R S and Schwarz W (trans.). Dover Publications, 1974.

○56 Katz J and Fodor J. "The Structure of a Semantic Theory", *Language*, 1963, 39(2): 170 - 210.

○57 Kripke S. *Wittgenstein on Rules and Private Language*. Harvard University Press, 1982.

○58 Lee B D. "The Truth-Conduciveness Problem of Coherentism and a Sellarsian Explanatory Coherence Theory", *International Journal of Philosophical Studies*, 2017, 25(1): 63 - 79.

(59) Lee B D. "A Kantian-Brandomian View of Concepts and the Problem of a Regress of Norms", *International Journal of Philosophical Studies*, 2019, 27(4): 528-543.

(60) Lehrer K and Cohen S. "Justification, Truth, and Coherence", *Synthese*, 1983, 55(2): 191-207.

(61) Lewis D. "Scorekeeping in a Language Game", *Journal of Philosophical Logic*, 1979, 8(1): 339-359.

(62) Lycan W G. *Philosophy of Language*. Routledge, 2008.

(63) McDowell J. *Mind and World*. Harvard University Press, 1994.

(64) Mclear C. "Book Reviews: *From Empiricism to Expressivism: Brandom Reads Sellars*", *Ethics*, 2016, 126(3): 808-816.

(65) Morris C W. *Foundation of the Theory of Signs*. The University of Chicago Press, 1938.

(66) Murzi J, Steinberger F. "Inferentialism", In *A companion to the philosophy of language* (second edition). Hale B, Wright C, and Miller A (eds.). Wiley Blackwell, 2017: 197-224.

(67) Ocelák R. "Expressive Completeness in Brandom's *Making It Explicit*", *Organon F*, 2014, 21(3): 327-337.

(68) Pagin P and Westersterståhl D. "Compositionality I: Definitions and Variants", *Philosophy Compass*, 2010, 5(3): 250-264.

(69) Pagin P and Westersterståhl D. "Compositionality II: Arguments and Problems", *Philosophy Compass*, 2010, 5(3): 265-282.

(70) Pappas G S (ed.). *Justification and Knowledge: New Studies in Episteemology*. D. Reidel Publishing Company, 1979.

(71) Peregrin J. "Book Reviews: Robert B. Brandom, *Articulating Reasons (An Introduction to Inferentialism)*", *Erkenntnis*, 2001, 55(1): 121-127.

(72) Peregrin J. "Book Review: *Tales of the Mighty Dead*", *Erkenntnis*, 2003, 59(3): 421-424.

(73) Peregrin J. *Inferentialism: Why Rules Matter*. Palgrave Macmillan, 2014.

(74) Pollock J L and Cruz J. *Contemporary Theories of Knowledge*. 2ed. Rowman & Littlefield Publishers, 1999.

(75) Popper K. *Objective Knowledge: An Evolutionary Approach*. Clarendon Press, 1979.

(76) Prien B and Schweikard D P (eds.). *Robert Brandom: Analytic Pragmatist*.

Ontos Verlag, 2008.
77. Redding P. *Analytic Philosophy and the Return of Hegelian Thought*. Cambridge University Press, 2007.
78. Reichard U. "Brandom's Pragmatist Inferentialism and the Problem of Objectivity", *Philosophical Writings*, 2010: 69 - 78.
79. Rorty R. *Philosophy and Social Hope*. Penguin Putnam Inc., 1999.
80. Russell B. "Epistemic and Moral Duty", In *Knowledge, Truth and Duty*. Steup M (ed.). Oxford University Press, 2001: 34 - 48.
81. Searle J R. *Intentionality: An Essay in the Philosophy of Mind*. Cambridge University Press, 1983.
82. Sellars W. "Some Reflections on Language Games", *Philosophy of Science*, 1954, 21(3): 204 - 228.
83. Sellars W. *Empiricism and the Philosophy of Mind*. Harvard University Press, 1997.
84. Sellars W. *In the Space of Reasons: Selected Essays of Wilfrid Sellars*. Scharp K and Brandom R (eds.). Harvard University Press, 2007.
85. Shapiro L. "Brandom on the Normativity of Meaning", *Philosophy and Phenomenological Research*, 2004, 68(1): 141 - 160.
86. Stekeler-Weithofer P (ed.). *The Pragmatics of Making It Explicit*. John Benjamins Publishing Company, 2008.
87. Steup M (ed.). *Knowledge, Truth and Duty*. Oxford University Press, 2001.
88. Swain M. *Reasons and Knowledge*. Cornell University Press, 1981.
89. Testa I. "Hegelian Pragmatism and Social Emancipation: An Interview with Robert Brandom", *Constellations*, 2003, 10(4): 554 - 570.
90. Turbanti G. *Robert Brandom's Normative Inferentialism*. John Benjamins Publishing Company, 2017.
91. Wanderer J. *Robert Brandom*. Acumen Publishing Ltd., 2008.
92. Weiss B and Wanderer J (eds.). *Reading Brandom: On Making It Explicit*. Routledge, 2010.
93. Whiting D. "The Normativity of Meaning Defended", *Analysis*, 2007, 67 (2): 133 - 140.
94. Wittgenstein L. *Philosophical Investigations*. Blackwell, 1958.
95. 曹雅楠:《语言主体能力的再考察——布兰顿理性实用主义哲学浅析》,《自然辩证法研究》2016 年第 12 期。

⑯ 车向前、刘利民:《布兰顿推论主义语义学:皮尔士古典实用主义的当代回响》,《外语学刊》2021 年第 4 期。

⑰ 陈嘉明:《知识与确证:当代知识论引论》,上海人民出版社 2003 年版。

⑱ 陈水英、冯光武:《"语用转向"视野下布兰顿推理语义观和规范语用观研究》,《外语学刊》2022 年第 2 期。

⑲ 陈亚军:《哲学的改造:从实用主义到新实用主义》,中国社会科学出版社 1998 年版。

⑳ 陈亚军:《德国古典哲学、美国实用主义及推论主义语义学——罗伯特·布兰顿教授访谈(上)》,《哲学分析》2010 年第 1 期。

㉑ 陈亚军:《分析哲学、存在主义及当代美国哲学家——罗伯特·布兰顿教授访谈(下)》,《哲学分析》2010 年第 2 期。

㉒ 陈亚军:《布兰顿与〈使之清晰〉(一)》,《中国社会科学报》2011 年 12 月 13 日。

㉓ 陈亚军:《布兰顿与〈使之清晰〉(二)》,《中国社会科学报》2012 年 1 月 9 日。

㉔ 陈亚军:《布兰顿与〈使之清晰〉(三)》,《中国社会科学报》2012 年 1 月 16 日。

㉕ 陈亚军:《布兰顿与〈使之清晰〉(四)》,《中国社会科学报》2012 年 2 月 6 日。

㉖ 陈亚军:《将分析哲学奠定在实用主义的基础上》,《哲学研究》2012 年第 1 期。

㉗ 陈亚军:《"世界"的失而复得》,《中国社会科学》2012 年第 1 期。

㉘ 陈亚军:《社会交往视角下的"真"》,《哲学动态》2012 年第 6 期。

㉙ 陈亚军:《超越经验主义与理性主义——实用主义叙事的当代转换及效应》,江苏人民出版社 2014 年版。

⑩ 陈亚军访谈,周靖整理:《匹兹堡问学录:围绕〈使之清晰〉与布兰顿的对谈》,复旦大学出版社 2017 年版。

⑪ 陈亚军:《规范·推论·交往·世界——布兰顿哲学的四个维度》,《学术月刊》2019 年第 5 期。

⑫ 陈英涛:《论戈德曼确证的信赖主义》,《自然辩证法研究》2004 年第 7 期。

⑬ 戴潘:《布兰顿的推理主义语义学与整体论批评》,《哲学分析》2013 年第 4 期。

⑭ 杜世洪、李飞:《"语言分析哲学"的一个新动态——布兰顿的意义理论

概览》,《自然辩证法研究》2013 年第 9 期。
⑮ 〔德〕G. 弗雷格:《算术基础》,王路译,王炳文校,商务印书馆 2001 年版。
⑯ 顾林正:《从个体知识到社会知识——罗蒂的知识论研究》,上海人民出版社 2010 年版。
⑰ 〔德〕哈贝马斯:《从康德到黑格尔:罗伯特·布兰顿的语用学语言哲学》,韩东晖译,《世界哲学》2005 年第 6 期。
⑱ 黄远帆:《社会实践与哲学实践中的道义计分》,《自然辩证法研究》2016 年第 10 期。
⑲ 江怡、李红:《当代分析哲学:布兰顿、达米特……》,《世界哲学》2005 年第 6 期。
⑳ 〔德〕康德:《纯粹理性批判》,邓晓芒译,人民出版社 2004 年版。
㉑ 李红:《布兰顿:语言哲学中的哥白尼式转折》,《世界哲学》2005 年第 6 期。
㉒ 李红、黄如松:《推理优先于表征——布兰顿推理主义语义学研究》,《自然辩证法研究》2015 年第 6 期。
㉓ 李红:《论布兰顿的逻辑表达主义》,《哲学研究》2016 年第 6 期。
㉔ 刘钢:《从形式推理走向实质推理:论布兰顿的推理主义语义学》,《哲学分析》2011 年第 4 期。
㉕ 刘钢:《真理的话语理论基础:从达米特、布兰顿至哈贝马斯》,人民出版社 2015 年版。
㉖ 〔美〕罗伯特·布兰顿:《在理由空间之内:推论主义、规范实用主义和元语言表达主义》,孙宁等译,上海人民出版社 2019 年版。
㉗ 〔英〕洛克:《人类理解论》,关文运译,商务印书馆 1983 年版。
㉘ 马晨:《布兰顿语言哲学中的黑格尔因素》,《天府新论》2019 年第 3 期。
㉙ 马士岭:《知识的概念分析与信念》,《山东大学学报(哲学社会科学版)》2005 年第 2 期。
㉚ 〔美〕M. K. 穆尼茨:《当代分析哲学》,吴牟人等译,复旦大学出版社 1986 年版。
㉛ 〔美〕R. 布兰顿:《理由、表达与哲学事业》,韩东晖译,《世界哲学》2005 年第 6 期。
㉜ 孙宁:《匹兹堡学派研究:塞拉斯、麦克道威尔、布兰顿》,复旦大学出版社 2018 年版。
㉝ 孙宁:《布兰顿思想中的黑格尔资源:考察与评估》,《哲学分析》2021 年

第 4 期。

⑬㊂ 孙小龙：《规范、推论与社会实践——罗伯特·布兰顿语言哲学研究》，南京大学博士论文，2011 年。

⑬㊄ 涂纪亮：《英美语言哲学概论》，人民出版社 1988 年版。

⑬㊅ 涂纪亮主编：《语言哲学名著选辑：英美部分》，生活·读书·新知三联书店 1988 年版。

⑬㊆ 涂纪亮编：《皮尔斯文选》，涂纪亮、周兆平译，社会科学文献出版社 2006 年版。

⑬㊇ 王国华：《从逻辑图像论到语言游戏说——维特根斯坦语言哲学探讨》，《北方论丛》2008 年第 2 期。

⑬㊈ 王静、张志林：《三角测量模式对知识客观真理性的辩护》，《自然辩证法通讯》2008 年第 1 期。

⑭㊀ 王路：《弗雷格思想研究》，商务印书馆 2008 年版。

⑭㊁ 王娜：《论布兰顿语言哲学与黑格尔哲学的内在联系》，《内蒙古社会科学》2020 年第 1 期。

⑭㊂ 王荣江：《知识论的当代发展：从一元辩护走向多元理解》，《自然辩证法通讯》2004 年第 4 期。

⑭㊃ 王玮、陈亚军：《评麦克道威尔与布兰顿的"经验"之争》，《学术月刊》2018 年第 11 期。

⑭㊄ 〔奥〕维特根斯坦：《逻辑哲学论》，郭英译，商务印书馆 1985 年版。

⑭㊅ 〔奥〕维特根斯坦：《哲学研究》，李步楼译，商务印书馆 2000 年版。

⑭㊆ 武庆荣、何向东：《福多的组合性思想及其理论旨趣》，《哲学动态》2012 年第 10 期。

⑭㊇ 武庆荣、张存建：《意义结构路径的意义组合性探析》，《科学技术哲学研究》2012 年第 5 期。

⑭㊈ 武庆荣：《福多的逆组合原则》，《上海交通大学学报（哲学社会科学版）》2012 年第 4 期。

⑭㊈ 武庆荣、何向东：《福多和布兰顿关于概念问题的三个理论分歧》，《科学技术哲学研究》2013 年第 5 期。

⑮㊀ 武庆荣、何向东：《布兰顿推理论的整体论取向及其问题》，《哲学研究》2013 年第 3 期。

⑮㊁ 武庆荣：《基于道义计分模式的知识论重建》，《哲学动态》2013 年第 10 期。

⑮㊂ 武庆荣：《对布兰顿推理语义学的哲学审视》，《中国社会科学院研究生

院学报》2015 年第 2 期。
⑬ 武庆荣:《语言实践的规范之维——论布兰顿规范语用学的基本进路与理论建构》,《科学技术哲学研究》2015 年第 3 期。
⑭ 武庆荣:《论布兰顿规范语用学的理论缘起、实质及其作用》,《中南大学学报(社会科学版)》2015 年第 1 期。
⑮ 武庆荣:《意义的推理路径选择》,《重庆理工大学学报(社会科学)》2015 年第 4 期。
⑯ 武庆荣:《布兰顿推理论的主要思想溯源》,《重庆理工大学学报(社会科学)》2018 年第 1 期。
⑰ 武庆荣:《从逻辑行动主义方法论看解释鸿沟》,《自然辩证法研究》2020 年第 12 期。
⑱ 武庆荣:《规则的重要性:逻辑推理主义的视野》,《科学技术哲学研究》2022 年第 2 期。
⑲ 武庆荣:《隐喻意义的一种规范推理主义的诠释》,《科学技术哲学研究》2023 年第 1 期。
⑳ 《西方哲学史·德国古典哲学·康德(一)》,https://www.doc88.com/p-90529564936547.html。
㉑ 徐竹:《论布兰顿之规范性实践概念》,《世界哲学》2010 年第 3 期。
㉒ 徐竹:《理性空间的社会化:布兰顿规范性实践概念的社会科学哲学意蕴》,《哲学分析》2011 年第 4 期。
㉓ 殷杰:《哲学对话的新平台——科学语用学的元理论研究》,山西大学博士论文,2002 年。
㉔ 〔美〕约翰·波洛克、乔·克拉兹:《当代知识论》,陈真译,复旦大学出版社 2008 年版。
㉕ 张建军:《在逻辑与哲学之间》,中国社会科学出版社 2013 年版。
㉖ 周靖:《"世界"的失落与重拾:一个分析实用主义的探讨》,复旦大学出版社 2019 年版。
㉗ 周靖:《推论、社会和历史——布兰顿哲学导论》,上海社会科学院出版社 2022 年版。